シリーズ
地域の再生 ⑥

福島 農からの日本再生

内発的地域づくりの展開

守友裕一
大谷尚之
神代英昭 編著

農文協

まえがき

時代の転換点というのは、多くの場合、過去をふり返ることによって認識される。変化の真っ只中にいる当事者が、自らの経験を大局的にとらえることは容易ではない。しかしながら、少なからぬ人が、現在を時代の大きな転換点だと位置づけているのではないだろうか。

2011年3月に発生した東日本大震災は、これまでは当たり前のものとして意識することさえ少なかった経済成長至上主義の是非について考え直す契機となった。そこでは実際に、「応援消費」のように、消費活動に自己の満足感だけでなくソーシャルな価値を見いだし、生活スタイルを見直す新しい動きも生じている。また日本はすでに成熟社会に突入しており、今後、史上類をみない壮大な人口減少と高齢化を経験することになる。これらの問題に関して、私たちは壮大な社会実験の参加者である。従来の思考法からいったん離れ、多様な価値観のなかで豊かさを実現しうる社会を構想するべきときにきているのではないだろうか。

本書は、主に二つの問題意識から成る。一つは福島の地域再生である。東日本大震災以降、原発事故の影響で地域住民の分断・対立が引き起こされた福島では、除染の進め方やコスト、住民の帰還、エネルギー政策など、解決策を見いだしにくい大きな問題が山積している。震災前の状態への完全な復旧はむずかしく、新たな地域社会の構築を迫られている。本書では、最前線で懸命に行なわれてい

る地域農業・地域社会の再生に向けた取組みと、その根底にある理念について紹介し、今後の再生の手がかりを得ることをめざす。

　もう一つの問題意識は、豊かな内実を備えた内発的発展論の追求である。本書で取り上げた事例では、さまざまな危機に直面した地域が、新たな発想の下で地域資源をとらえ直し活用をはかっている。高齢者をはじめとする人材、小川、バイオマス、閉山した炭鉱、空き家、B級グルメなど、これまであまり目を向けられてこなかった要素も、工夫次第で地域を支える大きな力となりうる。こうした事例の帰納的な考察を通じて、内発的発展論をより具体的で充実したものにすることをめざした。

　発生から約3年の月日が経過し、東日本大震災は被災地以外の人びとの記憶から薄れつつある。そうしたなか、小手先の対処療法が通用しなくなった今の福島では、地域住民が問題から目をそらさず、足下の資源を見直し、困難な状況を乗り越えようとしている。そしてその動きに共感する地域外部からの応援が加わり、新たな連帯と発想の下で「内発的地域づくり」が展開している。厳しい条件の福島における再生の芽を一つの題材に、各地域がともに学び合い高めていくべきではないか。『福島農からの日本再生』というタイトルには、そんな思いを込めた。

2014年1月

大谷尚之・神代英昭

シリーズ 地域の再生 6

福島 農からの日本再生 ――内発的地域づくりの展開

目　次

まえがき ―――― 1

第Ⅰ部　福島発　農からの地域再生

序章　東日本大震災後の農業・農村と希望への道

1　東日本大震災の特徴　12
2　国と被害の甚大な県の復興計画を検証する　14
3　内発的復興の基本視点と農業　18
4　放射能汚染への対応と農業・農村の再生　19
5　農村、コミュニティのあり方　21

12

6　希望への道

第1章　「まめで達者な村づくり事業」3・11の前と後——鮫川村——　31

1　鮫川村を取り上げる視角　31
2　「まめで達者な村づくり事業」に至るまで　32
3　「まめで達者な村づくり事業」の創成期の体制整備　38
4　農産物加工直売所「手・まめ・館」の開設と
　　「まめで達者な村づくり事業」の本格化　47
5　地域づくりの多様化・総合化　51
6　「バイオマス・ヴィレッジ構想」と
　　環境保全型・循環型・持続型社会の構築へ　55
7　「原発事故」が引き起こした村の苦難　58
8　「住民総参加」による内発的地域づくり　66

第2章　住民による放射線量調査と新たな地域づくり——伊達市霊山町小国地区——　71

1 事例地区の位置と概況 71
2 原子力災害直後（2011年）の動向 73
3 住民組織の設立とその特徴 76
4 住民組織の活動の展開 79
5 地域が直面している問題——原子力災害から3年が経過して 86
6 地域住民が主体となり復興を成し遂げるための新たな動き 88

第3章 住民自治組織による里山再生・災害復興プログラム——二本松市東和地区

1 今問われているのは「地域に生きる社会の力」 93
2 二本松市東和地区と復興主体組織の概要 94
3 復興プログラムの経緯 96
4 新たな地域農業集団の誕生 110
5 東和の土が地域の夢を育てる 112

第4章 原発災害からの再生をめざす村民と村——飯舘村

1 飯舘村のむらづくり 115
2 大震災のなかでの飯舘村 118
3 もう一度「ふるさと」へ——「までいな希望プラン」 120
4 「みんなで創ろう 新たないいたてを」 121
5 戻りたい人、戻れない人、戻らない人——一人ひとりの想いに寄り添って 123
6 行政区懇談会から新たな地域づくり計画へ 125
7 村の内外で前を向いて進む人たち 132
8 住民参加の放射線計測 135
9 全国の経験を福島へ、福島の経験を日本へ 138

「おカネの世界」から「いのちの世界」へ 菅野典雄（福島県飯舘村長） 141

第5章 原子力災害に立ち向かう協同組合 153

第Ⅱ部 内発的な地域づくりの展開

序章 内発的な地域の発展とは何か──地域の再生と内発的発展論 176

1 地域で豊かに暮らすとは 176
2 国際機関での内発的発展論の提起 179
3 日本における内発的発展論の起点──社会学からの出発 181
4 地域経済学と内発的発展論 184
5 地域経済学における内発的発展論の継承と展開 186
6 農業・農村問題と内発的発展論 188

1 原発事故と農業・農村 153
2 福島県農業の特徴と地域性 154
3 原子力災害による福島県農業の損害 156
4 農業協同組合の原子力災害への対応 160
5 原子力災害に対する福島県協同組合ネットワークによる対応 165
6 地域の動きを政策に 172

7 現場からの地域再生の動き 192
8 ネオ内発的発展論の登場 196
9 「公」「共」「私」の視点 197

第1章 地域産業連関からみた口蹄疫被害とその復興——宮崎県川南町 202

1 口蹄疫の被害像 203
2 川南町の地域産業連関分析と復興への視点 206
3 川南町中小企業振興条例策定に向けて 214

第2章 農山村発 コミュニティ・エネルギーの胎動 219

1 農山村の豊かなエネルギー資源を生かす 219
2 小水力発電の底力を問う——原発から農家・農村力発電へ 220
3 農家・農村が「地エネ」の当事者になる 231
4 風土資源としての「地エネ」 241

[海外からの視点] ドイツ農村の実践に学ぶ再生可能エネルギー　245

第3章　産業遺産を生かした産炭地域の再生——北海道空知地域　265

1　外発的発展——その残骸の現場　265
2　地域経営の論理　269
3　内発的発展の実践　274
4　空知産炭地域の価値　282

第4章　地域ブランドづくりとB級ご当地グルメ——栃木県宇都宮市　285

1　B級ご当地グルメという問題意識　285
2　宇都宮市における餃子のまちおこしの展開　286
3　宇都宮のブランド力　293
4　戦略としての餃子による地域イメージづくり　296

5 問いを立てることの大切さ 300

第5章 高齢化日本一の村でのIターン促進活動と地域支援
―― 群馬県南牧村

1 本章の趣旨 306
2 南牧村〝支援〟活動の展開 309
3 なんもく山村ぐらし支援協議会 314
4 南牧村への〝支援〟の経験から学んだこと 323
5 支援とは何かを改めて考える 328

[海外からの視点] Local Economic Development の視点から見た地域支援のあり方 331

あとがき 352

第Ⅰ部

福島発　農からの地域再生

序章　東日本大震災後の農業・農村と希望への道

1　東日本大震災の特徴

　東日本大震災は未曾有の巨大複合災害、地方都市と農山漁村を襲った災害、広域で多様な被害、そして原発災害という複雑な性格をもつ。このため復旧・復興への対応がむずかしく、暮らしの再建の方向性が見えず、将来への希望喪失の危険性がある。
　福島県で津波と原発災害の被害を受けたある被災者は、その気持ちを「根こそぎ」と表現していた。
　宮城県女川第一中学校3年の佐藤あかりさんは津波でお母さんを亡くした。
「逢いたくて　でも会えなくて　逢いたくて」[1]
　被災者へ心をよせる若者がいる。山形県真室川高校2年の門脇優衣さん。

序章　東日本大震災後の農業・農村と希望への道

「顔知らぬ　名前も知らぬ　人達に　生きててほしいと　願った三月」

震災で夫と息子を失った岩手県大槌町の小畑幸子さん（79歳）。

「亡き夫と　息子にひたすら　会いたくて　早寝したなら　夢で会えるか」

「今日よりは　明日はきっと良くなると　信じて生きねば　道は開けず」

復興庁の「復興の現状と取組」（2013年11月29日）によると、死者1万5883人、行方不明2651人、震災関連死2688人（2013年3月31日）である。震災関連死はその後も増え続け、とりわけ原発災害に見舞われた福島県で増加している。

2013年11月末には関連死の人数が直接死の人数を超え、その後の福島県の発表（2014年2月21日）によれば、直接死1603人に対して、関連死は1664人と増加してきており、南相馬市、浪江町、富岡町、いわき市など原発が立地した浜通り地区で多くなっている。これは避難中、繰り返し移動を余儀なくされたことや、長期にわたる避難生活の影響であるとみられる。

避難者総数は2011年3月14日に47万人であり、2013年10月10日にはなお28万2111人が避難中である。

この大震災による農業関係被害状況は次のとおりである（2013年9月　農林水産省発表）。農林水産業全体の被害総額は2兆3841億円で、そのうち農林業関係は1兆1204億円、内訳では農地の損壊が1万8186か所、4006億円、農地・農業用施設等の損壊が1万7906か所、4408億円、農作物、家畜等が142億円、農業・畜産関係施設等が493億円、林野関係が215

5億円である。水産業関係は1兆2637億円である。

なお岩手、宮城、福島三県の被害状況は、農地の流失・冠水等の被害が岩手県1838ha、宮城県約1万5002ha、福島県5923haである。

農業被害額（農林水産省『東日本大震災と農林水産業―基礎統計データ』2012年6月）が岩手県687億円、宮城県5515億円、福島県2455億円、合計8657億円である。2010年の三県の農業産出額（農林水産省『平成22年度生産農業所得統計』）が岩手県2287億円、宮城県1679億円、福島県2330億円、合計6296億円であるから、被害額は三県の農業産出額を大きく超えている。

ここで本書ならびに本章で農業の復興を重点的に検討するのは以下の理由による。

被災地の復興には内発的な視点、すなわち地域の資源、技術、産業、文化等の見直しから始めなければならない。また震災、原発災害からの地域の再生のためには、自然を生かした循環の視点が不可欠である。この循環は農業において最も鮮明に現れている。農業を軸として自然と暮らしと経済の循環に目を向けて複合的に見ていくことが地域再生の不可欠の条件となっているためである。

2　国と被害の甚大な県の復興計画を検証する

2011年6月に出された東日本大震災復興構想会議「復興への提言〜悲惨の中の希望〜」は、八

序章　東日本大震災後の農業・農村と希望への道

ード整備を優先した「創造的復興」の色彩が濃いとの批判がある。「人間の復興」をめざすという視点が不可欠なことをあらためて確認しておく必要がある。

そのなかで農業の復興のための三つの戦略として、①高付加価値化、②低コスト化、③農業経営の多角化が出されており、これは基本線では妥当であるが、被災者の気持ちに寄り添い、地域の実情にあった具体化が求められ、また原発被災地に対してはよりいっそうのきめ細かな独自の対策が必要である。

2011年8月に出された農林水産省「農業・農村の復興マスタープラン」(2013年5月29日一部改正)は、地震、津波で被害を受けた農地について、復旧のスケジュールと復旧までに必要な措置を明確化し、おおむね3年以内の営農再開をめざすとしている。

またこのプランを実現する前提として、「被災農家経営再開支援事業」が行なわれている。これは津波等の被害を受けた地域において、経営再開に向けた復旧作業を共同で行なう農業者に対して、営農再開のための支援金を交付し、地域農業の再生と早期の経営再開をめざす目的で行なわれているものである。復旧作業を行なう農業者に対して、復興組合等(地域農業復興組合、牧野組合等)を通じてその活動に応じて経営再開資金を支払うものである。作業の内容としては、①営農環境の整備として、農地のゴミ・礫の除去、水路等の補修、倒壊したビニールハウスの解体・撤去など、②農地再生として、除草、クリーニングクロップの作付け、土壌消毒、土壌調整(土壌改良材投入等)、③畜産飼養再開活動として、公共牧野を活用した家畜の育成、飼料の共同利用、堆肥の共同処理・散布など

が例示されている。

しかし津波被害の現場からは、「瓦礫と汚泥を見て、あの場でもう一回農業をやろうという気がおきない」「あの人もやめる、この人もやめるというなか、気持ちがグチャグチャになり、集団ではやりにくい」「まず個人を助けるということが最初に打つべき手ではないか」などの声も出されていた。

農林水産省の2012年1月31日調査によれば、被災地の37市町村で119組合が設立され、取組みを実施しているとされ、その後、釜石市をはじめ各地で活動が開始されており、この取組みは各地で拡大しつつある。なお津波と原発災害により甚大な被害を受けた福島県のそうま農業協同組合では、復興組合に対して公的補助金が交付される前の運転資金を融資するなど、地域から独自の工夫もなされている。

具体的な復旧作業に、被災者が自ら主体的に参加して、共同で「農家の心」を支え、農業・農村を再建していくという内容は、評価しうるが、地盤沈下や排水機場の破壊によりいまだ塩害の復旧まで至らない農地の存在など、その適用には課題が多く、現場の判断で柔軟な運用が求められている。また復旧作業後の収入の道をどう考えるかも喫緊の課題である。

国に対して責任ある対応を求めると同時に、こうした復興組合を中心とする農業再生の動きを希望へとつなげる芽として、紹介し激励していくことも大切である。

2011年8月の「岩手県東日本大震災津波復興計画」は、被害の深刻さを反映して、農協、漁協を含めた地元の意見をよく聞き、ボトムアップ型の復興計画を提起している。安全の確保、暮ら

序章　東日本大震災後の農業・農村と希望への道

しの再建、なりわいの再生を三つの柱として、農業に関しては漁業とかかわらせて、三陸再生プロジェクトとしての地域性と、基盤復興期間、本格復興期間、さらなる展開への連結期間という時間性を加味した内容となっている。岩手県では2011年4月の「東日本大震災津波からの復興に向けた基本方針」で、二つの原則として「被災者の人間らしい暮らし、学び、仕事を確保し、一人ひとりの幸福追求権を保障する」「犠牲者の故郷への思いを継承する」としており、これに沿った「人間の復興」という面からの具体化が望まれる。

2011年9月の「宮城県震災復興計画」は、復旧にとどまらない抜本的な再構築、新たな制度設計や思い切った手法の取入れが謳われ、トップダウン型との指摘もなされている。農業では当然のことながら、復旧期には塩害と水利系被害への対策が重視されている。

福島県は浜通り地域で津波により多くの農地が流失・冠水した。浜通り地域北部は大規模な土地利用型農業が展開していただけに、福島県農業の発展方向に深刻な影響を与えている。また中通り地域における農業用ダムの決壊も甚大な被害をもたらした。

さらに福島県農業と農村を苦しめているのが原発災害である。原発立地町村はもとより、避難区域等に指定された市町村では農業が営めない状況が続いている。

2011年8月の「福島県復興ビジョン」は、「原子力に依存しない、安全・安心で持続的に発展可能な社会づくり」「ふくしまを愛し、心を寄せるすべての人々の力を結集した復興」「誇りあるふるさとの再生の実現」をめざす、歴史に残る画期的なビジョンである。

福島県の場合は、地震、津波、原発災害、風評被害という四重苦の状態にあり、被害の量的大きさに加え、質的な困難さがあることを確認しておく必要がある。

3 内発的復興の基本視点と農業

復興は「人間の復興」を基本として、そのうえで重視すべき柱は、内橋克人氏のいう「FEC構想」であろう。Food, Energy, Careの自給を軸とする、人間と地域と産業の復興・再生構想である。そのうえで農山漁村の内発的発展という点では、①自前の努力、②都市と農山漁村との交流・連携、③国や自治体の支援が重要であるが、今回の震災の複雑な性格から、③がまず重視されなければならないであろう。瓦礫除去、地盤沈下・浸水、塩害、自治体機能の崩壊から復活、放射能被害からの復活は、①や②だけでできるものではない。③があって初めて①の個人や協同組合も力を合わせてがんばろうという気持ちになれる。その延長線上に、②の都市住民が被災地の農業や漁業を支えるCSA(Community Supported Agriculture)やCSF (Community Supported Fishery)などの連帯を基礎とする再生の芽が現れてくる可能性がある。

被災地を絶対に「ショック・ドクトリン＝惨事便乗型資本主義」の餌食にしてはならないが、現実には除染事業では大手企業が主として受注し、それを下請化し、また「手抜き除染」など、不適切な行為が指摘されている。特定の企業による無責任な対応にはきちんと監視していく必要がある。

序章　東日本大震災後の農業・農村と希望への道

農業の復興という点では、東日本、東北の農業の地域性をふまえた対応が不可欠である。かつて宇佐美繁氏は歴史性をふまえて東北を稲単作地域、稲・果樹地域、稲作・園芸、畜産複合地域、漁業兼業地域に区分して、それぞれの発展の方策を検討した。(6)現段階での被災地の歴史性と地域性をふまえ、時系列を加味した、復興・再生の方策を、被災者主体でボトムアップ的に検討する必要がある。

なお原発被害については小山良太氏が①フローの損害、②ストックの損害、③社会関係資本の損害を適切に指摘している。(7)さらにそれに④循環の破壊の損害も加える必要がある。自然生態系に即した安全・安心な食物をつくる基礎としての自然循環の破壊は、これまでまじめに農業を営んできた農業者、とくに有機農業や低農薬・低化学肥料による農業を営んできた農業者を窮地に落とし込んでいる。また⑤自給の破壊による損害も加える必要がある。農山漁村では山野河海からの恵みを自給することによって暮らしを支えてきた。そうした暮らしは、地域の文化であり、「豊かさ」の象徴である。近年の「地元学」ではこの点を重視している。(8)

この地域の暮らし、健康、文化、生態系を基礎におく「豊かさ」を破壊し、奪い去った電力会社と国の罪はあまりにも深く重いといわなければならないであろう。

4　放射能汚染への対応と農業・農村の再生

原発災害のなかで、農地の汚染、農畜産物の汚染が大問題となっており、時がたつにつれて深刻さ

を増してきている。福島県では二〇一一年秋に「安全宣言」が出された後、汚染米が発見された。今回の放射能対策として、当初作付け制限を市町村単位で行なった。しかし作付け可とした地区からも汚染米が発見された。この原因として農地の汚染マップの作成が不十分であることがあげられる。これへの対応は本書第Ⅰ部第2章、第5章にあるように、住民の主体的な対応が不可欠である。

また福島県産米は二〇一二年度から全袋検査がなされており、この点は「安全」の確保という点で評価すべきであるが、その手数、経費等にかかわる農業者、農協、自治体の苦労は並大抵ではない。東京電力は深い反省をもって、ただちに経費の全額を補償の対象とすべきである。

それと同時に放射能と闘いつつ営農を継続させようとしている農業者には、日本有機農業学会の動きにも注目しておく必要がある。福島県有機農業ネットワークに参加する農業者は、日本有機農業学会の有志の協力を得て、土壌検査、移行係数検査、反転耕、有機質投入などさまざまな実験を行ない、土壌・空間の放射線量を下げて自らの外部被曝の危険性を引き下げ、移行係数が低く安全を確認できた農産物のみを売ることによって消費者の内部被曝の危険性を引き下げるという必死の努力を行なっている。ここには地域資源循環型農業と農法の再生、農家の自給と地域の自給による地域の再生、生産者と消費者の提携関係、いのちを育むネットワークづくりという、いのちを守るという基本的な考え方が提起されている。

またこのグループは2013年春に東京の下北沢にコミュニティカフェ「ふくしまオルガン堂」を開店した。福島で「希望の種」をまき、必死の努力をしているが、生産地と消費地が離れているため、農家の厳しい現状が伝わらないという課題に突き当たっていた。そこを解決するために、農の力と市

民の力の協働で、持続可能な共生の時代をつくるという試みとして始めたものである。福島の農産物と食の提供を行なっている。オルガン堂は被災地・福島と東京・首都圏を結ぶ広場となっている。

5　農村、コミュニティのあり方

　農村・コミュニティという点では、中越地震からの復興の教訓に徹底して学ぶ必要がある。その教訓の一つは、復興へ向けての支援には「足し算の支援」と「掛け算の支援」があるということである。「地域がマイナスの状態」にあるときにいくら立派な「掛け算の支援」をしても逆効果であり、むしろ被災者に寄り添って、マイナスをプラスに転じていく「足し算の支援」がまず必要だという点にある。被災者、住民の気持ちがマイナスからプラスへ転じる指標は「合い言葉が生まれる」ことで、中越地域ではその一つが「帰ろう山古志へ」であった。

　山古志村の方々にお話をうかがうと、「『帰ろう山古志』はそこに参加してふるさとへ帰るということ」「あきらめない」「覚悟を決めて帰ってきている」「がんばるにも方向性がある」「地震はつらかったが今後どう生きていくのか見つめ直す機会を神が与えてくれた」「自分たちの次の夢を震災のなかから創っていきたい」「楽しく幸せに暮らし帰ってきてよかったねと言えるようにしたい」との話が出てくる。傾聴すべき珠玉の言葉といえよう。

　むろん原発被災地では放射能汚染問題があり、すべての住民が即「帰ろう」ということで意見が統

一されているわけではない。しかし福島県飯舘村においては、二〇一一年一二月に「いいたて までいな復興計画」が策定され、さらに課題ごとに本書第Ⅰ部第4章にあるような検討がなされている。今後戻る人、戻らない人、戻らない人すべてを含めて、居住地と農地さらには林地の除染の段階に応じて、その後の土地所有・利用の調整も、つながることによるメリットをどうつくり出していくのが大きな課題となってくる。

なお土地の利用・調整と地域の再生という点では、これまで各地の農業者が工夫してつくり出してきた集落営農における「二階建て方式」(11)や中国地方中山間地域で芽生えつつある「手づくり自治区」の考え方が大いに参考になると思われる。

もう一つ大切なのは、中越、中越沖地震からの復興過程でとられた「ものがたり復興」の考え方である。(12)これは中長期の未来を起点として、その目標を達成するための取組みを、現在に遡る形で考え、そのために地域の過去の歴史にも学びながら考えるというものである。人びとは「物語る」ことにより、被災の現実を受け止め、当事者意識が高まり、対話という形式を通じて、未来への夢やビジョンを共有しやすくなるという。そして物語によって復興が進み、復興に向けて人びとは物語に生きるとされている。「ものがたり復興」とは、こうあってほしいという未来への物語を描き、それを実践していく取組み、すなわち物語によって現実をつくりあげていくということであるとされている。

さらにまた新潟県では、地域再生と被災者支援のための「足し算の支援」の一つの柱として、復興基金の造成による復興支援員の配置がなされて、現在も中越地域で活躍している。すでに全国に配置

されている総務省の集落支援員や地域おこし協力隊、また大震災後、総務省が設置した復興支援員の活動などともあわせて、震災からの、集落を基礎とした復興、再生へ向けてそれらの活動は、非常に大きな意義をもってきているといえる。

6 希望への道

最後にこうした被災地における農業・農村での動きを、主として原発災害にあっている福島を念頭において、これまでの地域づくりの経験をふまえて、これからの農業、農村、地域再生の方向について四つの側面から検討を加えていく。

まず第一は住民参加による公害反対運動の継承の側面である。(13)歴史的に思い起こすべきは、1964年の三島・沼津・清水コンビナート反対運動である。コンビナート建設によって公害被害は生じないとする国の環境影響調査結果に対して、高校の先生や生徒をはじめとする住民は、自ら空を泳ぐ鯉のぼりを見て風向調査を行ない、汚染された風がまちを襲うとして、国の調査の誤りを指摘した。その後住民と国の調査団との対決により、地域の微気象の実態にあっていることが判明し、コンビナート計画は撤回された。これは後にグラウンドワーク三島などの活動＝住民参加(14)による地域環境の改善運動へと展開し新しい地域づくりの方向性を提示していくこととなった。

福島第一原発爆発のとき、福島県三春町では役場職員の機転で、釣りざおの先に吹き流しをつけて

風向を計り、住民への安全策をとったという。素朴な形ながら正確に風向を読み、住民の安全、健康を判断するという、三島・沼津・清水コンビナート反対運動における住民の知恵を彷彿させる知的で適切な行動であったといえる。

さらに福島における放射能対応では、住民参加という点で、伊達市霊山町小国地区の「放射能からきれいな小国を取り戻す会」による活動が教訓的である。本書第Ⅰ部第2章、第5章にあるように、ここからどう新しい地域づくりを再構築していくのか、どう地域を再生していくのかという方向性が見えてくるものと思われる。この足元からの実践に注目し新たな可能性を追求していく必要がある。

第二はさまざまな立場を超えた脱原発の流れと国民的運動の側面である。「福島県復興ビジョン」は「原子力に依存しない、安全・安心で持続的に発展可能な社会づくり」「ふくしまを愛し、心を寄せるすべての人々の力を結集した復興」「誇りあるふるさとの再生の実現」をめざすという、歴史に残る画期的な考え方を明示した。また福島県議会は全会一致で脱原発を決議した。2011年秋には福島市内で党派を超えたさまざまな考えをもつ人びと1万人が参加して「なくせ原発！10・30大集会 in ふくしま」を成功させた。こうした脱原発の動きは全国に広がり、今でも各地でさまざまな集会が継続的にもたれている。これはかつての福島を、そして全国を巻き込み冤罪から無実の人びとを救った松川運動のような潮流の再現とも見ることができる。福島で困難ななか貫いてきた「人間を守る」という正義が再び芽生えつつある。⁽¹⁷⁾

なお福島県議会は、2013年10月9日に、「特定秘密の保護に関する法律案に対し慎重な対応を

序章　東日本大震災後の農業・農村と希望への道

求める意見書」を全会一致で可決した。「……原発の安全性に関わる問題や住民の安全に関する情報が……『特定秘密』に指定される可能性がある。……放射性物質の拡散予測システムSPEEDIの情報が適切に公開されなかったため、一部の浪江町民がより放射線量の高い地域に避難したことが事後に明らかになるケースがあった。このように国民の生命と財産を守る為に有益な情報が、……『特定秘密』の対象に指定される可能性は極めて高い。今、重要なのは徹底した情報公開を推進すること……」。ここには党派を超えて新しい流れを求める動きがあるといえよう。

第三は現代的な差別との闘いの側面である。福島の人びとは2011年3月から、数々のいわれなき差別を受けてきた。さらに今も避難者への差別的対応が報道されている。帰還困難な町が町外に「仮の町」をつくろうとする動きもあるが、その地域の住民との軋轢も報道されている。[18]

しかしこれはかつての水俣病患者救済のような展開の道をたどっていく可能性を秘めている。水俣では差別や運動の分裂のなかから、内（定住者）と外（漂泊者、支援者）とが力を合わせてそれを克服し、地域の内発的発展への模索が開始された。その流れは地域を足元から見つめる「地元学」へと展開し、暮らしの見直しや農業・農村の多面的機能の認識へと発展してきた。そして今水俣は世界一の環境都市をめざす地域づくりを行なっている。[19]

原発災害に苦しみながらも、帰村宣言をした福島県川内村や帰村をめざしている飯舘村では、先人が築いてきたむらを自分たちの手で再生したい、自分たちの力でむらへ帰るには何が必要なのか、と必死の努力をして研究、検討を行なっている。まさにここはこれからの福島の、そして日本の進路を

25

決める「天王山」なのである。

第四は被災者、避難者を「棄民」とさせない運動の側面である。この点では古く足尾、渡良瀬川の公害とその地から去らざるを得なかった人びとに思いをよせ、それと闘った田中正造や農民たちの運動に学ぶことが大切である。2013年は田中正造没後100年であり、栃木県内ではさまざまな報道や顕彰の事業が行なわれた。[20]

また今福島の有機農業者たちは歴史に学ぼうと、自由民権運動の勉強を開始している。各地で歴史に学び、被災者、避難者を「棄民」とさせない動きが始まりつつある。大地に生きる農民は被災地をはじめ避難先を含めた各地で必死に生きようとしている。これに対して全国的な共感と支援の輪を拡げていくことが大切である。

さらにこれらの基礎には、憲法第13条幸福追求権、第22条居住・移転・職業選択の自由、第25条生存権などの尊重がおかれることはいうまでもない。大震災、とくに原発災害はそのすべてに反しており、憲法にもとづくその回復は国としての最優先課題である。

大震災、原発災害のなかから、いま福島や東日本各地で生まれつつある小さな希望をどう明日の農業、農村、地域づくりへとつなげていくのか。それは被災者だけではなく、全国民が福島や東日本の人びとの深い悲しみと怒りをわが身のものとして、深く考えるべき課題である。私たちは被災地、被災者への共感とそれを支える理性を失ってはならないのである。

最後に、東北・福島のこれからの道、日本の中での位置づけについて述べていこう。

序章　東日本大震災後の農業・農村と希望への道

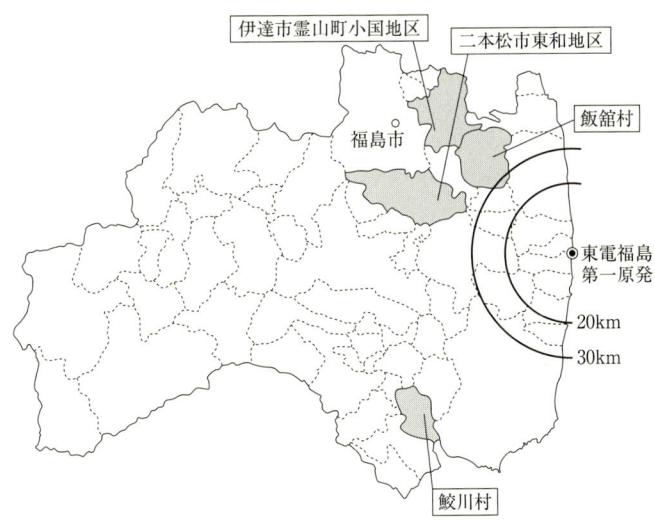

図Ⅰ-序-1　本書第Ⅰ部で取り上げる地域

この震災以前から東北・福島、とりわけ今回被害が甚大である地域では、過疎・高齢化が進み、コミュニティの維持困難、農林漁業をはじめとする地域の産業が厳しい状態におかれていた。東日本大震災、とくに原発災害は過疎・高齢化の進展を数十年早め、コミュニティや農林漁業をよりいっそう厳しい状態においている。

東北・福島は明治以降、大都市圏への食料（米）、労働力の供給地として位置づけられてきた。第2次世界大戦後は常磐炭鉱、只見川電源開発を典型例とするように、首都圏へのエネルギー（石炭、電気）供給の基地とされてきた。高度経済成長期以降、エネルギー供給は原発立地へと形を変え、首都圏の経済的「繁栄」を支えてきた。原発立地は都市と農村の経済的格差、大都市圏と地方圏の経済的格差を前

提として、地方を踏み台として成り立っていたのである。

しかし3・11後局面は変わったといわなければならない。変えなければならない。これからは東北・福島は、再生、循環による食、農、エネルギーを基礎とした新しい時代をつくっていく役割が重視されるようになる。東北・福島は、原発災害で苦しめられている被災者の思考、行動のなかから、これまでと違った、経済面とは異なる自然、文化、個性を活用した再生、循環という理念に立った、日本再生のフロンティアとなっていく可能性が生まれつつある。ここに確信をもつ必要がある。

以下に展開する各章では、内発的発展論の基本である住民参加を基礎として、低線量地域であってもさまざまな抱える問題に前向きに取り組む鮫川村、自然循環を基礎とした有機農業による農業・農村の再生をめざす二本松市東和地区、それらの地域再生の成果を最大限活用しつつ、村民の復興と村の復興を一体的にめざす飯舘村の実践、さらに原子力災害と闘う協同組合のネットワークを、住民と研究者が一体となり現地に寄り添う形で長期に行なっている実践から紹介していく。そのトータルな活動のなかから、私たち自身が被災地に学び、地域の再生、日本の再生の方向を見いだしていくことができると思われる。

序章　東日本大震災後の農業・農村と希望への道

注

（1）小野智美編『女川一中生の句　あの日から』羽鳥書店、2012年。
（2）第25回東洋大学「現代学生百人一首」2012年。
（3）「私は詠む　子と夫の　生きた証を」朝日新聞、2014年1月1日。
（4）内橋克人『共生経済が始まる』朝日新聞出版、2009年。
（5）ナオミ・クライン『ショック・ドクトリン（上・下）』岩波書店、2011年。
（6）宇佐美繁『農業生産力の展開と地帯構成』筑波書房、2005年。
（7）小山良太・小松知未・石井秀樹著『放射能汚染から食と農の再生を』家の光協会、2012年、小山良太・小松知未編著『農の再生と食の安全─原発事故と福島の2年』新日本出版社、2013年。
（8）吉本哲郎『地元学をはじめよう』岩波書店、2008年、結城登美雄『地元学からの出発』農山漁村文化協会、2009年。
（9）菅野正寿・長谷川浩編著『放射能に克つ農の営み』コモンズ、2012年、『脱原発の大義』農山漁村文化協会、2012年、小出裕章・明峯哲夫・中島紀一・菅野正寿『原発事故と農の復興』コモンズ、2013年。
（10）日本災害復興学会・復興デザイン研究会『復興デザイン研究』第4号、2007年、稲垣文彦「中越地震における地域復興支援員に学ぶ」『農村計画学会誌』32巻3号、2013年。
（11）楠本雅弘『進化する集落営農』農山漁村文化協会、2010年、小田切徳美編『農山村再生の実践』農山漁村文化協会、2011年、小田切徳美・藤山浩編著『地域再生のフロンティア』農山漁村文化協会、2013年。

(12) 北陸建設弘済会『中越地震被災地の復興に関する研究』2010年。
(13) 宮本憲一『地域開発はこれでよいか』岩波書店、1973年。
(14) 渡辺豊博・松下重雄『英国発グラウンドワーク』春風社、2010年、渡辺豊博編著『失敗しないNPO』春風社、2013年。
(15) 「プロメテウスの罠 吹き流しの町」朝日新聞、2012年7月7日～26日。
(16) 「全国455の県、市町村も脱原発を求める意見書を可決」朝日新聞2014年1月19日。
(17) 伊部正之『松川裁判から、いま何を学ぶか』岩波書店、2009年、大塚一雄『回想の松川弁護』日本評論社、2009年。
(18) 「遠のく 古里・福島」読売新聞、2013年3月5日、「共生遮る誤解の連鎖」毎日新聞、2013年5月24日。
(19) 鶴見和子『内発的発展論の展開』筑摩書房、1996年。
(20) 「今、生きる正造」下野新聞、2013年4月30日～11月12日、「伝える正造魂」読売新聞栃木版、2013年1月1日～10月5日、「おーい！正造さん」朝日新聞栃木版、2013年1月1日～1月10日。

執筆：守友裕一（宇都宮大学農学部）

第1章 「まめで達者な村づくり事業」3・11の前と後

―― 鮫川村

1 鮫川村を取り上げる視角

2003年度から始まる「まめで達者な村づくり事業」(以下では「まめ達事業」と略記)を中心とした鮫川村の取組みは、高齢者福祉と地域活性化を両立させた中山間地域再生の先進的事例として今では多くの媒体でも注目されている。(1) しかし「まめ達事業」を構想し実施できた背景には、以前から規模は小さいながらも、地道に積み重ねてきた内発的事業の経験と実績が生かされていることはあまり知られていない。そこで本章の前半部分では、①「まめ達事業」に至るまでの経緯、②「まめ達事業」の仕組み・展開過程、③多様性に富んだ総合的事業への発展過程について検討する。とくに、「小さな成功体験の積み重ね」が地域づくりに「総合性」「多様性」「革新性」をもたせるものであっ

たことに注目するとともに、その手段やプロセスの組み方についても考察していきたい。
また、2011年3月11日の東日本大震災を契機に発生した東京電力福島第一原子力発電所爆発事故(以下、「原発事故」と略記)による放射能汚染は、鮫川村においてもこれまでの地域づくりの展開過程とは別次元の問題を発生させ、「住民の分断・対立」が引き起こされつつある。本章の後半部分では「原発事故」以降の問題の発生状況を冷静に再整理するとともに、これまでの地域づくり活動の歩みも振り返りながら、分断・対立ではなく住民が心を一つにして復興に臨む道についても考察したい。

2　「まめで達者な村づくり事業」に至るまで

(1) 鮫川村の概況

　鮫川村は福島県の南端、阿武隈山系の頂上部に位置し、標高350mから700mの丘陵地に集落が散在する典型的な中山間地域である。村の総面積の76％は山林であり、起伏に富んだ山並みの隙間を縫うように田んぼや牧草地が展開している。また村内には三つの水系（鮫川、久慈川、阿武隈川）の分水嶺があり、多様性に富んだ里山の原風景が見られる美しい村でもあり、「ふくしま緑の百景」に村内の景勝地が4か所選定されている。

第1章 「まめで達者な村づくり事業」3・11の前と後

ほかの中山間地域同様に、鮫川村においても高度経済成長などの時代の変化に応じて、農林業や地域社会が大きく変化してきた。まず人口が急激に減少している。1955年の8256人をピーク時の半分以下となっている。ちなみに2013年10月時点で、高齢者人口は1227人、高齢化率は32・9％となっている。

次に村の基幹産業である農業部門でも、農業就業人口の高齢化や農林地の荒廃化が進行している。農業産出額は1984年の22億円をピークに、2004年度には12億円まで減少している。かつて村の農林業では、木炭、原木シイタケ、養蚕、葉タバコ、コンニャク、水稲、麦、畜産（酪農、肉用牛飼育）等を組み合せた複合経営が盛んであった。しかし、これらの品目はその後の輸入自由化や減反政策等の影響を受け縮小していく。

そして過疎化、高齢化、産業の衰退が進行するなかで、さらに追い打ちをかけたのが「平成の大合併」問題であった。国の財政危機を口実にした合併推進策は、村民の不安を掻き立て、「この先、この小さな村はどのようになるのだろうか」「小さな村は消えるしかないのか」といった不安・失望感、あきらめ感が村全体を覆うようになっていった。小田切が指摘するような、日本全国の中山間地域における高度経済成長政策や経済のグローバル化の影響を受けながら、人・土地・むら・誇りの空洞化が一気に進行していく現象が、鮫川村でもみられたのである。

33

（2）都市との交流とその影響

鮫川村が初めて明確に都市との交流を始めるのは、バブル景気が始まる頃の1987年であった。首都圏から3名の若者が家族と共に移住し、廃校になった小学校の校舎を山村留学に利用させてほしいと申し出てきた。鮫川村としてはどうして山村が対象になるのか、最初は理解できなかったが、若者の強い意欲に押されて受け入れを決定した。それ以降、小学生から高校生までの子どもたちが、毎年30名前後、都会から村の学校に通学するようになった。この動きは過疎化が進行するなかで自信を失いかけていた村民に、新たに地域を見直す機会を提供したのである。

村ではこの活力を村づくりに生かすため、1995年に体験型の交流施設「ほっとはうす・さめがわ」を整備し、都市交流事業に取り組むようになる。運営の目的は、村民が都市交流を通じて村の魅力に気づき、自信と誇りを回復し、地域資源を活かして村の過疎化に歯止めをかけることにおかれていた。とくに大学との交流に力を入れ、東京農業大学、福島大学、東京経済大学、大妻女子大学などとの交流が、村職員や村民に大きな影響を与えることになっていく。本節では、東京農業大学（以下「東京農大」と略記）との交流について紹介する。

東京農大との交流のきっかけは、東京農大短期大学部・環境緑地学科の入江彰昭准教授が村の都市交流事業に参加した1998年に遡る。当時の村の状況は、里山の原風景を残してはいるが、農業経営者の高齢化や後継者不足が深刻化し、耕作放棄地や荒れた山林が増えていた。また里山景観

第1章　「まめで達者な村づくり事業」3・11の前と後

の荒廃が進むとともに、年中行事等の地域コミュニティの衰退も危惧されていた。

入江准教授はその後も何度も村を訪れその状況を観察するとともに、大学としてのかかわり方を検討するなかで、「里山の『景観保全』をテーマに大学と地元住民が交流できれば、学生たちにとっては学びの場となるとともに、地元住民にとっては地域の良さに気付くきっかけになるのではないか」と考えた。そうしてスタートしたのが景観保全活動である。当初は有志による年6回程度のボランティア活動であり、参加者の範囲も交流施設周辺の住民と教員・学生たちで、大学教員、地元住民が互いに講師役を務める形という、「小さな交流」から始まった。しかし回を重ね活動が継続するにつれ、学生、村民の参加者が増えていくとともに、活動領域も広がっていった。具体例をあげれば、田植え、除草、稲刈り、野菜づくり、山林の除伐・間伐、里山散策道整備、雑木林の落ち葉かき、炭窯造り、炭焼き、郷土食づくり、地域の伝統行事への参加、畜産農家の手伝い、ビオトープ整備、さらには、村中央部の公園整備、村内集落の景観整備のように、身近な活動が中心だが、多種多様といえる。ちなみに活動回数は、2013年12月現在で、通算84回に達している。

さらにこれらの活動がきっかけとなり、東京農大生活科学研究所による特別研究「多機能的効果論から見た〝田んぼ（谷戸田）〟の価値を探る」が、2000年から4年間にかけて鮫川村で実施されることになる。この特別研究により、東京農大から多分野の研究者が村を頻繁に訪れるようになり、大学側も、学生の実習や研究のフィールドとしてだけではなく、後述する村の「バイオマス・ビレッジ構想」や村中心部の館村の地域資源の発掘やその活用策について、一気に道が開けるようになる。

山公園整備、村の特産品開発などの事業にもかかわるようになった。なお10年以上の交流を経た20 10年6月には、鮫川村と東京農大とが連携協定を締結している。

このような活動を通じて村民や村職員は、里山の自然環境（生態系や景観）と、生活文化（食文化、年中行事など）や地域の農林業との関係について深く学ぶことができた。また、まとめられた成果[4]は、地域の魅力やその活用方法について、村民同士が多くの知識を獲得し共有することにも役立っている。

(3)「平成の大合併」問題を契機とした、自立の村づくりの選択

中央政府主導による「平成の大合併」が進められていくなかで、鮫川村でも隣接2町（棚倉町、塙町）との合併の話が首長主導で持ち上がり、2002年7月に法定協議会が設置される。その契機は地方交付税削減等の財政問題への危機感であり、合併後の「住民自治によるまちづくりをどう実現していくか」という住民にとっての肝心の議論はほとんどなされなかった。そのため周辺部に位置する鮫川村では「ますます過疎化が進むのではないか」という不安が高まった。しかし鮫川村では「自分たちの村の未来を自分たちで切り拓こう」と立ち上がり、学習する動きも同時にみられ、村内で財政問題や地域づくりに関する村民学習会が頻繁に開かれた。このような世論の高まりが、村議会議員からの発議による合併の是非を問う「住民投票条例」制定に発展し、全会一致で可決した。2003年7月に条例に基づく住民投票が実施され、村内の有権者の81・8％という高い投票率のもと71％の

第1章　「まめで達者な村づくり事業」3・11の前と後

村民が、合併せずに「鮫川村は、鮫川村であり続ける」という「自立の道」を選択したのである。
この投票結果を受け当時の村長が辞任し、新村長の下で村づくりが始まる。新しい村づくりの第一歩は、全職員参加の行財政の見直し作業であり、「ムダを省いて効率的な行政をめざし」「住民の福祉を向上させる」というテーマで行なわれた。このテーマに沿った徹底的な見直しによって、全職員が以下のような共通認識に立てたことがその後の村づくりに生きてくる。
「平成の大合併」問題のなかでもとくに心配された村の財政状況に関しては、小泉内閣の「三位一体の改革」などその後の実際の政府（国）の政策が予想を超えた厳しいものとなり、住民サービスや職員の給与削減まで踏み込まなければ予算編成ができなくなる事態が想定された。そのうえ、財政問題以外にも解決を迫られていた課題がいくつもあった。①農林業の再生、②小学校統廃合による廃校利用、③定住人口の維持と少子高齢化対策、④地域の活力の低下と地域コミュニティの縮小、などである。問題は山積みであり、小規模自治体が単独町村として生き残るための正念場を迎えることになった。
しかし危機感だけでは乗り越えられるものではなく、我慢の先の光を見出すことも必要であった。「希望」がなければいくら危機感を強調しても頑張れないのは、すべてにおいて共通するものであるからである。「カネがない」なかで、いかにして「希望」を創り出すか、厳しい試練が待っていた。
このような状況のなかで危機打開の「希望」の政策づくりに活かしたのが、内発的発展論の五つの原則である。(5)
村の担当者は、東京農大との交流、あるいは合併をめぐる住民学習会の経験などから、こ

37

の理論の実効性を確信しており、行政の意思決定における住民参加、あるいは行政内部の意思決定のプロセスなどにも気を配りながら、その後の政策づくりを進めていった。

また視野を広げて社会経済の流れを大局的につかむことにも注意を払い、住民・村職員対象の各種の学習会なども随時実施し、課題を共有し、村が進むべき方向について学習していった。たとえば当時の時代背景として、「食料、環境、エネルギー問題」が地球的規模で課題になり、国内では「食の安全・安心」「健康・本物志向」「スローフード」「里地・里山の環境問題」などへの関心が高まっていた。農業・農村の未来を悲観的にとらえるのではなく、むしろ農業・農村に「追い風」が吹いていると考えるべきではないかと、発想の転換をはかったのである。さらに事業の進め方にも気を配り、最初から「あれも、これも」含めるのでなく、まずは対象を「小さくしぼり」、身の丈に合った規模からスタートし、小さな成功体験を積み重ねながら発展させていく方式を考えていった。

3 「まめで達者な村づくり事業」の創成期の体制整備

(1) 里山大豆特産品開発プロジェクトチームの発定と基礎調査

村では「自立する村づくり」の第一手を、最大の資源である「農林業」の振興にしぼることにし、2003年11月に役場内に部署横断的な「里山大豆特産品開発プロジェクトチーム」(以下「豆プロ」

第1章　「まめで達者な村づくり事業」3・11の前と後

と略記)を立ち上げている。最初に大豆に着目したのは新村長の判断であったが、豆プロを立ち上げる前に、実効性・正当性を検証するための基礎調査を行い、以下の6点を再確認した。

第一に大豆・エゴマの生産奨励対象者がどの程度、存在するかを検討した。当時の村の農家率は福島県内1位の64・7％であり、多くの村民の参加が見込める可能性が高いことがわかった。

第二に村内の大豆栽培に関する歴史を調査した。1960年代頃まで村内の大部分の農家では、大豆と麴用の大麦を自家栽培し、味噌も自家製造していた。そのため現在でも高齢者には大豆栽培の技術と知識があり、農薬・化学肥料に依存しないでも栽培できると考えられた。

第三に大豆の加工適性を調査したところ、加工用途はかなり幅広いことがわかった。その後、鮫川村で実際に商品展開できたものに限定しても、きな粉、豆腐、味噌、油揚げ、菓子類など、幅広い用途があるため、需要の面でも供給の面でもバランスを調整しやすい品目といえる。

第四に味噌の消費量を調査し、村内にどの程度の潜在的市場があるのか、推計した。サンプル調査にもとづいて推計すると、村内の年間消費量はおよそ30ｔであり、そのうち20ｔは村外から購入しているという現状が浮き彫りとなった。

第五に、大豆の機能性と、村民の疾病との相関関係に関して調査した。大豆の機能性は、心疾患・循環器系・悪性新生物・筋骨格系等の疾病や、白内障・緑内障など高齢者特有の疾病にも効能があることがわかった。一方、村内の国民健康保険加入者の疾病統計をみると、大豆の効能と関係する疾病の医療費が占める割合は、総医療費の7割にも及んでいた。

第六に大豆の市場に関して考察した。大豆は日本型食生活の基本を成し、しかも現在はわが国の自給率が低く、国産大豆は希少性から需要が幅広く見込める。村内にとどまらず村外も含めた市場の拡大可能性が高い品目であることを確認した。

このような基礎調査の結果から、「自立する村づくり」の第一手として取り組む事業としてこの上ない作物であることを確信し、豆プロでは目的を「地場産業の振興と村民の健康増進を図る」とした。

さらに具体的な任務として、①大豆とエゴマの生産振興と加工品開発、②加工技術者の育成、③地場消費の推進、④販売戦略の調査・研究、⑤加工施設等の整備、⑥事業主体設立に関する調査・研究、⑦農業・農村の6次化と経済循環、という7点を掲げた。そして豆プロの構成員を、企画調整課、農林課、住民福祉課(保健師、栄養士含む)、交流施設というような役場の部署横断的組織にするとともに、アドバイザーを以前から交流がある東京農大短期大学部醸造学科の舘博教授に依頼した。こうして、大豆の生産・加工、人材育成、健康づくり、消費市場の開拓など総合的な展開を視野に入れた体制を構築したのである。

(2) 「まめで達者な村づくり事業」の仕組みと初年度の動き

「まめ達事業」では無理なく進めるための工夫として、福祉的事業とリンクさせることを強く意識し、生産奨励対象者を60歳以上の高齢者に限定した。基礎調査の結果から村の高齢者は大豆栽培の経験・知識が豊富であることがわかった。また多くの高齢者が生涯現役で農作業に携わることが、村全

第1章　「まめで達者な村づくり事業」3・11の前と後

体の医療・介護保険等の抑制にもつながると考えた。そして高齢者が栽培した大豆を村内で加工し村内で消費することは家庭貢献や地域貢献につながるとともに、このような珍しい活動は地域外からの興味・関心を惹きつける可能性も高い。生産された大豆の加工・販売までの総合的展開をうまく構築できれば、地域全体に対しても良い波及効果をもたらすことが期待できた。しかしこのような展開はあくまで可能性であり、実現するためには何よりも高齢者が元気に安定して大豆を生産することが重要になる。村は高齢者が無理なく取り組める規模として、1人当たり10a程度を基本に据えるとともに、以下に見るような具体的かつ計画的な生産支援策をとっていった。

① **高齢生産者の栽培支援策**

大豆の種子の定価は1kg当たり約500円であるが、生産奨励の意味合いから農家負担額を100円で提供し、差額は村が補助している。大豆の品種については在来種ではなく、豆腐等の加工適性や抗ガン作用・更年期障害対策などに有効なイソフラボンの含量の高い新品種「ふくいぶき」に更新した。さらに栽培方法に関しては、品質の良い大豆を生産するために、農薬、化学肥料の投入量を慣行栽培の半分程度に抑える特別栽培への転換と栽培記録をつけることを推奨し、研修会も開催した。また消費者との信頼関係を構築する意識の醸成にも努めている。

一方、高齢者にとって負担の大きい作業の典型である脱穀作業については、村が機械を購入し、申し込みに応じて個々の農家に出向いて作業を行なう仕組みである。30分あたり5a程度の作業が可能で、料金は500円である。出荷前の選別作業についても村が機械を装備した。自ら手選別を行なう

41

生産者もいるが、この場合は機械選別より高値で買い取ることで、生産者が自らの判断で、手選別、機械選別を選択、可能な範囲で大豆生産に携われるようなサポート体制を構築したのである。以上のように、高齢者それぞれの体力とやる気に応じて、

② 大豆の買取保証制度

買取価格については、村独自に買取保証制度を創設した。その特徴は、①量や品質を問わず、くず豆を含めて全量を買い取る、②等級別価格差を設定しつつ、(7)全体としては市場価格（110円前後／kg）の3～4倍の価格水準で買い取る、の2点である。この保証制度により、加工ロットや品質とは無関係に少量からでも全量を、安定的かつ高水準の価格で買ってもらえ、売り先を探す手間や不安が解消されている。

この制度の設計時の考えには、「まめ達事業」を産業振興という狭い領域のみで考えるのではなく、高齢者福祉も含めた村の財政運営全体のなかで考えるという発想の転換である。具体的には、生産された大豆を豆の状態のまま販売するのではなく村内で加工・販売することで、生み出された付加価値を村内に残すとともに、高齢者が元気で生きがいをもって畑仕事に精を出せば「医療費」の削減にもつながるということにあった。さらにこの保証制度を支える原資については、後述する農産物加工直売所と村が費用を分担して買い取る仕組みをとっている。①まず買取価格を村が設定し、②次に農産物加工直売所が一般市場価格分（110円前後／kg）を負担する。③そして①から②を差し引いた差額を村が一般財源から補助する、という仕組みである。村がすべての費用を丸抱えするのではなく、

第1章　「まめで達者な村づくり事業」3・11の前と後

他地域と比較した場合の市場条件不利性に関しては村が補助し、農産物加工直売所には加工・販売のために努力するインセンティブを残すような仕組みがとられている。

このような、①栽培支援策と②買取保証制度の下で、表Ⅰ-1-1に見られるように、栽培世帯、栽培面積、集荷量ともに順調に増加している。「小面積でも頑張って栽培しようと思うようになった」というように、高齢者自身の働きがいが刺激され、耕作放棄地発生の抑制にもつながっている。また高齢者にとってみれば、自身の健康づくりという目的だけでなく、家庭貢献や地域貢献という目的が加わったことで、よりいっそう、生きがいや働きがいの増進にもつながったと考えられる。

表Ⅰ-1-1　「まめで達者な村づくり事業」の大豆栽培の実績

年度	栽培世帯数（戸）	栽培面積（ha）	集荷量（t）	買取額（千円）
2004	102	5.5	7.4	2,283
05	135	10.3	16.4	3,966
06	172	14.2	15.7	6,069
07	166	16.3	21.2	7,993
08	172	19.8	26.1	11,098
09	170	21.3	37.8	16,307
10	160	23.8	32.8	13,007
11	142	23.3	36.5	10,562
2012	121	18.7	28.0	8,406

資料：鮫川村資料より引用。

③初年度の試練と村職員の奮闘

2004年春から始まった大豆栽培は、夏までの間は天候にも恵まれ順調に生育していた。しかし、9月以降は秋雨前線の停滞による日照不足と長雨の影響で紫斑病等が発生する。高齢生産者の懸命の努力により大豆が出荷されてきたものの、集荷段階での品質は悪く、出荷量も計画より少なかった。しかも加工・販売につなげるためには、製品の用途に合わせて再選別することが必要不可欠だが、初年度の村には選別機がな

かった。「せっかくスタートした『まめ事業』が初年度で挫折してしまうのではないか」という危機感が村全体に広がった。この試練にあたり、「高齢者が村の自立のために汗を流して生産してくれた大豆は一粒も無駄にできない」という意識が村職員に芽生えていたからである。こうして初年度に集荷・選別された大豆は委託加工によって「特製きな粉」として販売された。

なお次項でみるように2年目（2005年度）以降には、大豆の選別機や農産物加工直売所などハード面での整備が進むにつれて、「まめ達事業」が軌道に乗っていく。しかしその原点に、初年度の大きな試練を乗り越えることを通じて、村民と村職員との絆・信頼関係が深まった経験があることは注目に値する。ピンチをチャンスに変え、自立の村づくりに「希望」を創り出したといえる。

（3）「まめで達者な村づくり事業」の2年目の体制整備

初年度（2004年度）は自前の加工・販売拠点を保有していなかったため、次の展開としてその整備をめざす必要があった。しかし、当時の村は自前で条件整備できるだけの余裕はなかった。そこで目をつけたのが内閣府の「地域再生計画」制度(8)である。この認定を受けることができれば、「まめ達事業」のステップアップも可能になる。そのため、役場、議会、住民が一体となって知恵を絞り、ていねいな議論を積み重ねながら合意形成をはかり、それまで蓄積してきた経験を活かして、「里山の食と農　自然を活かす地域再生計画」を

第1章 「まめで達者な村づくり事業」3・11の前と後

作成した。

本計画ではまず当時の村の状況と地域再生の方向性を以下のように整理している。「ここ10年間に農業生産額は16％、小売業の販売額も39％減少している等、地域経済が停滞しており、農業の活性化や若い農業従事者の確保による定住人口の維持等が喫緊の課題となっている。そこで、本村では、郷土食・伝統食などの『食文化』や里山の豊かな自然環境といった地元の資源を活かして、特産品である大豆、エゴマ等の『農産物の加工』、農村景観や生態系の豊かさ、『食』の魅力を活かす『グリーンツーリズム・体験型環境学習』の推進等に積極的に取組むこととする。……これらの事業の推進にあたって、若い定住者が安心して働くことができる環境を整備することが緊急の課題であり、廃校校舎を活用して『子育て支援センター』と『幼稚園・保育所の合築施設』（幼保一体化施設）の整備を行うものである」。

さらに本計画の策定にあたり、村の地域再生活動全体のなかの「まめ達事業」の位置づけと役割を改めて明確化するために図Ⅰ-1-1のような事業体系図を作成した。そこでは「まめ達事業」を中心に据えながら、ほかの事業（健康づくり、環境保全・農村景観保持、商店の活性化、都市交流、循環型農業など）への波及効果・相互関係も視野に入れた総合的な展開をめざしている。いわば「一点突破・全面展開」の方針を明確化し、鮫川村そのものを地域ブランドにする姿勢を明確化したことが特徴的である。

この地域再生計画は2004年5月に申請し、同年6月に認定された。認定後に村はさっそく同年

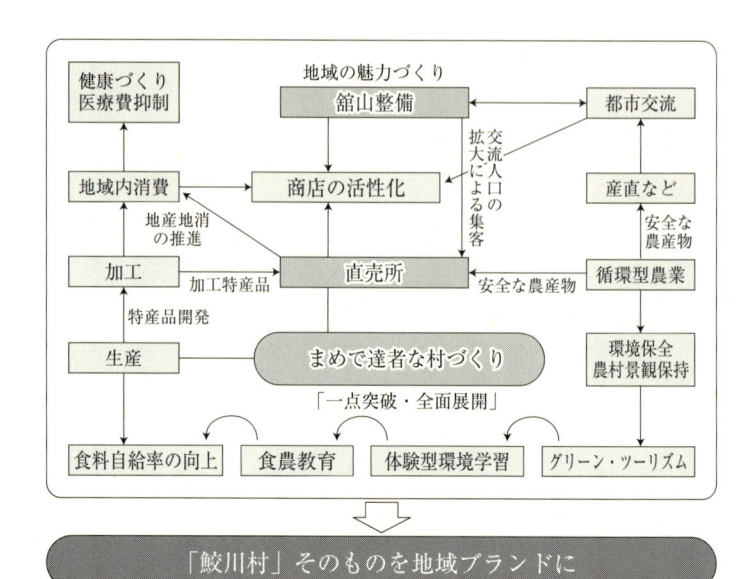

図Ⅰ-1-1 「まめで達者な村づくり」事業体系図

資料：鮫川村資料より引用。

7月から事業に着手している。事業の根幹にあたる大豆とエゴマの加工品開発、加工技術者の育成、加工施設・設備等の整備については、福島県の独自支援制度（地域再生計画の認定を受けた事業を対象にした高率補助事業）を活用した。また加工技術者の育成については、役場の若手職員を豆プロ・アドバイザーの東京農大短期大学部・醸造学科の舘博研究室に半年間派遣し、味噌・豆腐加工等の技術習得と人的ネットワークの構築をはかった。味噌加工施設については、舘教授の指導の下、旧学校給食センターを改修し整備した。

これらの整備が順調に進んだ背景には、東京農大や県の出先機関職員の

第1章　「まめで達者な村づくり事業」3・11の前と後

熱心な支援があったことは間違いないが、どちらも村職員の情熱に心を動かされたと語っている。

さらには、村内の飲食店関係者や、農家の主婦、保健師、栄養士、学校給食センター調理師や保育所調理師などで構成する「特産品開発推進会議」を立ち上げ、郷土食・伝統食の見直しを行なっている。その結果、「郷土料理を楽しむ会」（毎年11月下旬に開催）の立ち上げや、後述する農産物加工直売所づくりに成果を上げている。さらに、この推進会議をきっかけとして、学校給食センター、子どもセンターなどで地産地消が一気に進むことになる。

4　農産物加工直売所「手・まめ・館」の開設と「まめで達者な村づくり事業」の本格化

(1)「手・まめ・館」の運営の基本的な考え方

村は、2005年11月に旧幼稚園舎を改修して、農産物加工直売所「手・まめ・館」（以下では「手まめ館」と略記）をオープンした。(9)「手まめ館」は、①村民が自ら生産し、村内で加工した大豆製品等の販売と食堂運営の「直営部門」と、②村内の生産者（登録農家・業者）が出品する農産物・加工品を販売する「直売部門」の2本柱で運営されている。

「手まめ館」運営の基本は「近来遠来」であり、村の人に愛される商品であれば、おのずから遠く

47

からも買いに来るかどうかという考え方である。したがって、直営部門における大豆製品は、村民の味覚にあうかどうかを基本に据え、健康に配慮した塩分控え目のものを開発している。販売価格に関しても村民が手に届く水準に抑えており、たとえば人気商品である「達者の味噌」は1kg600円、「達者の豆腐」は1丁（350ｇ）150円である。また直売部門の品揃えに関しても、村内産のものに限定している。品数は豊富でなくとも、「ここだけ」「今しか」という、品質と季節性にこだわることで、ほかの直売所、道の駅、スーパーとの差別化をはかり、小さな直売所のハンディを克服する狙いが隠されている。つまり、最初から大都市の消費者を対象にするのではなく、村民の台所・食卓を豊かにし、村民の健康を守るような、「小さな販売」を基本にしているのである。全体的に、身の丈に合った「小さな販売」から始め、評判が良くなれば、それに応じて拡大するという柔軟な姿勢で運営されている。事業部門の拡張についても、経営が順調に伸び従業員の力量も高まったところで段階的に行なっており、07年度に学校給食の米飯炊飯、10年度にパン工房、喫茶店、惣菜加工施設を増設している。

（２）「小さな加工」「小さな販売」が生み出す効果

大豆製品の加工工程については、豆腐は1日150丁、味噌は500㎏という、手づくりに近い「小さな加工」を基本としている。ハード面からみて製造能力が限定されていることも影響しているが、こだわりの製品づくりを心がけているからでもある。(10)

第1章 「まめで達者な村づくり事業」3・11の前と後

表Ⅰ-1-2 「手・まめ・館」売上げ実績

単位：千円

年度	直営加工品	直営食堂	直営米飯給食	喫茶	直売農産物	計	来客数（人）
2005	5,651	1,702	—		8,211	15,564	16,915
06	23,476	4,950	1,614（試行）		26,873	56,913	50,816
07	31,886	7,302	3,511	—	35,645	78,344	61,195
08	41,012	8,604	3,328	—	42,871	95,815	70,882
09	46,881	9,570	3,070	—	42,484	102,005	80,304
10	51,942	9,307	2,942	—	44,476	108,667	90,059
11	58,513	10,063	2,767	5,928	43,848	121,119	91,044
2012	57,619	11,390	2,835	7,442	41,274	120,560	96,243

資料：「手・まめ・館」資料より作成。
注：1．来客者数は、直売所、食堂、喫茶店の各店舗のレジを通過した客の人数の合計。
　　2．初年度（05年度）は11月オープンのため、翌年3月末までの5か月間の数値。

また、「手まめ館」では買上げた大豆を無駄なく使用するために、大・中・小の三つの規格に再選別している。基本的に大は豆腐、中は味噌、小はきな粉、納豆、豆菓子、豆乳というように規格ごとに区分して商品化している。ただし、気象変動などによって計画した規格どおりの大豆が集まらなかった場合に、「手まめ館」では大・中・小の間で融通し合う柔軟な対応をとっている。一般的な市場経済では定量・定質が優先されるが、村が自前で加工・販売を直営しているからこそ可能な取組みであり、高齢生産者の「小さな生産」にかかる負担を和らげる仕組みを構築しているのである。

「手まめ館」の利用者の推移と売上げ実績（表Ⅰ-1-2）を見ると、初年度以降、来客者数が毎年約1万人のペースで増加し続けるとともに、売上金額も拡大している。また部門ごとの売上

げに注目すると、まず直営部門が一貫して売上げを伸ばし全体をリードしており、直売農産物や直営食堂、喫茶の売上げ増加をもたらしている。「手まめ館」はそれほど積極的に宣伝をしているわけではないが、それでも利用客や売り上げが増大し続けている背景には、「まめ達事業」の理念と着実な歩みが多くの利用客の共感を呼び、地域密着性と(村の)外部からの継続的な集客の両立を可能にしていることがあげられる。(11)また「中山間地域等直接支払制度」を利用した集落事業が盛んで里山景観の良さが人気を集め、この里山景観をテーマにした都市交流事業が盛んに行なわれていることも影響している。こうして直売所に立ち寄る利用客が増えるなかで、その際に購入するという、波や特別栽培農家が栽培した野菜や、地元の旬の食材を使った料理を見て、さらに購入するという、波及効果も発揮されていると考えられる。

(3) 米飯給食の炊飯受託と雇用の場の創出

村内の学校の米飯給食については、「手まめ館」ができるまでは隣町の業者に委託して週3回実施していた。豆プロでは学校給食について検討を重ねるなかで、高知県南国市のクラス毎炊飯ジャー方式に関心が集まり、豆プロ若手メンバーを現地に派遣し詳しく調査する。その後、調査派遣された職員は自ら希望して学校給食センターに異動し、県の補助事業を活用して「手まめ館」の増築、炊飯ジャーなどの設備を整備し、2007年度から手まめ館で村内全ての小中学校の米飯炊飯を受託することにした。なお南国市では自校炊飯方式だったが、鮫川村ではそれをアレンジして「手まめ館」によ

第1章　「まめで達者な村づくり事業」3・11の前と後

るセンター方式で実践している。その結果、村内の農家が栽培した特別栽培米の使用が可能となり、しかも、米炊給食を週4回に増やすことも実現した。これまで村外に流出していた加工賃（1俵当たり1万9000円）を村内に循環させる経済的効果も生み出された。さらには米飯給食回数の増加が地場産食材の利用増加に波及し、地産地消率は県内トップクラスになっている。[12]

子どもたち、生産者双方に喜ばれるとともに、「手まめ館」では雇用を1人増やすことができている。このような地道な努力の積み重ねにより、「手まめ館」全体の従業員数も、初年度（2005年度）の8名から、2013年度には22名まで増加している。雇用吸収力の乏しい村にとって、「手まめ館」は貴重な雇用創出の場ともなったのである。

5　地域づくりの多様化・総合化

図Ⅰ-1-1からもわかるように、「まめ達事業」が本格化するにつれ、その他の活動も具体化・活性化し、村全体の地域づくりが多様化し、総合化している。本項では具体例として、二つの動きに注目する。

（1）高齢者福祉の充実と雇用創出——新たな地域再生計画の認定

福祉的事業とリンクさせることを念頭に始まった「まめ達事業」は、高齢者福祉の面でどのくらい

の成果を収めたのだろうか。筆者らの推計によると、2007年の高齢生産者(大豆、エゴマ、小豆)336人の医療費は一般的な高齢者より1人当たり23万9000円低くなっており、村全体では8022万円の医療費削減につながったと推計される。また費用対効果も考慮しておこう。費用としては、村全体の大豆の生産者への支払い金額のうちの村負担額は576万円であった。一方、効果としては、村全体の医療費削減額に一般財源投入率8・2％を掛け合わせた653万円が、村財政の負担軽減効果として見られ、効果が費用を上回っている。以上のように「まめ達事業」は高齢者福祉の全体的な効果も、さらには費用対効果の点からも、十分な成果を収めたといえる。

そして「まめ達事業」が軌道に乗ってきた2007年に、さらなる高齢者福祉の充実化と雇用創出をめざして、新たな地域再生計画を作成している。村にはそれまで特別養護老人ホーム・グループホームがなく、村外の施設利用を余儀なくされていた。また福祉部門は安定した雇用を生み出すものとしても注目され、村として取り組む価値の高い事業と考えられた。そこで村外の社会福祉法人を誘致し、村に唯一残っていた廃校「西山小学校」の校舎を、高齢者の特別養護老人ホームとグループホームとして活用する計画が浮上した。しかし廃校を用途転用するためには制度的・資金的な問題があったため、再度、地域再生計画を新たに作成することにした。すでに認可され運営されていた「里山の食と農 自然を活かす地域再生計画」の経験や評判を生かしながら、総力をあげて新計画を作成し、タイトルを「まめで達者な村 地域生き生き再生プロジェクト」とした。新計画は2007年3月に認可され、1年をかけて廃校校舎の改修等をした後、2008年4月にオープンしている。この事業

第1章　「まめで達者な村づくり事業」3・11の前と後

により村内に新たに40人近い雇用が創出され、さらに給食食材の調達に「手まめ館」が優先的に利用されるなど、地域の経済連関に厚みを増す効果ももたらされた。

（2）環境保全・農村景観保持——里山景観を守り、磨きをかける美しい村づくり

「まめ達事業」によって全国的な注目を集めていった鮫川村においても、人口の減少と高齢化に歯止めはかからず、村の中心部では空き家や商店の廃業が相次ぐなど、空洞化が深刻さを増していた。

また、村の中心部には室町時代に築かれた舘跡が真ん中にあり、それを囲むように2本の河川が流れ、その河川にはヤマメが泳ぐなど、ほかの市町村にはない固有の自然資源が眠っていた。この舘跡は15 haほどの面積を有しているが、手入れが行き届かない杉林が半分以上を占め、空洞化が進む地域をいっそう暗くしていた。「この舘跡を美しい里山に蘇らせることはできないか」と地元住民は考えていたが、私有地でもあるためかなわない「夢」として諦めていた。しかし合併をめぐる住民投票後の新しい村づくりに向けた住民懇談会で、「自立の村づくりのシンボルとして公園整備ができないか」という声が多く語られるようになり、村では舘跡の整備・公園化（館山公園）に向けて検討を始めていく。

この構想にも東京農大との交流関係が生かされている。都市交流活動や景観保全活動を始める仕掛け人であった東京農大の入江准教授に、鮫川村が協力を要請したところ、快く引き受けてくれた。住民や小学生とのワークショップの開催や、植生調査、バルーンを利用した空中からの実態調査などを

行ない、住民との検討を重ねて計画ができあがる。とはいえ当時の村では厳しい財政事情など高いハードルがあり、すぐに着手できる状況にはなかった。しかしこのときには地元の長老的な存在であり用地の地権者でもあった2名が立ち上がり、この計画の実現のため村職員とともに地権者を説得してくれた。また土地の購入資金についても、福島県の出先機関である県南地方振興局職員の献身的な協力もあり、県の振興基金からの低利資金の借入れができ、公園整備が具体化に向けて動き出すことになる。この計画は2006年度福島県森林環境税交付金事業として採択され、村民と都市住民とが交流し合いながら、自立の村のシンボル公園づくりに励んでいく。東京農大の全面的な協力による夏季実習や景観保全活動が実施されるとともに、村民や近隣市町村住民のボランティアによって植栽や下草刈り作業が行なわれている。さらには、鮫川村出身の首都圏在住者で構成される「東京鮫川会」から苗木購入などのための寄付金も寄せられた。

こうして館山公園の整備により村中心部の景観が見違えるようになり、住民の意識もプラス思考に変わり、中心市街地ににぎわいを取り戻そうという気運も生まれ始めている。また立地的には「手まめ館」の背後に位置するため、新たな観光・レクリエーションの名所となれば、「手まめ館」との相乗効果も期待できる。

6 「バイオマス・ヴィレッジ構想」と環境保全型・循環型・持続型社会の構築へ

(1) 「バイオマス・ヴィレッジ構想」の策定と基本理念

これまでの地域づくり活動の到達点を見直しさらに発展させるため、2008年9月に村は「鮫川村バイオマス・ヴィレッジ構想」（以下では「バイオマス構想」と略記）を策定し、農林水産省の認可を受けた（図Ⅰ-1-2）。

本構想の概要を整理すると、目的は「次世代の子どもたちに美しく魅力ある村として遺してあげるため、基幹産業である農業の6次産業化をはかり地域の活性化をはかるとともに、地域に眠っている資源を有効に活用して、循環型社会を形成すること、そしてかけがえのない地球環境を守りながら村の発展に寄与する」ことにある。また期待される効果として「人と自然にやさしい農業を実践し、健康・やすらぎ・有機の里の構築を目指すことで、村民一人ひとりの命を守り、村民が生きがいを持って安心して生活できる、健康で笑って暮らせる村」が述べられている。とくにキーワードとして、「100年後に輝き続ける村づくり」「将来の鮫川村、そして次世代を担う子どもたちへのプレゼント」の二つが掲げられているように、従来の地域密着の姿勢は維持しながらも、これまで以上に環境保全型、循環型、持続型ということを強く意識した内容となっている。

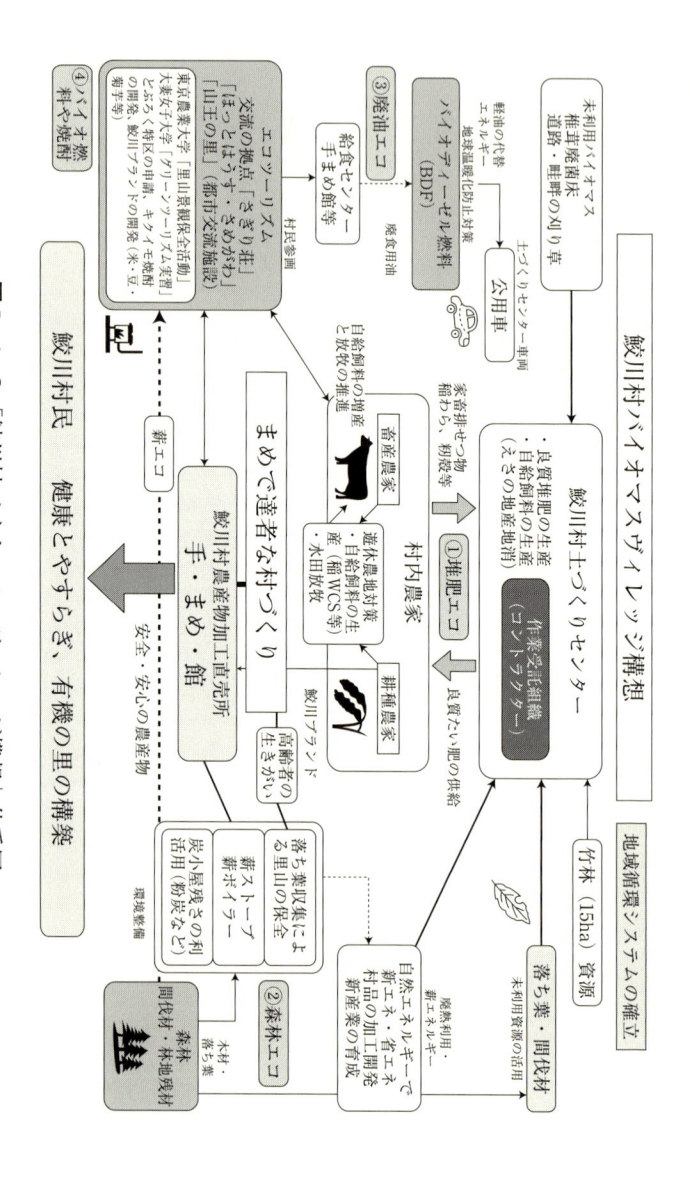

図Ⅰ-1-2 「鮫川村バイオマス・ヴィレッジ構想」体系図

資料：鮫川村資料より引用。

(2) 「バイオマス・ヴィレッジ構想」の内容

この構想は以下の四つの柱からなる。

① 豊富な畜産堆肥を生かした土づくり（堆肥エコ）
　ゆうきの里づくりの核となる堆肥センターの整備
　落ち葉の有効利用（高齢者による落ち葉さらい＝生きがい対策）
② 木質バイオマスの活用（森林エコ）
　薪供給市場「薪ステーション」の設置、薪ボイラー（ストーブ）の普及
③ 廃食油の有効活用（廃油エコ）
　村内の廃食油を回収し、公共機関でバイオディーゼル燃料として利用
④ 資源作物によるアルコールの開発（バイオ燃料や焼酎）
　キクイモなど資源作物の栽培、キクイモ焼酎など特産品の開発、消毒用エタノールの精製

構想のメインは①にある。良質堆肥の農地還元と、源流の里である村のきれいな水を利用して、農薬・化学肥料に頼らない安全・安心で健康にもやさしい農産物を生産し、「鮫川ブランド」を確立することで、農家の所得向上と村民の健康増進をめざすことを最終的なイメージとし、その実現のために「堆肥センター」「堆肥散布用機械」「作業受託組織（コントラクター）」の整備をはかるとしてい

る。この整備計画は、2011年の東日本大震災と東京電力福島第一原子力発電所爆発事故により遅れたが、2013年3月から本格的に稼働を開始している。

また、②については、震災前の2009年夏に着工し2011年4月に竣工・オープンした村営の日帰り温泉施設「さぎり荘」に、温泉加温、給湯、室内暖房設備として「薪ボイラー」を4台整備し稼働している。この設備は国内初ともいわれ、今まで放置されていた人工林、雑木の間伐材を年間300tを利用することで、灯油換算で130kl、経済的には年間1000万円の経費削減に貢献している[14]。さらに2012年から薪に関しては、村民から薪用原木を買い取ることで、村民の元気と所得をアップさせ、村民自らが森林を整備する機会を促進している。

しかし、2011年3月の「原発事故」が「バイオマス構想」を狂わせることになる。

7 「原発事故」が引き起こした村の苦難

(1) 薄く広く汚染された村

鮫川村は地盤が固く、2011年3月11日の東日本大震災のときでも震度は5弱であり、近隣市町村と較べると地震による被害は少なくてすんだ。しかし、翌3月12日から始まる原発爆発、そしてメルトダウン、放射性物質の拡散と続くなかで、村が汚染されてしまった。2013年12月20日時点の

第1章　「まめで達者な村づくり事業」3・11の前と後

村内の放射能空間線量は0・07〜0・19μSvであるが、環境共生型の地域づくりをしてきた村にとって、「原発事故」による放射能汚染の痛手はとてつもなく大きかった。

鮫川村は福島第一原子力発電所から南西に60〜70kmほど離れた所にある。したがって、鮫川村は原発マネーの恩恵には浴せず、村民はむしろ村内を通る送電線を見るたび、里山の原風景を壊す東京電力の鉄塔にため息をついていたものである。じつは、村では東日本大震災の1週間前に、国の鳴り物入りで整備した「緊急事態警報システム」が完成し、竣工検査を終えたばかりであった。このシステムは、「北朝鮮から核ミサイルが発射された場合や非常事態が発生したとき、霞が関から瞬時に警報が届き、「村民の生命と財産を守る」という触れ込みで国から整備を急がされたものであった。ところが、原発爆発という未曽有の緊急事態が実際に発生しても、何ひとつ情報が入るわけでもなく、役に立たなかった。むしろ事故直後の村民は「ただちに健康に影響はない」という国の発表を信じ、避難民の受入れや、「手まめ館」をフル稼働させて県内各地への炊き出しに追われていたのであった。

（2）放射能汚染による影響とその支援

① 落ち葉の汚染と里山の農業や生態系への影響

鮫川村の農業は畜産を核にした小規模複合経営であり、里山の生態系の循環システムにきわめて重要な役割を果たしている。農家は家畜を飼育するために畜舎に敷き材として落ち葉と稲わらを使用している。これが堆肥となりまた水田に投入されると植物性のプランクトンが発生しミジンコのエサと

59

なって、そしてオタマジャクシ、ヤゴ、ドジョウなどのエサとなり、さらにヘビ、野鳥のエサになるという食物連鎖の源をつくり出している。東京農大と村で2001年に行なった小規模複合経営の実態に関する調査結果によると、繁殖牛の黒毛和種飼育の場合、飼育頭数20頭を境に農家の落ち葉使用が両極に分かれる。飼育頭数20頭以下の農家は、畜舎の敷き材に落ち葉を自給するが、20頭を超える規模になるとオガクズの購入に変わるのである。当時の村の飼育農家144戸の9割強は20頭未満の飼育であり、落ち葉との関係が非常に深いことがわかる。

「原発事故」以降、放射能汚染によって落ち葉が利用できないことは、飼育農家に深刻な影響を与えたと同時に、里山の生態系の重要なシステムを分断するものであり、その影響は計りしれない。雑木林の管理、里山の生態系・景観にも深刻なダメージを与える。さらに、動き始めた「バイオマス構想」の中核的事業である堆肥製造にとっても落ち葉はとくに重要な資材であり、甚大な影響を受ける可能性が高かった。そこで村ではほかの市町村に先駆けて「放射性物質分析機器」を導入し、落ち葉の放射線濃度を測定した。その結果、地上1mの空間線量(セシウム)が0・13μSvと低くても、雑木林の土壌表面から採取した落ち葉で1万6300Bqにも達する場所が存在し指定廃棄物(8000Bq超)となるため、とても「敷き材」「堆肥資材」としては使用できないことがわかったのである。

この結果を受けて2012年3月に策定した鮫川村の復興計画では、「有機の里づくりの拠点となる『堆肥センター』の良質堆肥づくりに不可欠な『落ち葉』を確保するため、山林の除染に取り組む」とともに「村が目指している"美しい村の創造"は、放射能による環境汚染を克服することが不可欠

第1章 「まめで達者な村づくり事業」3・11の前と後

で、農地、山林の除染により豊かな生態系の再生を目指す」ことを掲げ、全力をあげて対策に取り組む姿勢を明確化している。

② 村独自の畜産農家支援策

村内の畜産農家の9割超を占める小規模畜産農家は飼料自給型であり、かつては土手草、畔草をはじめ、畑では牧草、デントコーン、ジャガイモ、かぼちゃなどを、水田では飼料用えさ米を栽培するなどして飼育していた。しかし「原発事故」から約1年が経過した2012年4月から、国は牛用飼料に含まれる放射性セシウムの暫定許容値を厳格化するという方針を打ち出した。落ち葉に続いて牧草まで規制が強化され、村内の畜産農家は廃業の危機に直面する。

そこで鮫川村では独自に「鮫川村原子力災害放射能汚染対策粗飼料安定供給基金条例」を制定し、福島県内では初めて畜産農家に無償で牧草を支給することにした。村が1億円の基金を造成して安全な牧草を買入れ、それを飼育農家に無償で支給し、それに要した費用は村が東京電力に全額賠償を求めるというものである。この制度の運用は2012年4月から始まり、2014年6月まで続ける計画である。なお、2013年12月までの実績は、120戸の農家の900頭の牛に対し、輸入牧草約4300t、2億1500万円の支援をしている。なお東京電力は村から請求された牧草の購入金額2億1500万円は全額支払いしているが、牧草支給に要した職員の人件費等は含まれていない。また村では、汚染された牧草栽培農地146・7haの除染を、2012年から2013年にかけて実施し、完了している。この除染の結果、牧草に含まれる放射性物質濃度は基準値以内（ほとんど検

出されず)となり、2014年度からは村内産牧草を与えることが可能になる見込みである。

(3) 放射能汚染物質減容化施設（焼却施設）をめぐる住民間の対立

鮫川村に建設された放射能汚染物質減容化施設をめぐり、その動向が多くのマスコミで報道され、地域内外から注目されている。この施設は、放射能で汚染された堆肥、稲わら、落ち葉、牧草などを焼却して減容化するための「実証実験施設」であり、正式名称は「農林業系副産物等処理施設」（以下「焼却施設」と略記）である。

① 強い願いと意思「一刻も早く元の環境に戻したい」

村は2012年3月に、鮫川村復興計画を策定し、「原子力災害による影響は、環境、健康、農林業、商工業、教育などあらゆる分野に及んでおり、汚染された放射性物質の除染による環境の浄化、及び風評被害克服を成し遂げることなしには本村の復興はあり得ません」として「徹底した除染により、被災前の状態に戻すことを目指します」と、除染について強い意思を表明していた。この背景には、「まめ達事業」が軌道に乗り住民が村で暮らすことに自信と誇りをもち始め、さらに発展させ環境共生型の地域づくりを開始していた矢先に起こった、「原発事故」による放射能汚染に対するくやしさ、怒り、危機感というものがある。村の地域づくりの展開過程にとって、放射能汚染は「未来を失う」ことを意味するものであり、「一刻も早く元の環境に戻したい」というのは村民共通の強い願いであり、意思でもあった。

第1章 「まめで達者な村づくり事業」3・11の前と後

その一方、「原発事故」以降、必死に自己防衛策を講じながら放射能汚染と闘う村民の暮らしは想像以上のものがあった。自家の水道水や自給野菜などの摂取をやめてスーパーなどからの購入に切り替える家庭も多く見られた。とくに子育て中の若い保護者のなかには、子どもの将来を憂い葛藤にあえぎながら、もがき苦しみ必死に踏みとどまっている人も少なくなかった。このような状況のなかで、鮫川村でも「仮置き場」の確保でさえ住民合意が得られず、場所選定をめぐって二転三転していた。この混乱のなかでようやく「仮置き場」の設置に同意してくれた地区が現れた。地区の総会で住民の理解が得られ、地区の総意で受け入れが決定した。村民にとっては心から感謝すべきことであった。

② 国の「安全神話」に振り回される村

こうした村内での動きをよそに、鮫川村復興計画などから村の除染に対する強い願いと意思を察した環境省は、2012年4月に「焼却施設」の建設を村に打診してくる。環境省側の「実証実験施設」とはいえ、「焼却施設は既に安全性が確立された設備である」という説明に村は安心し、一刻も早く除染を進めたいという気持ちが先行してしまった。「仮置き場」の設置に同意してくれた地区に対し、水面下で「焼却施設」建設の話を一気に進めてしまう。地区総会を開かず、水面下で施設立地場所の地権者の同意だけで、議会の同意を得て村としての手続きを終え、「焼却施設」建設に突き進んでしまった。村民の放射能汚染に対する意識を考えれば、事前に地区住民の合意を形成するという手続きは必要不可欠なものであったと思料されるが、除染という「正義」と、一刻も早くという「願い」がこれを簡略化してしまった。地区住民や村内他地区・隣接市町の住民を対象とした「焼却施設」の説

明会の開催は、施設の建設の着工後に村内外から批判が沸騰してからであり、事後的な対応となってしまった。

改めて考え直せば、本来「焼却施設」の建設事業は「原発事故」の加害者である国の責任でなされるべきものである。しかし環境省は除染に焦る村の姿勢を逆手に取り、「村から誘致」されて建設するという立場に変わり、加害者の姿を隠してしまったのである。その結果、全員が被害者でありながら、建設に賛成した住民と、反対した住民と村の三者が激しく対立することになった。対立が解消されないまま工事は進み、2013年7月に焼却施設は完成した。

ところが、本格稼働からわずか11日目で爆発事故を起こしてしまうのである。この事故の原因は設備操作の単純な「人為的ミス」で、設備上のトラブルによるものではないと説明された。実際に事故後の周辺空間線量にも変動はなかった。しかし、それまでの建設・稼働に至る経緯を考えれば、安全に稼働することこそが最低限の義務として求められ、実際の稼働に関しては慎重に慎重を期すべきはずであった。それにもかかわらず初歩的な要因によって事故が引き起こされてしまったのは、施設関係者に「自覚の欠如」があったからというほかない。以上のように、「原発事故」から続いた国の「安全神話」の「あっけない裏切り」に、「今度は大丈夫だろう」と信じて賛成した住民も、行政（国・村）に対する不信をいっそう募らせるようになる。

③ 分断・対立を越えて　地域づくりの原点に返る

焼却施設が立地した地区の人口は住民基本台帳によると、2000年から2013年までの13年間

第1章　「まめで達者な村づくり事業」3・11の前と後

に30・9％も急減している（408人→282人）。また、2010年から2013年までの3年間に限定しても10・8％も減少している（316人→282人）。ちなみに同期間の村全体の人口減少率は、2000年から2013年にかけては18・3％（4797人→3921人）、2010年から2013年にかけては6・3％（4171人→3921人）であり、同地区は村内でも際立って人口減少率が高い。

このように急速に過疎化が進む地域で、住民同士が激しく対立することは何を意味するのであろうか。現在、鮫川村では農水省の交付金事業である「中山間地域等直接支払事業」に積極的に取り組んでおり、同地区でも事業に取り組んでいる。この事業は集落機能を維持する生命線になっている。しかし対立が長引くほど集落の体力は消耗し、農業生産関係の組織活動や、生活上の集落活動も衰退するという「むらの空洞化」につながる。そしてやがては地域に住み続ける意味や価値を見失い、地域の将来に関して諦めにも似たような気持ちが住民を覆ってしまう「誇りの空洞化」にまで発展しかねない。

鮫川村の「焼却施設」問題は、同じ被害者同士が分断され対立し亀裂を深め、振り返ればどちらも敗者になりかねない事態を生み出している。住民同士の分断・対立から和解への道はどのように展望すればよいのだろうか。それにはまず、双方が同じ「原発事故」の被害者であるという客観的事実を再認識することであろう。そのうえで、除染も「正義」であるが、家族の生命と健康を心配することも、また「正義」であることを互いに「認め合う」ことであろう。そうした認識のうえに立って、利

65

害関係を抜きにした真摯な話し合いの場の設定や、ときには気分転換も兼ねて住民の一体感を促すスポーツ行事などを組み入れ、時間をかけながらわだかまりを解いていくことであろう。その際、調整役として外部有識者の活用も検討すべきであろう。また、村は施設の「安全神話」を受け売りするのではなく、設置主体である国に対し安全稼働を厳しく要求するなど、徹底して住民・村民の側に立つ姿勢が求められるであろう。その姿勢こそが村行政に対する住民の信頼回復の道ではないだろうか。

8 「住民総参加」による内発的地域づくり

　鮫川村が合併をせず「自立の道」を歩み始めてから今日まで、「まめ達事業」をはじめ、地域再生計画、健康づくり運動、幼保一体化施設、中山間地域等直接支払事業、「バイオマス構想」など、全国からも注目を集める成果をあげてきた。

　その根底に貫かれているのは、「住民総参加」ともいうべき鮫川版・内発的地域づくりであった。村の意思決定のプロセスには必ず村民参加を位置づけることを基本理念とし、そのためには村民と村職員が村の課題や将来像を議論し、進むべき方向を共有しながらプランをつくり、そのうえでそれぞれの分野で実現に向け努力するというスタイルをとっていた。小規模自治体の最大のメリットは直接民主主義に近い形で住民が行政の意思決定に参画できることであるといわれる。鮫川村において「住民総参加」を実現しようとする村職員の意識と役割が高かった。たとえば「まめ達事業」の中核

第1章 「まめで達者な村づくり事業」3・11の前と後

を担った豆プロは、部署横断的なプロジェクトチームとして結成され、担当部署の垣根を越えて力を結集していた。村の財政状況が厳しいなかで、地域の課題・ニーズを地域住民と共有する努力を重ねる一方、目まぐるしく変化し多様化する行政（国・県）の政策にもアンテナを広げ、地域目線で活用できるものを拾い上げ組み合わせていた。

また事業の進め方に関しても、まずは対象を「小さくしぼり」、身の丈に合った規模からスタートし、時間をかけて発展させていく方式をとっていた。「まめ達事業」の生産者支援を代表に、地域住民の視点に立って参加を阻む要因をていねいに分析するとともに、計画的にサポート体制を構築していた。この創意工夫によって、多くの村民のやる気を呼び起こし、主体的な参加の輪が広がっていったのである。以上のような「小さな成功体験」を積み重ねていくことによって、村職員や村民の成長・発達も引き出されていった。

このような村の姿勢が地域外部からも注目を集め、視察・訪問客が増えるようになる。さらには村の姿勢に共感した人も活動に加わり、地域づくり活動の内容がさらに豊富化・充実化されていった。東京農業大学をはじめとする多様な地域外部の人材の参加を重層的につなげていくプロセスを経た結果、鮫川村の地域づくり活動は「総合性」「多様性」「革新性」を備えた内発的地域づくりに発展してきた。そこでは、地域経済・社会の活性化だけでなく、活動に携わる人間の輪の拡大とそれぞれの成長・発達が実現されており、地域住民の幸せづくりにもつながっているといえよう。

注

（1）代表例は以下の二つ。山形賢一（2007）「条件不利を活かした農業振興への取り組み　福島県鮫川村」『農業と経済』1・2月合併号、鈴木治男（2013）「鮫川村　まめで達者な村づくり」『食農と環境』第12号。

（2）筆者の鈴木は1972年から40年間、村の職員として地域自治や地域づくり活動にかかわり続けた。交流施設「ほっとはうす・さめがわ」には8年間、「まめ達事業」については創生期から5年間、直接事業に携わっていた。これらの経験を通じて、地域づくりの基本戦略は「地域資源を総動員」し、「総合性・多様性」をもつことにあるといわれるが、それ以上に、結果に到達するための手段やプロセスの組み立て方が重要であると実感している。

（3）小田切徳美（2009）『農山村再生』岩波書店。

（4）以下の二つを参照。入江彰昭（2009）「地域力を誘引するランドスケープマネジメント―鮫川村における里山景観保全活動の10年の歩みから―」『ランドスケープ研究』第73巻第3号、東京農業大学短期大学部生活科学研究所編（2012）『里山の自然とくらし―福島県鮫川村』。

（5）詳細については第Ⅱ部序章190〜191ページに示された内発的発展の特徴の現時点での整理、および以下の文献を参照。守友裕一（2000）「地域農業の再構成と内発的発展論」『農業経済研究』第72巻、第2号。

（6）その後の事業検討のなかで、大豆以外の対象品目としてエゴマも加え、初年度から実施している。1kg当たりの価格はそれぞれ、1等400円、2等350円、3等250円、4等40円である。

（7）大豆の形状や夾雑物の混入度合いで等級に分類している。1〜3等品を大豆製品の加工に回し、4等はくず

第1章 「まめで達者な村づくり事業」3・11の前と後

豆として堆肥に回している。
（8）地域再生計画とは、平成16年より始まった地域の「自主・自立・自考」の取組みを支援する制度である。この計画を策定し、国の認定を受けることで、省庁間を超えた国からの支援措置を受けることができる。
（9）「手・まめ・館」の名前の由来は、①村内産大豆100％を使った本物志向の直売所、②実直で素朴な村人が手塩にかけてつくったものを売る直売所、の二つの意味が込められている。
（10）豆腐の製造設備は手づくりを基本にするため、1回当たり50丁製造が限界である。また味噌についても、麹づくりから一貫した加工を心がけている。
（11）2011年度以降は「原発事故」の風評被害の影響を受け、直営部門、直売部門の売り上げが伸び悩んでいるが、そのなかでも来客者数が増加していることは注目に値する。
（12）鮫川村の学校給食センターは、地場産の食材を使った給食献立を競う「学校給食甲子園決勝大会」に北海道・東北ブロック代表として2010年度から連続4回出場し、2013年は特別賞を受賞している。米飯給食に関しては、以下も参照。農文協編集部（2013）「直売所で炊いたホカホカごはんを給食に　福島県『手・まめ・館』＆鮫川村給食センター」『食農教育』。
（13）神代英昭（2011）「高齢者による『小さな経済』形成の必要性」小田切徳美編著『農山村再生の実践』農山漁村文化協会。
（14）「さぎり荘」は2013年度に福島県建築文化賞を受賞している。また以下でも紹介されている。農文協編集部（2013）「福島県の小さな村、薪に舵を切る　福島県鮫川村」『季刊地域』第12号。
（15）牧草1kg当たりの暫定許容値が、肥育牛・乳用牛は300Bqから100Bqに、繁殖牛は3000Bqか

ら100 Bqに大幅に引き下げられ、村内の牧草だけでは全てを給餌できなくなった。

執筆：鈴木治男（宇都宮大学大学院農学研究科）／神代英昭（宇都宮大学農学部）

第2章　住民による放射線量調査と新たな地域づくり
――伊達市霊山町小国地区

1　事例地区の位置と概況

　福島県伊達市霊山町は、阿武隈高地の北部に位置し、稲作・野菜・果樹・畜産等多様な農業が展開する豊かな中山間地域であった。しかし、東京電力の福島第一原子力発電所から放出された放射性物質により、農村の生活環境、耕地、山林へと高濃度の汚染が広がっている。このことにより、営農活動のみならず、農村での生活そのものが危機的状況に陥っている。
　世界的に類のない人口過密地帯・立体的地形・水田農業という条件下において、放射性物質を適切に管理しながら被災地域の農業や暮らしを再建していく方策は、地域の実践のなかから導き出すよりほかないのが実情である[1]。本章では、厳しい状況下で、農山村の地域再生を実現するための一歩を踏

み出した住民組織である「放射能からきれいな小国を取り戻す会」(以下、「取り戻す会」)のこれまでの実践と、その位置づけをまとめていく。

(1) 事例地区の位置と放射性物質の沈着

福島第一原子力発電所から放出された放射性物質は、2011年3月15日の夜半から16日未明にかけて、南東の風に乗って拡散したといわれている。そのため、原子力発電所から北西に位置する地域において、とくに深刻な被害が広がった。

事例とする小国地区は、原子力発電所から55～60km程度離れているものの、まさに北西に位置している。小国地区は、特定避難勧奨地点を含んでいる地区であり、原子力災害発生以後、住民がその地域にとどまり生活を続けている地域のなかで、放射性物質による汚染レベルが最も高い地区といえる。

(2) 事例地区の概況と農業構造

事例地区の概況について、統計資料を用いて把握する。小国地区は、世帯数425世帯、人口1358人(2011年12月末)の地区である。小学校区1単位、自治会2単位(上小国区民会・下小国区民会)、農業集落9集落を含んでいる。

2010年農林業センサスにより農業構造を整理すると、総農家数155戸(うち主業農家37戸)、経営耕地面積153ha、水田率41％、水稲作付戸数140戸、水稲作付面積52haとなっている。稲作、

野菜作、果樹、畜産と多様な農業が展開する典型的な中山間地域である。

2　原子力災害直後（2011年）の動向

ここでは、原子力災害直後（2011年）の地区の状況を端的に示す事項として、①特定避難勧奨地点の指定、②除染の開始、③米の出荷停止の経過について整理する。これらの問題に直面したことで、危機感を共有した住民が組織的活動を展開するに至った。

（1）世帯単位での避難──特定避難勧奨地点の指定

小国地区は、計画的避難地域の範囲外となり地域単位での避難は行なわれなかったものの、世帯単位で特定避難勧奨地点が指定され（2011年6月30日86世帯、同年11月25日4世帯、地区内の約2割の世帯のみが支援対象となった。

「特定避難勧奨地点」制度は、「計画的避難区域」や「警戒区域」の外で、「計画的避難区域」とするほどの地域的な広がりはないものの、事故発生後1年間の積算放射線量が20mSvを超えると推定される地点を対象に適応される制度である。地点指定は、住民への注意喚起と情報提供と避難の支援や促進を目的としており、政府として一律に避難を求めたり事業活動を規制するものではない。地点に指定した世帯にのみ、避難区域に準じる措置（1人当たり月10万円の賠償金、税制上の優遇措

置等)を講じたことで、同一地区内の隣り合った世帯間に大きな経済的格差を生じさせた。小国地区はこの指定により、同じエリア内に①指定を受け避難する世帯、②指定は受けたが避難せずにとどまる世帯、③支援を得られないまま自主避難する世帯、④支援もなく今までどおりの生活を余儀なくされる世帯が混在する事態となった。点的な避難を促し、隣り合った住民同士が異なる条件下におかれたことは、回覧板をまわすのもままならないほどの自治機能の低下を招くこととなった。

(2) 放射線量への不安と除染への不満

伊達市内では、2011年5月に学校の敷地から除染が開始され、2011年10月には住宅の除染が始まった。特定避難勧奨地点があることから先行して除染に着手された小国地区であっても、2011年度に除染が完了した世帯は1割以下（38世帯）にとどまっていた。

地区の住民は、そもそも地域の詳細な汚染実態が示されないまま、自宅の除染はいつはじまるのか、除染でどこまで空間線量率を下げることができるのか、除染により集められた放射性物質をどこにいつまで仮置きするのかなど、放射性物質をめぐる大きな不安と除染への不満を抱えたまま、日々の生活を送っていた。

（3）米の出荷停止

一方、営農活動においては、地域全体に高濃度の汚染が広がっている可能性があることが明らかになっているにもかかわらず、行政による詳細な汚染実態の調査と、それに基づいた流通管理が行なわれなかった結果、農業生産者が「放射性物質を多く含む農産物を生産し流通させた加害者」かのように扱われる最悪の事態が広がった。

文部科学省の土壌汚染状況調査（2011年8月29日発表）では、小国地区調査地点8地点中の5地点において、米の作付制限の目安とされる5000Bq/kgを超える放射性セシウムが検出され、米が収穫される以前から小国地区の農地の一部が高濃度に汚染されていることは把握されていた。それにもかかわらず、国はわずかなサンプル数による米のモニタリング本調査を実施しただけで（小国地区は2検体のみ）、2011年福島県産米の市場流通を開始させた。福島県知事は「米の安全宣言」（2011年10月12日）を行ない、販売促進活動を始めていた。

ところが、小国地区と隣接する福島市大波地区における自主検査（福島市）により、暫定規制値を超えた放射性物質を含む米が出荷されていることが発覚したことを受けて、小国地区においても、暫定規制値を超える米の追加調査が実施されることとなる。その結果、暫定規制値を超える米（780Bq/kg）の存在が明らかとなり（2011年11月29日）、県から出荷自粛が要請される事態となった。

3 住民組織の設立とその特徴

(1) 原子力災害後の住民組織の設立

こうした状況下で、行政の対策を待っているだけでは地域が崩壊するという強い危機意識を感じた住民有志は、「この地で今まで通り長く住み続けていくこと」をスローガンに掲げ、賛同者を集め、「放射能からきれいな小国を取り戻す会」という住民組織を設立した（2011年9月16日）。

組織設立にあたっては、①一部の世帯のみが特定避難勧奨地点として指定されたことにより、指定をめぐる基本姿勢について行政への不信感が生じていたこと、②2011年6月下旬から上小国地区担当の地域おこし支援員（総務省の地域おこし協力隊事業を活用し伊達市が委嘱）が無償で土壌簡易検査を実施し、その結果報告会を開催（2011年7月20日）したところ、圃場1枚ごとに異なる汚染状況が示され、より詳細な実態把握の必要性を感じたこと、③発起人の意思と合致する新聞記事[2]を見つけたことをきっかけに、地元大学（福島大学）へ活動協力を要請し、研究活動のモデル地区として指定を受けたことが契機となっている。

2013年4月現在、会員数は約300名（約260世帯）である。地域住民が混乱の渦中にあり、自治機能が低下していたなかで、地区の約6割の世帯が住民活動に参画しているというこの事実は、

第2章　住民による放射線量調査と新たな地域づくり

表Ⅰ-2-1　「放射能からきれいな小国を取り戻す会」の活動目的

目的	福島第一原子力発電所の爆発に伴う放射性物質によって汚染された小国地区を、以前のように安全で安心して住み続けられる地域にしていくことを目的とする。
活動内容	①放射能汚染の実態を調査し、除染に結び付ける活動 ②放射能汚染に対応できる作物の作付及び導入等地域産業の振興に関する活動 ③安全で安心して食べられる農産物の検査体制の確立に関する活動 ④生きがいを持って住み続けられる地域づくりに関する活動 ⑤上小国及び下小国区民会との協調連携に関する活動 ⑥福島大学をはじめとする研究機関並びに本会事業に資する団体・個人との連携に関する活動 ⑦その他目的達成のために必要と認める活動

資料：「放射能からきれいな小国を取り戻す会暫定的取り決め」より抜粋。

住民の危機意識が極限まで高まっていることを示しているといえる。

表Ⅰ-2-1は、「取り戻す会」設立総会で承認を受けた活動の目的・内容である。①地域の汚染実態調査の実施、②営農計画策定、③農産物の自主検査の実施、④地域づくり活動の実施、⑤検査機関との連携などを活動項目にあげている。

（2）組織体制とその特徴

図Ⅰ-2-1は、「取り戻す会」の組織図である。発起人が会長、副会長、事務局長をつとめている。即時に実態調査や地域再生にかかわる活動を開始するために、自治会（区民会）で全戸の合意形成を図るのではなく、趣旨に賛同した世帯から会員として加わる形式を選択している。

組織機構は、課題別委員会と集落別活動班を配置している。委員会は、地区の課題に応じて、六つの委員会（調査分析委員会、流通作付委員会、安全安心委員会、広報委員会、渉外委員会、会員親睦委員会）を設置している。調査活動の単位

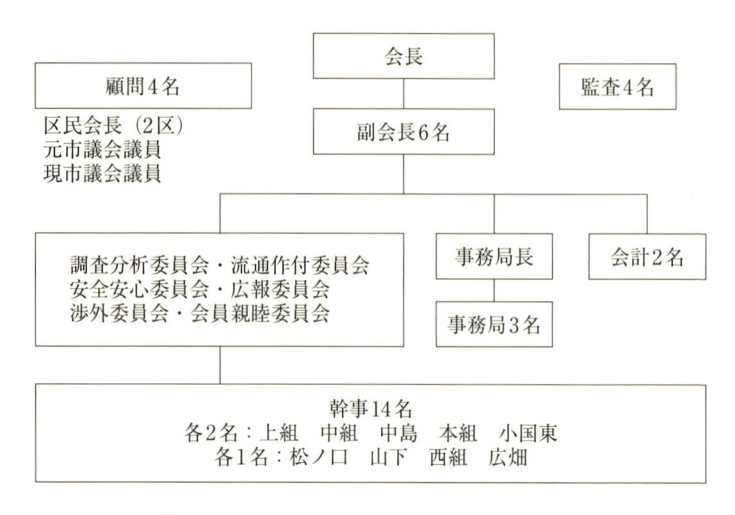

```
                    ┌──────────┐
                    │   会長    │
                    └────┬─────┘
┌──────────┐        ┌────┴─────┐        ┌──────────┐
│ 顧問4名   │        │副会長6名  │        │ 監査4名  │
└──────────┘        └────┬─────┘        └──────────┘
区民会長（2区）
元市議会議員
現市議会議員
                  ┌──────┼──────────┐
┌──────────────────────┐ ┌────────┐ ┌────────┐
│調査分析委員会・流通作付委員会│ │事務局長 │ │会計2名 │
│安全安心委員会・広報委員会  │ └────┬───┘ └────────┘
│渉外委員会・会員親睦委員会  │ ┌────┴───┐
└──────────────────────┘ │事務局3名│
                         └────────┘
        ┌────────────────────────────────┐
        │          幹事14名               │
        │  各2名：上組 中組 中島 本組 小国東 │
        │  各1名：松ノ口 山下 西組 広畑   │
        └────────────────────────────────┘
```

図Ⅰ-2-1「放射能からきれいな小国を取り戻す会」組織図

資料：住民組織活動実態調査（2011年11月）より作成。

としては、居住地、農地の所有者などを互いに把握しているほうが活動しやすいとの判断から、農業集落を単位とする9班を編成している。顧問は、区民会長と市議会議員がつとめている。

活動方針やスケジュールについては、役員会で決定している。役員会の参集範囲は、40名程度（会長、副会長、事務局、会計、委員会長、班幹事）である。役員会や総会の会場は、市所有施設（伊達市役所霊山総合支所小国ふれあいセンター）を利用している。

前述のように小国地区は、特定避難勧奨地点の設定による点的な避難が促されたことによって、全世帯が集まり自治会単位で活動を行なうことが困難になってしまった。そのなかで「取り戻す会」は、活動理念を共有している会員を集め、複数の委員会によって多様な問題への対策を話し合い、班単位による迅速な情報伝達を

第2章　住民による放射線量調査と新たな地域づくり

行なうことで、組織活動の実効性を高めている。その結果、状況が刻々と変化する被災地において、地域再生に向けた取組みを実施する自治組織としての機能を発揮している。

4　住民組織の活動の展開

（1）住民による放射線量分布マップの作成——住空間・農地100mメッシュ測定

「取り戻す会」は発足から1か月後、住民の力を結集してより詳細な放射線量分布マップ作成に着手した。国による空間線量率調査は、2kmメッシュであり、それより細かな伊達市作成の汚染マップでも、1kmメッシュ2地点である。行政による詳細な汚染実態調査は未だに実施されていないなかで、山林や耕作放棄地を除いた農地または宅地を測定範囲とした100mメッシュ・533地点の詳細な調査により、放射線量分布マップを完成させた。

初版配布後も、放射線量の減衰状況を把握するため、放射線量分布マップの作成を続けており（第1回2011年10月、第2回2012年4月、第3回2013年4月）、住民主体による放射能汚染の実態把握・情報共有を継続的に実施している。

100mメッシュを測定の基本単位としたのは、①100mが生活圏の距離感として実感しやすい、②地図を開示した場合に個人の所有地が特定されない、③集落別活動班を単位とする測定が1週間程

度で完了できる測定地点数であることによる。

測定は、集落班単位で実施している。測定器は、会員個人所有と市所有の測定器を借入し、全て同機種を用いている。この放射線量分布マップ（初版）は、会員約40名（のべ112名）の力を結集して作成され、活動拠点としている市所有施設にポスターとして掲示されている。

詳細な放射線量分布マップが完成したことにより、地区内に高濃度汚染地点（地表からの高さ1mの最高値は5.1$\mu Sv/h$）が点在していること、メッシュの区画ごとに大きく空間線量が異なり、行政による空間線量調査では、まったく実態を把握しきれていないことが明らかとなった。

福島県内で初めて作成・公表（地区内掲示）された100mメッシュ放射線量分布マップは、①次年度の活動計画策定に向けた具体的な協議、②営農指導・除染対策に向けて大学や研究機関への協力要請、③復興支援事業などの資金獲得へ向けた取組みを行なううえで、重要かつ不可欠な基礎資料となっている。また、放射線量測定を目的とした班単位の巡回は、あわせて集落内の耕作状況や居住状況など地域の現状を確認する機会ともなっていた。この活動は、リーダー層による地域の総合的な実態把握にも結びついている。

（2）食品に含まれる放射性物質の測定

小国地区においては、米の出荷制限が指示されただけでなく、食文化の根幹にあった食材のいくつかが出荷制限になったことの影響も大きい。福島県には、干し柿（あんぽ柿）や切り干し大根といっ

第2章　住民による放射線量調査と新たな地域づくり

た保存食、山菜料理といった多様な食文化があり、それらを生産、採取し、加工食品のいくつかが食卓から遠のいたことは、農村生活の豊かさを感じる喜びの一つを失ったことを意味する。(5)

地域にとどまって生活を続けるためには、自給作物を含めた農産物の安全性を確認する手段を確保することが必須である。「取り戻す会」は、地域住民の強い要望に応え、市所有施設の一室を借りて検査室に改装し、「おぐに市民放射能測定所」を開設した（二〇一二年二月一九日）。民間企業（㈱カタログハウス）から供与された簡易分析装置（NaI（Tl）シンチレーション検出器：応用光研工業製FNF-401）を2台設置し、食品の放射性物質測定を行なっている。

運用にあたっては、放射能防護のために設立されたネットワーク組織「市民放射能測定所」の支援を受けている。「NPO法人CRMS市民放射能測定所福島」は、①準備段階での運用指針に関する助言、②運営責任者・測定員に対する専門教育、③検査結果のウェブページでの公表、④飲料水の測定の受託を担当している。

測定データは公開を原則としており、①測定所内での閲覧、②ウェブページでの公開、③測定所だよりの発行（月1回程度、紙資料作成）により情報公開を行なっている。「取り戻す会」では、安全安心委員会が中心となり、調理法による放射性セシウムの低減効果に関する研究（日本女子大学との共同研究）を行なうなどしながら、主体的に現状分析と学習の場の設定を行なってきた。

このように、住民組織が主体となり、生活再建に向けた自給・域内流通農産物の安全性検査体制を

構築している。農村地域においては、自給的な農業生産が地域の豊かな食生活を支えていた。自給作物も含めて食卓に上る全ての「食事」の安全性を確認できるよう、身近な施設に測定機器を設置し、住民の関心に合わせて測定機器を運用できる体制を構築することが、生活再建の取組みとして重要であるといえる。

(3) 営農意欲減退への危機感と水稲試験栽培の要請へ

小国地区は、2011年産米の調査において500Bq／kgを超過した数値が検出された区域であり、12年産の水稲の作付制限が指示された九つの区域（旧市町村単位）の一つである。

作付制限のエリア設定が公表される前から、「取り戻す会」の役員は、「500Bq／kg以上の農地は作付中止」「詳細なデータが整理できないので旧市町村単位で全面作付制限」となれば、たった1年で離農者が続出し、比較的汚染度合いが低い農地も含め耕作放棄地が広がり、あっという間に地域農業が崩壊してしまうのではないかという強い危機感を感じていた。

そこで、2012年2月8日に、「米の作付制限に関する集会」を開催し（区民会共催）、全会員に参加を呼びかけるとともに、その場に行政・農業団体・研究機関を呼び、住民の意見を施策に反映させる活動を開始した。

この期間、行政機関から地域住民に対する説明会が開催されたのは、米出荷制限説明会（2011年12月4日）、米作付制限説明会（12年3月15日）の2回のみである。どちらの説明会でも、農林水

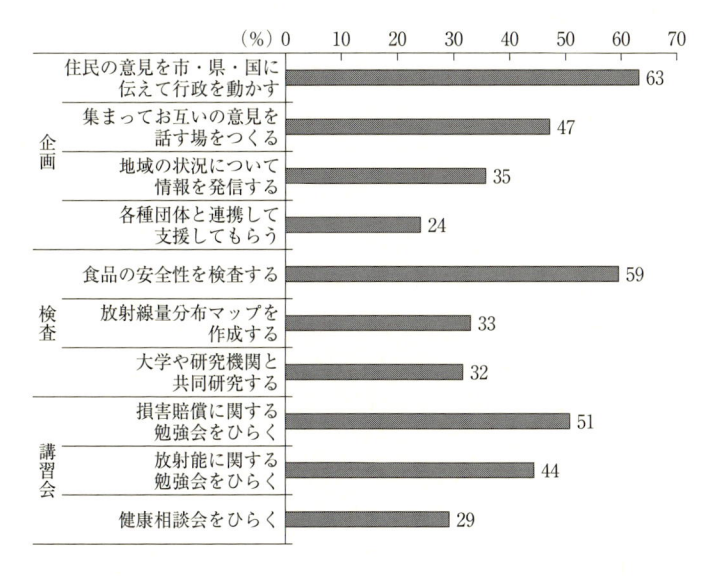

第2章　住民による放射線量調査と新たな地域づくり

図Ⅰ-2-2　住民活動として必要だと思う項目（回答者79名）

資料：2012年2月8日アンケート調査結果より作成。

産省の公式発表の内容を説明するにとどまっており、制限下での地域再生に関する方針や今後のスケジュールの提示、住民の意向集約などは行なわれなかった。

図Ⅰ-2-2は、「米の作付制限に関する集会」に参加した会員（回答数79、集会参加者86名、回収率92％）に対して実施したアンケートにおける「住民活動として必要だと思う項目」設問の集計結果である。最も回答の多かった項目は、「住民の意見を市・県・国に伝えて行政を動かす」63％であった。この結果は、原子力災害以後、行政や農業団体などの機関が地域住民を一堂に集め意向を集約するなど、ボトムアップによる政策立案を行なう姿勢が決定的に不足していると認識していることを示している。

集会において役員は、関係機関（市・農協・県普及部）に対し、適切な補償のもと、2012年も「栽培試験地区」として米の作付けを継続する枠組みを確保するように強く求めた。研究者に対しては、栽培試験結果により、①各戸の圃場の土壌放射性物質測定・土壌成分分析、②小国地区において放射性セシウムが水稲に移行したメカニズムの解明、③放射性セシウムの吸収抑制技術の開発を要望した。

（4）小国地区水稲試験栽培（2012年）への協力

農林水産省は、2012年産の水稲作付制限区域において、148か所の圃場で吸収抑制対策の効果を検証する試験栽培を実施した（伊達市75か所、福島市32か所、二本松市27か所ほか）。これは、「深耕などの除染のほか、カリ肥料の施用など吸収抑制対策を実施することで、基準値以下の米が生産できることを実証」するための試験栽培である。

伊達市は、2012年2月の「取り戻す会」による「米の作付制限に関する集会」における農業者からの要請に応え、地権者の意見集約等に組織的な協力が得られる小国地区を重点地区に選定して、市町村事業として水稲試験栽培を実施することを決めた。

小国地区では、農林水産省主導による吸収抑制対策の効果の検証と合わせて、市政アドバイザー根本圭介教授（東京大学）の設計のもと、規制値超えの原因解明を行なうことを目的に、一部低減資材を投入しない区画を設定して試験栽培を実施することとなった。市が設定した試験栽培6地区75か所

第2章　住民による放射線量調査と新たな地域づくり

のうち、小国地区に立地する圃場は41か所（4・7ha）とその半数以上を占めている。

小国地区試験栽培支援グループは、複数の大学に所属する研究者によって構成されており（東京大学、東京農業大学、福島大学ほか）、農業者との対話のプロセスを重視した試験研究活動を行なってきた。「取り戻す会」は、実証試験に協力団体として参画し、試験プランへの意見提示、実証圃場設置・土壌サンプル採取の作業補助等で、試験栽培に直接的にかかわっている。

この水稲試験栽培の結果から、稲のセシウム吸収は平均的な傾向としては確実に低下しつつあること、低減資材の効果が認められること（小国地区ではケイ酸カリを施用した全ての実証圃場で米のセシウム濃度が基準値以下）が明らかとなった。また、2012年度からは、福島県が米全量全袋検査を開始し、事前の検査によって基準値を超える米が流通することを未然に防ぐ万全の体制が整備された。

農林水産省は、実証試験の結果をふまえ、2012年度水稲作付制限指示を単年度で解除し、13年度には「事前出荷制限」の指示に切り替えた。小国地区においても、2013年度からは再び水稲栽培を行なうことが可能となったのである。

住民組織の要請が、それに応える農学研究者グループの結集と、市町村の事業実施の決断に結びつき、水稲作付制限区域における大がかりな実証試験の実現に至った。ここで構築された行政・研究機関・住民組織の連携体制は、被災地における技術開発・普及体制のモデルの一つを示しているといえる。

5　地域が直面している問題——原子力災害から3年が経過して

(1) 特定避難勧奨地点と損害賠償

一つの地区内において点的に賠償金を支払うことで、世帯間の経済的格差、人間関係のわだかまり、指定をめぐる行政への不信を生じさせた特定避難勧奨地点という制度は、原子力災害から1年10か月経過した2012年12月14日に解除されている。

小国地区において特定避難勧奨地点に指定されなかった世帯は、原子力災害賠償紛争解決センター（原発ADR）に対し、損害賠償の集団和解申し立てを行なった（2013年2月15日）。申立人は297世帯（910名）となっており、指定されなかった世帯の約9割が名を連ねている。この申し立てにより、特定避難勧奨地点の指定を受けた世帯と同様の慰謝料の支払いを求め、世帯間で異なる条件下におかれることで生じたわだかまりを解消しようと住民自らが行動を起こしたのである。

紛争解決センターは2013年12月に、東京電力に対して一人当たり約150万円（月額7万円、2013年6月末から2025年3月末まで）の支払いを求める和解案を提示した。東京電力は2014年2月7日に和解案受諾を決め、集団和解申し立てから1年後、和解が成立している。

東京電力が住民側の申し立てに応じ、慰謝料の支払いを決定したことで、小国地区における賠償金

86

の世帯間格差は、一定程度解消されることとなっており、ただ、賠償金支払いの正式な手続きが残されており、支払完了までには今しばらく時間を要する。

(2) 宅地・農地・森林の除染

小国地区では、2012年8月から住宅の除染が本格化した。2013年4月には全ての住宅の除染が完了したものの、宅地周辺の表層土壌や庭木の枝などを集めたフレコンは、地区内のあちこちに仮置きされたまま残されている。

除染の方針を伊達市除染実施計画により確認すると、「当面は推定年間追加被ばく線量が年間積算5mSv（空間線量率1.0μSv/h）以下」を目標としている。長期目標では、「ICRPの基本方針に基づき年間積算1mSv（空間線量率0.23mSv/h）以下」を掲げているものの、「農地は5年、森林は30年」かけてるのが困難な状況にある。また、宅地の除染は一巡したものの、現状ではその目標をクリアす除染を実施することとなっており、除染の目標の設定・期間・仮置場をめぐって、いまだ解決の目処が立たない問題が山積している。

(3) 営農の再開・継続

2013年は、水稲作付制限が解除され、作付再開が可能となった。しかし、水稲作付再開割合は、戸数で33%（46戸）、面積で18%（9・4ha）にとどまり、多くの農業者が水稲の作付けを見送った。

営農を再開しなかった農業者から聞かれた声を列挙すると、「微量であっても米へ放射性セシウムが移行してしまうのではないか」「検査の結果放射性物質が不検出であっても米の販売先の確保が難しいだろう」「二度営農を休んだら体力的に再開が難しくなった」「水稲収穫作業を委託すると他者を被爆させてしまうことなる」「用水路の泥あげなど水利組合での共同作業が必要だが周辺の農家から再開の声が聞こえてこない。自分のために周辺の農家を参集することは、はばかられるので休まざるを得ないだろう」など複雑な想いを抱えていることがわかる。

地区内の2013年産米の検査結果を確認してから、2014年は作付再開したいと考えている農家も存在しているが、すでに水稲作付中止を決断した農家も多く、そのまま水田の遊休化が急速に進むことが懸念されている。

6 地域住民が主体となり復興を成し遂げるための新たな動き

小国地区では、原子力災害から2年10か月を迎えた2013年12月1日に、新たな組織「小国地区復興プラン提案委員会」が発足し、地区の復興のための次のフェーズを迎えた。この委員会の活動目的は、小国地区の住民が望む地域の復興のあり方を具体化し、さらに国・県・市町村の「指針」「予算」「事業」に確実に結びつけることである。

組織機構とその意図を確認すると、第一に、小国地区全体の意見が集約され、提案に地区の代表性

88

をもたせるよう、自治会・任意団体・市町村のかかわり方を整理して明記する、②委員長と副委員長は地区内の二つの区民会の会長がつとめる、③市は委員会の存在を認知し活動資金の一部を負担する、④委員会のメンバーは、地区住民のうち行政区選出の個人と、これまで小国地区で復興に向けた活動を行なってきた団体（「取り戻す会」、小学校ＰＴＡ、農協女性部小国支所、農業生産法人など）とし重層的に展開してきた任意組織を全て包括する体制とした。また、⑤「取り戻す会」は、提案が地区の代表制をもつことを担保するために考えられた配置である。①〜④と活動をともにしてきた福島大学の研究者等を顧問として再度位置づけた。

第二に、具体的な提案を行なうために三つの分科会を設置し、分野ごとに密な議論を行なう体制とした。現状の国・県・市町村の復興予算・事業の枠組みを把握したうえで、①農業振興、②福祉・健康、③生活環境の分科会ごとに、復興プランを策定していく。

第三に、活動期間を2年3か月後の2015年3月末までと定めた。2013年度の1月から3月は問題共有と整理の準備期間とし、2014年度上半期までの議論をまとめ初版のプランとして提案することを目標としている。

小国地区での組織的活動の基礎を築いた「取り戻す会」は、年1回の放射線量分布マップの作成、「おぐに市民放射能測定所」の運営、会報の発行、勉強会の開催、研究機関への協力などの活動を継続しつつ、「小国地区復興プラン提案委員会」の構成団体の一つとして活動することとなった。「取り戻す会」をはじめ、損害賠償の集団和解申し立てに向けて奔走した団体、ＰＴＡなど各種団体は、そ

れぞれの範疇で必死に現状と向き合い、解決に向けた足取りを進めてきた。その道程では、行政、区民会、住民組織、個人の間で対立・対話が繰り返され、多大な労力が注がれてきた。

4年目を迎える今、地域を見渡すと、除染の仮置き場が散見され、水田の多くが不作付地となり、子育て世帯を中心に避難したまま戻れない住民が多く存在し、復興にはほど遠い厳しい現状にある。

それでもなお、小国地区の住民は、復興プラン提案のための組織を再結成し、放射能汚染と正面から対峙して地域のこれからの道を切り開こうとしている。

小国地区においては、地域社会を構成する住民・自治会・行政と、それを補完するために設立された住民組織、研究機関、支援団体等の多様な主体が、地域社会の崩壊を食い止めようと協働を続けてきた。

放射線量・避難・賠償・除染・作付制限・復興事業の諸段階が複雑にからみ合い、混沌とした時間が続くなかで、一人ひとりが切実に願う地域社会の復興・再生の姿を縒（よ）り合わせ、それを実現するための道筋を探るなかから、日本の地域社会の再生の道標が生まれようとしているのである。

（追記）
　本章は、小松知未・小山良太「住民による放射性物質汚染の実態把握と組織活動の意義──特定避難勧奨地点・福島県伊達市霊山小国地区を事例として──」『2012年度日本農業経済学会論文集』日本農業経済学会、2012年12月、223〜230ページをもとに、加筆修正している。

注

（1）福島県内における原子力災害からの復興に関する取組みは、下記文献参照のこと。小山良太・小松知未・石井秀樹『放射能汚染から食と農の再生を』家の光協会、2012年8月、小山良太・小松知未『農の再生と食の安全──原発事故と福島の2年──』新日本出版社、2013年9月。

（2）小山良太「評論：原発事故と農業被害、徹底した汚染調査」『福島民報』、2011年7月27日8版参照。

（3）第1回・第2回は簡易環境放射線モニタ、ホリバ社製PA-1000Radi、第3回は日立アロカメディカル社製TCS-172Bを用いている。

（4）原子力災害から5か月後に伊達市災害対策本部が作成した第1回目「伊達市一斉放射線量測定マップ」（2011年8月実施、1kmメッシュ、地表からの高さ1m）によると、小国地区の一部は3・5μSv/h以上に区分されていた。

（5）2014年1月9日現在、伊達市においては、ワサビ、ユズ、アケビ、ギンナン、クリ、クサソテツ（コゴミ）、タケノコ、フキノトウ（野生）、タラノメ（野生）、ワラビ、コシアブラ、原木シイタケ（露地・施設）、野生キノコにおいて出荷制限の指示が出されている。また、特産品であるあんぽ柿（干し柿）は、県から加工自粛の指示が出されている。

（6）「取り戻す会」・行政・大学等の時系列の動向は、小松知未・小山良太「住民による放射性物質汚染の実態把握と組織活動の意義──特定避難勧奨地点・福島県伊達市霊山小国地区を事例として──」『2012年度日本農業経済学会論文集』日本農業経済学会、2012年12月、223〜230ページ参照。

（7）水稲試験栽培の経過と結果については、福島県・農林水産省「放射性セシウム濃度の高い米が発生す

る要因とその対策について〜要因解析調査と試験栽培等の結果の取りまとめ〜』（概要）「1・24」201 3年1月参照。

（8）根本圭介「イネ試験栽培から見えてきた放射性セシウム吸収の実態と要因：福島県伊達市小国地区」 『現代農業』第92巻3号、農山漁村文化協会、2013年3月、344〜349ページ参照。

（9）東京電力の回答書では、この賠償金は「解決金的性格を有する」もので、科学的知見から低線量被曝 の健康被害は認められないことから、不安感に対する賠償は本来受諾することができないが、伊達の場合、 申立人の住居が特定避難勧奨地点に指定された世帯と極めて近接している点を特殊事情と認め、例外的 に賠償するという説明がなされている。

（10）福島大学うつくしまふくしま未来支援センターにおける住民活動の支援については、下記文献を参照。 小松知未・小山良太「地域住民と大学の連携」『放射能に克つ農の営み—ふくしまから希望の復興へ—』 菅野正寿・長谷川浩編著、コモンズ、2012年3月、227〜242ページ。小山良太・小松知未・ 石井秀樹「食と農の再生に向けた復興支援・研究活動—多様な主体による実践と提言—」『福島大 学うつくしまふくしま未来支援センター平成24年度年報』福島大学うつくしまふくしま未来支援センタ ー、2013年3月、35〜41ページ。

執筆：小松知未（福島大学うつくしまふくしま未来支援センター）

第3章　住民自治組織による里山再生・災害復興プログラム

——二本松市東和地区

1　今問われているのは「地域に生きる社会の力」

3・11から3年がたつ今、社会では東京オリンピックの開催や経済競争力の強化に向けた施策の盛り上がり、さらには原発推進の声まで復活するなど、まるで3・11と福島を忘れてしまったかのような出来事が続いている。しかし、福島第一原発事故が明らかにしたのは、そのような経済や技術革新で社会が充実するという段階は終わったということではなかっただろうか。いま私たちが社会的に直面している問題は、経済力と技術力とを結集して築き上げた都市の構造的行き詰まりであり、さらには地域に生きようとする力の弱さではないのだろうか。この地域とは、消費構造の肥大した都市的地域ではなく、風土によって育まれた生産と消費の環のある農山漁村のことである。

この問いをもって3・11後の福島を見れば、各地で、地域に生きる人びとの自治的取組みが力強く立ち上がりつつあることを発見する。二本松市東和地区では3・11後も土の力を信じて種を播き、土を耕し続け、土は地域を支えて、今さまざまな住民組織の取組みが前進しようとしている。地域のあり方として、私たちが東和地区に学ぶところは多いと思う。ここでは東和地区の3・11後約3年間の取組みを振り返り、地域に生きる力を私たち社会全体の課題として考えたい。(1)

2　二本松市東和地区と復興主体組織の概要

福島県二本松市は中通りの北部に位置する。東和地区は二本松市のさらに北東部に位置する。阿武隈山地上に位置し、丘陵状の起伏の多い地形である。東和地区は今回の福島第一原発事故による放射能汚染区分でいえば、県内ではいわゆる「中程度汚染地帯」である。

そのような状況のなかで、東和地区では地元の地域づくりの民間組織「ゆうきの里東和ふるさとづくり協議会」(以下、協議会　理事長：大野達弘氏、事務局長：武藤正敏氏)が主体となって、震災3か月後の2011年6月頃から「里山再生・災害復興プログラム」(以下、復興プログラム)を策定し、地域ぐるみでの活動を進めている。

協議会は2005年の町村合併のときに、旧東和町の独自性を守りたいという思いからそれまで町内に散在していたさまざまな民間組織が協力してつくられた。同協議会は「道の駅ふくしま東和」

第3章　住民自治組織による里山再生・災害復興プログラム

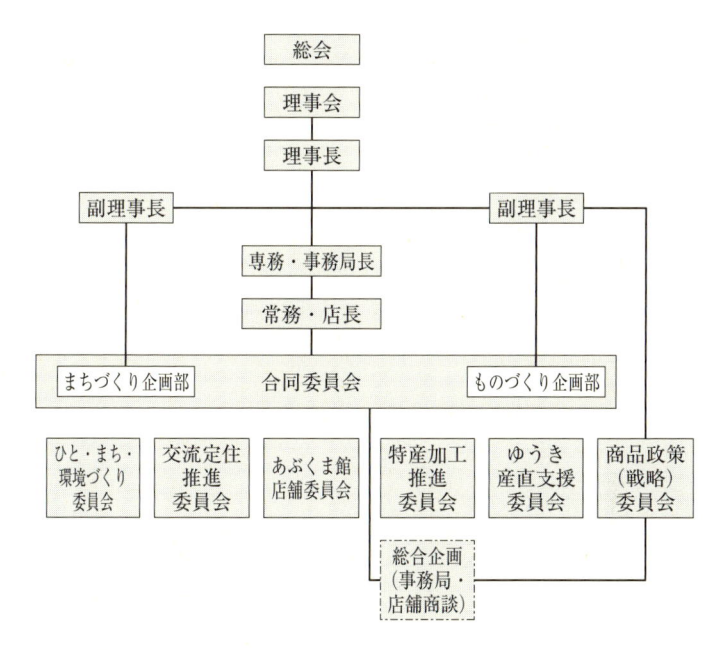

図Ⅰ-3-1　ゆうきの里東和ふるさとづくり協議会組織構成

の運営を市から任されており、そこが活動の拠点となっている。取り組んでいる事業は以下のとおりである。①特産品加工推進事業　②展示販売事業　③店舗出店事業　④食材産直事業　堆肥センター・営農支援事業　⑥交流定住促進事業　⑦生きがい文化事業　⑧健康づくり事業

協議会の組織構成については図Ⅰ-3-1のとおりで、現在は約270名の会員によって運営されている。協議会設立の農業面での背景にはかつて活発に取り組んだ青年団運動などがあった。そこで地域を考える素地を磨いた若い農業者たちは2003年に「ゆうきの里東和」を設立した。

「ゆうきの里東和」では桑の再活用

による地域農業づくりと、個別経営の確立方策としての有機農業による野菜づくりがめざされた。有機農業では農業者を面的に広げるために堆肥センターを建設し、できた堆肥は「げんき堆肥」として直売所で販売した。桑の再活用と堆肥センターはその後協議会の事業として引き継がれた。道の駅では生産者会員約160人が出荷する野菜などの地元産農産物とともに、ここで商品開発した加工品なども販売している。地域づくりにかかわるさまざまな課題にも取り組んできた。東和地区ではこのように、農業、とくに有機農業を軸とした地域づくりを担う自治組織の長年の地域での活動実績が積み重ねられていたことが協議会の復興プログラムを早期に構想し、実行する原動力となったと考えられる。

3　復興プログラムの経緯

協議会の復興プログラムにかかわる展開経緯についてみたい。3・11から約3年後の現在までを五つの時期に区分した。①情報の混乱・模索期（2011年3〜5月）、②測定運動定着・復興プログラム構想期（2011年6〜8月）、③復興プログラム始動期（2011年8〜10月）、④復興プログラム定着期（2011年11月〜12年3月）、⑤行政施策による混乱期（2012年4月〜現在）である。

これら五つの時期は、放射能問題をより広い社会的視野から考えると、さらに大きく二つに分け

第3章　住民自治組織による里山再生・災害復興プログラム

られる。つまり、①情報の混乱・模索期から④復興プログラム定着期までの測定にかかわる「技術的対策」の基本形成期と、⑤行政施策による混乱期以降の、福島を中心とする農村の現場と社会の意識のかい離が広がってしまっている「社会の壁」ともいうべき時期である。

（1）情報の混乱・模索期（2011年3〜5月）
…営農の決意、現状把握に向けた取組みへ

東和地区の事故直後は、震災の混乱のなかで浪江町からの原発事故避難者を、地域をあげて受け入れる日々に始まった。しかし日がたつにつれて、東和地区もじつは放射能に汚染されていることがわかっていった。このとき季節は春を迎え、本格的な農耕作業が始まろうとしていた。放射能汚染が強く心配されるなかで農家のあいだでは、2011年の営農を開始すべきか、すべきでないのかの苦悩が始まった。しかし多くの農家は苦悩しつつも例年どおり田畑を耕し、種を播く決意をした。そしてその農家の決意を協議会が支えた。

協議会で行なわれた2011年4月の生産者会議には、農家の不安を反映して100人以上が集まり、その頃出されていた福島農産物の出荷制限にどう対応したらよいのか、自分たちの農地はどれほど汚染されているのか、といった声が会場内で次々にあがった。こうした農家の不安に対して、協議会は生産者会員の農産物販売に責任をもつという覚悟を示し、営農継続を呼びかけている。事故直後の社会的情報不足・混乱のなかにあって、協議会は生産者会員と議論することで、混乱を組

織的な模索へと持ち込み、営農継続の指針を出していくことができた。

また、営農継続を支えたもう一つの要因として、2011年5月上旬に東和地区を訪ねた日本有機農業学会有志によって協議会への調査研究協力体制がすみやかにつくられたことがあった。[3] 学会側は測定して現状把握することを協議会に強く提言し、それに支えられて地域に測定活動が根づいていった。

(2) 測定運動定着・復興プログラム構想期（2011年6〜8月）
∴心の不安を語り合う

情報錯綜・混乱はその後も続いた。とくに現地で問題となっていたことは、ガイガーカウンターによる空間線量の測定値だった。測定方法の統一した認識もなく、空間線量の基本的な知識もほとんど知られていなかった当時は、その数値だけが独り歩きし、人びとの恐怖を煽ってしまう面があった。そのような状況のなかで協議会はほかの多くの組織の測定活動とも協力し、測定データがある程度の比較可能な体制へと整えられていった。

協議会は2011年6月頃には独自に地域内の空間線量マップを作成しており、それによって復興プログラムの枠組みが見えてきたという。復興プログラムの大枠については図Ⅰ-3-2を参照していただきたい。この復興プログラムの主な活動項目は以下の五つである。

①会員の損害賠償申請の支援活動、②会員の農産物の安全確認活動、③会員の生産圃場調査再生活

ゆうきの里東和　里山再生計画・災害復興プログラム一覧表

段階	経営向上策	ひとの健康	土（水・空気）の健康	農産物の健康
	①会員の損害賠償申請の支援活動	②会員の農産物の安全確認活動	③会員の生産圃場の調査再生活動	④会員の農産物の販売拡大活動	⑤会員と家族の健康を放射線から守る活動
第一段階 スピード （即時活動） 3ヶ月間 (6-8月)		放射線と人の影響対応 ・講演会 ・ワークショップ	農地線量測定マップ作成 放射線測定器借用	農産物の放射能測定 ベクレルモニター借用 ベレマ基金
第二段階 ベースメイク （非継続活動） 1年間 (6-5月)		ひと・土・水・食べ物の測定・把握（全段階共通）	SVO（除染植物油燃料化） JKA基金 全国有機農業推進協議会	
第三段階 グランドデザイン （全体活動） 3年間（-2013年）			里山系列土壌調査・改良 ＋地域・人への対策 協力：新潟大学 　　　三井物産環境基金 　　　茨城大学　福島	測定マップに基づく 対応策と指導
第四段階 ロングラン （継続活動） 第三段階以降30年以上		手予防の徹底 チェック後の対応	対応薬と指導 モデル圃場の実現 里山の再生（子孫の代まで引き継ぐ再生活動）	改善指導と勉強会 目標レベルの引き上げ

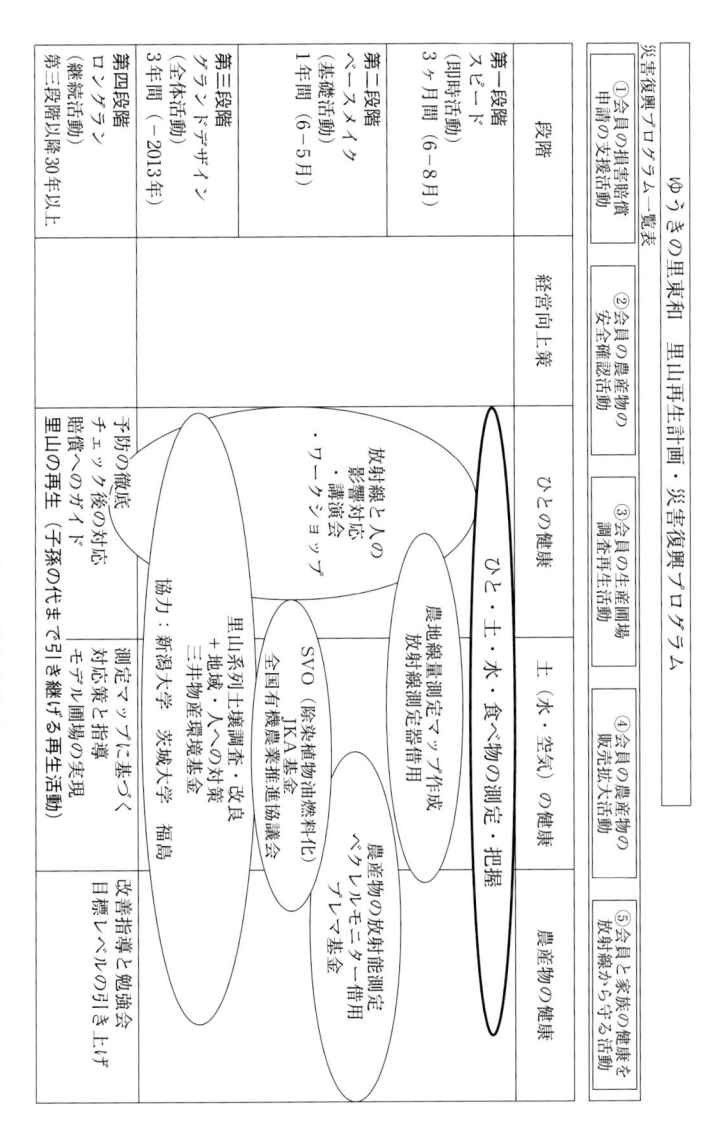

図 I-3-2　里山再生計画・災害復興プログラム

動、④会員の農産物の販売拡大活動、⑤会員と家族の健康を放射能から守る活動の五つの活動項目を具体的に支えるのは測定運動を軸とした放射能に負けない「営農再建」と、人の体や心の健康維持、地域再建といった「生活再建」の二本柱である。事故後3か月の間にはプログラムが組み立てられ、その後1年間を「ベースメイク期間」（プログラムの体制定着）、さらにその後の2年間を「グランドデザイン期間」（プログラムの成果取得）、そして30年以上のスパンをもってプログラムの継続をめざす「ロングラン期間」という期間目標が設定された。このプログラムは資金としては民間の基金に支えられて実行されたが、基金の交付期間である2年間だけでなく、30年という長い時間を設定した。そこには東和地区の人たちが地域に住み続け、次の世代までを視野に入れた取組みをしていくのだという意志が込められている。

自主測定運動は、2011年7月から放射能測定に進んでいった。農産物の放射能測定体制についてはベクレルモニター「LB200」を導入し、測定の専従職員をスタッフのなかから教育し、測定室は道の駅の給湯室を改造して壁を鉛のシートで囲った。測定の専従職員は協議会職員の海老沢誠氏が分析代表となり、専門家に引けをとらないまで測定技術を向上させた。2011年8月時点では生鮮野菜は当時の暫定規制値の500Bq/kgをはるかに下回る値がほとんどであることがわかってきた。

しかし、人びとの心の苦悩の問題はそう簡単に解消されず不安な気持ちが残った。そこで、協議会を構成する五つの委員会のうちの「ひと・まち・環境づくり委員会」（以下、委員会　委員長：菅野

和泉氏）では、とにかく自分の気持ちを語り合おうという座談会を同時進行として行なっていった。二本柱のうちの生活再建にかかわる取組みである。(4)

委員会では委員を中心とした座談会を2011年7月と8月の2回行なった。この頃、多くの住民はりの成果は、参加者が心配事や苦しみを声に出したこと、それ自体にあった。その悩みの中心は、自分のことより(5)も子や孫の健康の心配だった。ただし、座談会では子や孫の健康を深刻に心配しつつも、それでも避自分の心を誰にも打ち明けることすらできずにいたからである。その悩みの中心は、自分のことより難させる方向ではなく東和地区で共に暮らし続けることはできないのかという声も同時に出された。そして、このことこそが住民が家族へも容易に口に出すことすらできなかった問題の核心だった。この問題はすぐに答えの出せるものではなかった。しかし、参加者が当時家庭内でうまく解決できずにいた問題を、地域の人と共に語り考えたことで得られた心の安心はかなり大きかった。

（3）復興プログラム始動期（2011年8〜10月）
  …研究協力体制の確立、「土の力」の立証

迅速な測定運動によるデータ収集によって、協議会でその後の復興対策の道づけが明確になったのは2011年8月だった。協力大学との関係が密になり、測定運動から農業を継続することによる「土の力」を確認していった時期である。この時期に新潟大学が中心となって水田の放射能測定を始めており、協議会単独では困難だった水田や里山の土壌の放射能測定が実現していった。その後新潟

101

大学に連動する形で横浜国立大学、東京農工大学等が継続調査に取り組んでいる。

各大学による研究内容を以下に紹介したい。新潟大学は野中昌法氏をチーム代表として原田直樹氏、吉川夏樹氏、村上拓彦氏、藤村忍氏、そして同大RI総合センターの内藤眞氏、後藤淳氏らが協議会の測定運動をスタートから支えてきた。空間線量調査では約2000か所もの農地を計測し、データベース・マップ化した。また、農家の具体的な声を受けて里山─水田生態系における放射性セシウムの動きとその水稲への影響や、桑への放射性物質の移行について解明調査されてきている。

その他の大学においても、横浜国立大学の金子信博氏は森林土壌について、茨城大学の小松崎将一氏は主にタケノコや稲架け米、果樹園の下草などについて、東京農工大学農学部調査研究チーム（代表：横山正氏）は森林流域について、また同大学の木村園子ドロテア氏は協議会で製造している「げんき堆肥」について、原子力開発機構の大貫敏彦氏は植物中について、放射性セシウムの影響を現場に密着して調査研究してきた。

こうした調査研究の協力体制によって、農地を耕すことで放射性セシウムが土に遮蔽されて地表の空間線量が低くなることや、放射性セシウムは土に強く吸着・固定化されて農産物にはあまり移行しないことが理論的に明らかにされた。

また、地元福島大学の協力体制も敷かれ、東和地区は県内各地の取組みのモデル地区として選定された。このように、復興プログラムは多彩な研究者や大学、市民団体による協同の研究調査によって支えられた。[6] 復興プログラムの研究体制は野中氏作成による図I-3-3を参照していただきたい。

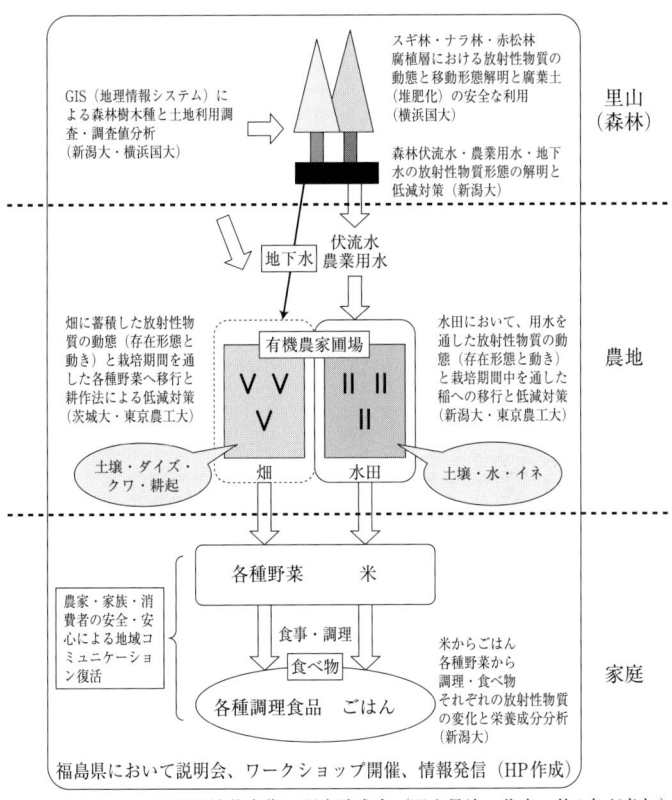

第3章　住民自治組織による里山再生・災害復興プログラム

```
里山（森林）
  スギ林・ナラ林・赤松林腐植層における放射性物質の動態と移動形態解明と腐葉土（堆肥化）の安全な利用（横浜国大）
  GIS（地理情報システム）による森林樹木種と土地利用調査・調査値分析（新潟大・横浜国大）
  森林伏流水・農業用水・地下水の放射性物質形態の解明と低減対策（新潟大）

  地下水　伏流水・農業用水

農地
  畑に蓄積した放射性物質の動態（存在形態と動き）と栽培期間を通した各種野菜へ移行と耕作法による低減対策（茨城大・東京農工大）
  有機農家圃場　畑／水田
  水田において、用水を通した放射性物質の動態（存在形態と動き）と栽培期間中を通した稲への移行と低減対策（新潟大・東京農工大）
  土壌・ダイズ・クワ・耕起　　土壌・水・イネ

家庭
  各種野菜　米
  食事・調理
  食べ物
  各種調理食品　ごはん
  農家・家族・消費者の安全・安心による地域コミュニケーション復活
  米からごはん　各種野菜から調理・食べ物　それぞれの放射性物質の変化と栄養成分分析（新潟大）

福島県において説明会、ワークショップ開催、情報発信（HP作成）
三井環境基金復興研究助成金（野中昌法・代表、他9名が参加）
```

図Ⅰ-3-3　復興プログラムにおける研究体制

また、生活再建の取組みは生産者会員を対象としたワークショップの開催へと展開した。このワークショップでは、農家高齢女性の抱える悩みが鮮明になった。彼女たちにとってもいちばんの心配は子や孫の放射線被曝だった。しかし一方で、彼女たちは子や孫に自分のつくった野菜や米を食べても

らいたいとも思っていた。

農家高齢女性にとっての生きがいは家族のために自給野菜をつくることであった。その生きがいは、たとえ田畑に放射性物質が降り注いだとわかっていても、容易に変えられるものではなかった。協議会ではそのような農家高齢女性の想いをこそ大切にすべきものと考え、家庭の食事の放射能測定をして安全を確かめ、また農地に出て作業する中高齢者層を主な対象としてホールボディーカウンター検査をして健康を考える機会をつくって支えた。⑦

（4）復興プログラム定着期（2011年11月～2012年3月）
：測定技術の向上、農産物の安全性確保

国は3・11後、基準値の問題では揺れ動き、はっきりしない態度を続けてきていた。一方で協議会では2011年12月から新たにNaI（Tl）シンチレーション検出器が導入されて核種別の測定が可能になるとともに、測定の専従職員も増員して体制を整えた。そして2012年1月の生産者会議では、きのこや桑製品等以外の農産物の基準値を、当時の国が定めていた暫定規制値500Bq／kgよりも引き下げて自主基準を設けることも検討していた。

協議会では農産物の放射能測定を2011年7月29日から2012年8月24日までに、2700検体以上行なっている。表Ⅰ-3-1は協議会で2011年8月から開始された農産物のベクレル測定結

第3章　住民自治組織による里山再生・災害復興プログラム

表Ⅰ-3-1　生鮮野菜のベクレル測定結果

2011年7月29日〜2011年12月6日

Bq/kg	検出下限値以下	〜100	101〜500	501〜	計
点数	129	491	30	0	650点
割合	20	75	5	0	100%

注：2011年7月29日から12月6日までの測定分の合算。使用機材は簡易測定器ベクレルモニターLB200　測定時間30分間　10Bqを検出下限値とする。値にはカリウムも含まれる。

2011年12月7日〜2012年3月31日

Bq/kg	検出下限値以下	〜100	101〜500	501〜	計
点数	47	44	1	0	92点
割合	51	48	1	0	100%

注：2011年12月7日から2012年3月31日までの測定分の合算。使用機材はFNF-401およびAT1320A　測定時間30分　10Bqを検出下限値とする。

2012年4月1日〜2012年8月26日

Bq/kg	検出下限値以下	〜100	101〜500	501〜	計
点数	360	51	0	0	411点
割合	88	12	0	0	100%

注：2011年4月1日から2012年8月26日までの測定分の合算。使用機材はFNF-401およびAT1320A　測定時間30分　10Bqを検出下限値とする。

果から生鮮野菜のみの値を取り出して、四つの区分にわけ、それぞれの点数を並べたものである。上部二つの表は国の暫定規制値が500Bq／kgだった2012年3月までのデータであり、下部の表は国が基準値を100Bq／kgと定めた以降（2012年4月1日〜）の期間内のデータである。

500Bq／kgの期間内が二つに分かれているのは、測定機器が異なるためである。上段は初期の測定運動を支えたベクレルモニター「LB200」による測定であるが、下段の「アドヒューテック社製AT1320A」と「応用光研製FNF401」による測定へと切りかえ、より精度が上げられた。そのため上段の値にはうち40％ほどのカリウムが含まれ

ると想定され、下段の数値はカリウム40を除いたセシウム134とセシウム137の合算となっている。

この表を見てわかるとおり、全期間について基準値を超える生鮮野菜は出ていない。2012年4月1日からの数値を見ると、「検出下限値以下」（検出下限値は10Bq／kgとした。協議会では測定依頼された生産者会員には検出限界値を設けず、10Bq／kg以下の数値も参考値として伝えている）が88％であり、前年よりもさらに数値は下がっている。東和地区の生鮮野菜は、事故後の早い段階から安全性が確保されており、さらに年を追うごとに安心は増している。

（5）行政施策による混乱期（2012年4月〜現在）
　…「社会の壁」の状況のなかで

協議会では事故後2年目の春は前年以上に前向きに作付けができると思い安心していた。しかしそんな希望を覆す、二つの事態が起こった。それは技術問題の克服だけでは解決できない、行政や社会への対策にかかわる問題であった。

一つは2012年4月1日から食品に含まれる放射性物質の基準値が、具体的な根拠提示もなく、それまでの暫定規制値であった500Bq／kgから法定基準値100Bq／kgへと改定されてしまったことである。新基準値ではクリアすることが容易ではないシイタケや桑の葉などを栽培していた農家は窮地に立たされる結果となってしまった。

第3章　住民自治組織による里山再生・災害復興プログラム

もう一つは2011年度産米で行政のしっかりとした放射能検査体制が確立されないままに、そのときの暫定規制値であった500Bq／kgを超える農産物が出てしまったことである。そのため、米については、東和地区のほとんどの地域で2012年度産稲作が条件つき作付けとなった。当時筆者が行なった現場での聞き取りによると、県から稲作農家にプラウによる反転耕や1反当たり300kgものゼオライトを施用する指導があったという。また市の方針発表文には、作付けを自粛した場合はその減収分等が賠償の対象となることが明記されていた。この施策は結果として農家の営農意欲を阻害してしまい、東和地区でも2012年は約3割の水田で作付けが見合わせられてしまった。

また、県は2012年度産米から全袋調査を実施することを決めた。その結果として、2012年度産米の全袋検査は1011万5733袋となり、そのうち100Bq／kgを超えた袋は71袋、全体の0.0007％でしかなかった。ちなみに2013年度産米の全袋検査は、1002万743袋で前年に比べて9万袋以上も減ってしまったのだが、そのうち100Bq／kgを超えた袋は13袋、全体の0.0001％と前年よりも減少傾向にある。全袋調査の実施は福島産米の安全を立証し、しかも調査の継続によって安全性は年々と高まっていることを立証した。その意味で、結果的には画期的な取組みとなった。

しかし、2012年の国による基準値改定施策と県や市の急ごしらえともいうべき作付制限対策は、現場をかき乱した。これは行政が福島県農家の事故後一年目の苦労と努力をきちんと見つめられなかったことで起こった重大な問題である。

さらに風評被害が農家に追い打ちをかけた。野菜は3・11後2年目、そしてさらに3年目と値崩れが大きい。一方で、福島第一原発事故は次第に国民の意識から薄れつつあることも事実だろう。そのような「社会の壁」ともいうべき状況のなかで、福島の多くの農家は苦悩し続けている。

先の基準値改定は桑製品の主力商品であった「桑の葉パウダー」にも影響を与えた。2012年6月に、東京で販売されていたものから法定基準値100Bq／kgを上回る放射性セシウムが検出されたという発表が、県の保健所から出され、自主回収、販売停止の指示を受けたのである。それでもあきらめたくなかった桑の葉生産者と協議会は、事業の再建に向けて奮闘する。2012・2013年度産の「桑の葉パウダー」の製造は宮城県の桑の葉を買い入れて対応し、また今後の対策として桑の葉の放射能汚染を抑えるために、新潟大学の研究者グループの協力を得て桑の改植実験を行なった。

この実験の結果から、改植は桑の放射能汚染を抑える効果がある傾向をつかみ、その結果に勇気づけられた桑の葉生産者会員十数名の全員が改植へと踏み切った。苗の植樹は2013年冬以降の作業面積150aに及ぶ改植は、畑の開墾だけでなく除染作業もともない、2013年5月まで続いた。2013年末の段階で約6000本の改植を終え、さらに8000本の追加改植を予定している。

また、保健所からの回収指示前は、桑の葉の加工を県外の加工会社に委託していたが、回収を機にして取引が打ち切られてしまった。そこで、協議会ではパウダー製造の機械を購入し、廃校を利用して加工場を整備し、操業することにした。それまでの外部委託から結果として自社工場へと展開して

第3章　住民自治組織による里山再生・災害復興プログラム

いる。その結果、今、道の駅における桑製品の売上げは回復してきているという。
こうした桑の葉再生事業の取組みを前進させたのは生産者や協議会による桑への想いだった。東和地区を含む阿武隈地域はかつて養蚕の一大地帯として栄えたところであるが、大産地でも1980年頃までには急速に衰退した。そのなかで、東和地区では1980年代後半まで多くの養蚕農家が残っており、地域農業の要として養蚕に期待をかけ続けたことをうかがわせる。
しかし、その東和地区でも養蚕を続けることはいよいよ困難となってしまい、地域には広大な桑園がやむなく放棄され、里山は荒れてしまった。それを食い止めるべく最後まで桑園を管理し続けたのは高齢者であった。その高齢者の桑に対する想いを引き継いで、また健康食品として注目されはじめていた桑の葉の効用に着目し、1990年に加工用の桑の葉を栽培する農家の「桑薬生産組合」が設立され、桑園の再資源化に向けた取組みが始まった。

その後、組合の桑園再生事業は「ゆうきの里東和」、そして協議会へと引き継がれた。協議会は「桑の葉パウダー」や桑茶、パウダーや桑の実を使った菓子惣菜等の販売に力を入れ、それらの商品は道の駅の看板商品として入口正面に特設コーナーを設けて、大きく宣伝してきている（それは3・11以降も変わらない）。こうした努力は商品の売上げへとつながり、道の駅の事業を支えていた。このように振り返ってみると、桑の葉事業は高齢者の想いを継いだ地域農業の夢なのだ。その夢が放射能問題にも負けず再び前進している。

4 新たな地域農業集団の誕生

協議会だけでなく、地域では現在までにさまざまな活動が新たに起こってきている。(9) 以下ではそのなかからワイナリー工場の立上げと、学習集団「あぶくま農と暮らし塾」の立上げについて紹介したい。

東和地区には以前からどぶろくを味わい楽しむ農家たちの同好会があった。その同好会が2011年1月に集まった際に「東和果実酒研究会」を結成した。2011年2月にはブドウの苗を発注して、耕作放棄地約5aに植えつけが始まっていたところに3・11が襲った。ワイナリー構想は途絶えたかに思えた。しかし構想は温め続けられ、2012年9月には8人の農家が共同出資して果実酒製造・販売の株式会社「ふくしま農家の夢ワイン」（以下、夢ワイン　代表：斉藤誠治氏）を設立した。平均年齢60歳の8人の農家の描いた夢は、ワイナリー工場の設立としてだけではなく、ブドウを植えることでかつての桑園だった荒地を再び豊かな里山にもどして引き受け、そして引き渡したいという想いも込められている。ワイナリー工場は、かつての養蚕が栄えた頃に使われていた蚕の地域共同飼育所施設を農家自身が改築したものである。

その夢ワインで2013年7月に最初の商品であるシードルワインが販売開始された。背景には、東和地区羽山で3・11以降に栽培された生食用リンゴが風評被害で売れず、また加工用としても取引

第3章　住民自治組織による里山再生・災害復興プログラム

きを断られていたことがあった。夢ワインのワインづくりは、このような地域の苦悩するリンゴ農家との協同の一歩となった（写真Ⅰ-3-1　シードルワイン）。2013年10月にはヤマソービニヨンのワインが仕込まれ、その仕上がりを待っている。

このワイナリー工場内で、2013年3月に「あぶくま農と暮らし塾」（以下、塾　塾長：中島紀一氏、事務局長：関元弘氏）の開校式が行なわれ、40名以上の参加者が集った。この塾は、地域の農にかかわる人たちの学習と交流の場づくりを目的としている。

最初に塾の構想が出された2012年春の会合へ集まった農家は、大事なのはお金でなく農の心であり、守るべきは農であると迷いもなく力強く語った。その後、塾の構想は具体化していき、農学コース、地域文化コース、コミュニケーションコースの3コースが設けられ、開校以来、それぞれのコースの学習活動が進んでいる。とくに農学コースには若い新規就農者やUターン者が意欲的に参加している。⑩

写真Ⅰ-3-1　羽山リンゴを使った
　　　　　　　　シードルワイン

東和地区には以前から新規就農者が多く定着しており、3・11以降も途絶えることがなく増え続けている。彼ら彼女たちの塾に挑む姿勢のキーワードは「温故知新」（ふるきを訪ねて新しきを知る）であるという。時代を切り拓こうとする若い世代の取組みには「新しさ」があるわけだが、一方で彼ら彼女たちは原発事故で「最新」技術の限界も味わった。そこで彼ら彼女たちは先人が築き上げた「過去の」農業を信頼し、もう一度立ち返って学ぼうとしている。そういった「温故知新」の精神は高齢者とも呼応して、若い農業者の活動は3・11を文明的にも乗り越えようとしている。

5　東和の土が地域の夢を育てる

夢ワインや塾などの新たな活動が示しているのは、地域のさまざまな人びとの夢が3・11後現在の東和地区で具体的に、かつ心豊かに形成されてきているということである。なぜそのような取組みの広がりが生まれているのかと言えば、それはやはり3・11直後に、東和地区の高齢者が土の力を信じて、自給畑へ種を播いたからだった。高齢者は家族や地域の食を守ろうとし、その想いは自給野菜をつくるための畑の継続に現れた。その意味は農業経営の継続ということではなく、高齢者が東和の土と共にある農をし続ける生き方を示して命がけで踏ん張ったということである。次の世代はそのお年寄りたちの生き方に学び、一緒に東和で農業を続けることを考え抜き、そして道は拓けた。

最後にもう一度協議会の復興プログラムに戻ると、取組みの深まりは、こうした高齢者の、家族に

第3章　住民自治組織による里山再生・災害復興プログラム

自給野菜を食べさせたいという意思を協議会が大切にしたことによって得られたものだった。あのとき協議会が守ろうとした地域の高齢者と自給畑は、その後現在までの東和地区の道を開く道しるべとなった。また、取組みの広まりは協議会が住民の想いをていねいに掘り起こし結集させたことによって得られたものだ。高齢者と住民自治組織の双方の力が発揮された成果である。

3年が経ち、さまざまな取組みが生まれた東和地区の復興は新たな段階へと進みつつあるようだ。しかし、そこでの協議会の役割は新たな取組みの推進ではなく、やはり3・11のときと同じ、住民自治組織という原点であり、当事者である住民たちの意思を確かめ合い、掘り起こしつつ、温故知新の心を大切にして、高齢者と自給的暮らしの歩みに継いでいくことではないだろうか。

注

（1）協議会の取組みは菅野正寿・長谷川浩編『放射能に克つ農の営み』コモンズ、2012年も参照。本稿は、拙著「原発事故被災地に学ぶ『地域に広がる有機農業』のあり方」日本有機農業学会『有機農業研究』Vo.4、No.1/No.2、2012年10月、39〜52ページを、大幅に修正・加筆した。
（2）「社会の壁」が最初に指摘されたのは中島紀一「福島農業の再興に立ちはだかる社会の壁」『農村と都市をむすぶ』No.729、2012年7月、6〜12ページにおいてだった。
（3）福島視察の様子は、日本有機農業学会『福島浜通り　津波・原発事故被災地　調査報告』2011年5月に詳しくまとめられている。
（4）この取組みには茨城大学名誉教授の中島紀一氏が研究者側の協力としてあたった。

(5) 座談会の様子は、ゆうきの里東和ふるさとづくり協議会『ひと・まち・環境委員会座談会　記録集』2011年9月を参照。ここに座談会で出た代表的な発言を抜粋しておく。
・50代女性「いまの私たちは『危ない』の声ばかりに反応してしまう。……原発というのがどういうことなのか、事故によって何が変わったのかを考えたいです」。
・40代男性「じいちゃんばあちゃんが安心して田畑を耕し、作物を栽培できる。孫とかお嫁さんが安心して食べられる。こういう状態を、測定を踏まえてつくっていく。それに尽きると思っている」。

(6) 協力研究者らは13年2月9日に会員への中間報告会を行なった。その概要は当日配布された資料集「里山再生・災害復興プログラム中間報告会」を参照。

(7) この測定は福島大学の小山良太氏や小松知未氏らと市民放射能測定所も協力して実現した。

(8) 宮地忠幸「中山間地域における特産品開発の地域的意義に関する一考察」『国士舘大学地理学報告』№19、国士舘大学地理学会、2011年3月、1〜14ページを参照。

(9) 三好かやの「400人の学生・研究者が協力　『ゆうきの里東和』の生産者たち」『農耕と園芸』2013年11月号、誠文堂新光社、2011年10月、38〜43ページなどを参照。

(10) 新規就農者たちの主な取組みとしては、3・11直後に立ち上がった「オーガニックふくしま安達」や「ふくしまオーガニックコットンプロジェクト」などが進展している。

執筆：飯塚里恵子（千葉農村地域文化研究所）

第4章　原発災害からの再生をめざす村民と村

――飯舘村

1　飯舘村のむらづくり

東日本大震災から3年以上たった。各地で多くの困難な課題を抱えつつも、復興、再生の動きが見えてきている。しかし原発災害を受けた福島県はいまなお地震、津波、原発災害、風評被害の四重苦のなかにある。原発災害は時間がたつにつれて、放射線による健康被害に加えて、被災地とそれ以外の地域、また被災者の内部や支援者の考え方の違いによる分断を生み出す危険性がある。強制的に避難をさせられた人、放射線の影響を考えて避難する人、除染をしてふるさとへ戻ろうとする人、戻れないと考える人、置かれた立場と考え方はさまざまである。そこに気持ちのずれや対立が生じてきている。これは「精神戦争」ともいえる。原発災害は残念ながらこのように分断と対立

を生み出している。これを対立ではなく、相互理解にもとづく、原発災害にまけない地域と住民の暮らしの再生の方向へ進めていくことはできないだろうか[1]。

そこで原発災害の被害を受け、困難な局面にある福島県相馬郡飯舘村を対象として、原発災害からの、地域と住民の暮らしの再生への苦闘の姿を追ってみよう。

飯舘村は阿武隈山系北部の丘陵地帯に位置する村であり、1956年に飯曽村と大舘村の合併により誕生した。

この村で村民参加のむらづくりの動きが活発になってくるのは、1985年の「飯舘村第三次総合振興計画―カントリーパラダイスプラン―」の策定作業からである。計画策定にあたって肩書きなしの青壮年が参加し、若い力と知恵を結集し、また村内20の行政区それぞれに3〜8人の総合振興計画地区委員をおき、地区住民の意向把握をきめ細かく行なった。

またこの時期には、冷害にまけない農業振興の柱と位置づけられた飯舘牛の銘柄化やその販売促進をねらいとしたミートバンクの創設、旧村間の融和をねらいとしたセンター地区の建設（村役場や中学校の統合移転、さらに少し後になるが、村営書店、老人ホームや診療所も設置）が進んでいった。

こうした動きと前後して、村内の青壮年がゆとりある楽しいライフスタイルを探っていこうという目的で夢創塾をつくった。初代塾長は菅野典雄現飯舘村長であった。夢創塾が提起した「初夢拾う会〜新春ホラ吹き大会」で出された「21世紀には村営〝主婦の翼〟が実現する」との初夢は、お母さんたちにも海外研修をという「若妻の翼」として1989年から実現した。これは子育て真っ最中の30

第4章　原発災害からの再生をめざす村民と村

代の女性を、あえて秋の農繁期にヨーロッパ研修に送り出すというものであった。若妻たちは一人ひとり悩みながらも家族と話し合って参加を決意した。そして海外へ飛んだ若妻たちは歴史と伝統に育まれたヨーロッパ農村から「質素さゆえの豊かさ」を学びとってきた。「若妻の翼」は1993年まで継続し、91人が世界へ飛び立った。さらにその延長線上に「嫁・姑　キムチの旅」「心の翼・家族物語」（親と子、祖父母と孫の旅）が実現していった。

1990年から「やまびこ運動」が開始された。これは行政区独自の地域づくりを支援する活動であり、各地区に100万円の助成を行なった。さらに1992年からは「新やまびこ運動」として再編、継続し、行政区単位での地域づくり計画をつくっていく機運が生まれてきた。

1995年の「飯舘村第4次総合計画—クオリティ・ライフいいたて—」の策定のときも村ではコミュニティ担当を各地区2～3名配置して、地区からの積み上げを重視し、これにより村民の郷土愛や連帯感がいっそう強まっていった。

2005年の「飯舘村第5次総合振興計画—までいライフ・いいたて—」は、むらで昔から言われている「までい」（真手＝手間ひまを惜しまずに、ていねいに、こころを込めて）の考え方を基本に、村民と行政の協働によって、暮らしやすいふるさと飯舘村を創り、育てていくというものであり、次の五つを柱としていた。

①人と地域のつながりをまでいに　②からだと地域をまでいに　③家族の絆をまでいに　④「食」と「農」をまでいに　⑤人づくりをまでいに

この計画においてはこうした全体的な考え方とともに、各行政区から積み上げていく、地域計画「やるきつながりプラン」が出され、従来からの20行政区の地区別計画「ちいきくらしあっぷプラン」とそれに加え、複数の行政区による連携した計画「つながりプラン」が打ち出されている。

この計画に沿って、までいな暮らしの実践が着々と進んでいった。

そして2011年3月11日。

2　大震災のなかでの飯舘村

3月11日午後2時46分、大地震発生により村内の水道、電気、電話などのライフラインが絶たれ、村はただちに災害対策本部を立ち上げた。午後9時23分、国が福島第一原発から半径3km圏内の住民に避難指示。12日第一原発1号機水素爆発、建屋損壊、国は避難指示区域を半径20km圏内に拡大、飯舘村に原発周辺町村から避難者が殺到、飯舘村民と役場職員は総力をあげて避難者を支援。14日3号機水素爆発、建屋損壊、15日4号機原子炉建屋一部破損、2号機建屋、圧力制御室損傷そして1～3号機がメルトダウンを起こした。

飯舘村では村内各地に避難所を設置し避難者の受け入れを続けた。だがこの間、原発爆発による放射性物質は南東から北西へ向けての風に乗って、折からの雨、雪のなか飯舘村に降り注いだ。国、東京電力からその事実を知らせる情報の提供はなかった。村民はこのことを知らずに、屋内外で避

第4章　原発災害からの再生をめざす村民と村

難者の支援を続けていった。15日には飯舘村役場付近で1時間当たり放射線量は44・7μSv/hを記録した。

飯舘村は原発立地町村ではなく、立地隣接町村でもなく、電源三法交付金による金銭的な「アメ」も受けておらず、ただ放射能汚染という被害を一方的に受けたのである。

17日には行政区長会を開催し、避難者の受け入れ状況（述べ4165人）、学校の状況や緊急必要物資の不足状況などを把握し対応を検討した。18日には村民の放射線への不安、肉用牛など家畜をどうするか等の検討を進め、19日には住民の安全を確保するために栃木県鹿沼市への集団自主避難を開始した。

その後、簡易水道の水道水、原乳、村南部の地区の土壌から高濃度の放射性物質が検出され、南部の地区から中央部、北部の施設への村民の一次避難が開始された。

4月11日に国は飯舘村全域を計画的避難区域に設定すると発表し、22日に指定を行なった。村では、①乳幼児や妊婦、②18歳未満、③放射線量が高い地区という順位をつけて避難を開始した。幼稚園、小学校、中学校も村外の施設を借りて授業を行なうこととなった。

30日になり、東京電力から鼓副社長が来村し、住民説明会を開催し、副社長は謝罪を行なった。その際住民からの質問に対して、副社長は、これは「人災だと思っている」と回答した。また会場から15歳の少女が「私が将来結婚したとき、被ばくして子どもが生めなくなったら補償してくれるのですか」との悲痛な訴えを行なった。しかし副社長からは「とても重い質問。影響が

119

出ないようにしたい」と答えるにとどまった。

5月に入ると村民は続々と村を離れていった。しかし大家族が一緒に住める避難住宅は少なく、家族がバラバラになって避難をせざるを得なくなった。そのため避難前約1700戸だった世帯数は、避難後3000戸を超えることとなった。また家族同様にして飼っていた牛たちも売却されていった。

そうしたなか、村では住民がいなくなった後の防犯対策として、「いいたて見守り隊」を20行政区ごとに編成し、パトロールを開始した。

また、①放射線による命と健康のリスクと、②避難にともなう生活のリスク（高齢者の移動による健康破壊、失職、会社閉鎖、不作付けによる土地の荒廃、子どもの通学・転校、コミュニティの維持困難など）とを比較考量し、老人福祉施設「いいたてホーム」を村内に存続させ、さらに8事業所に対して徹底した放射線管理、従業員の同意、放射線量の低い室内作業などを前提として、村内での事業の継続を特例的に認めることを政府に認めさせた。

そして6月22日にやむなく役場の機能を20km離れた福島市飯野町に移転した。

3　もう一度「ふるさと」へ――「までいな希望プラン」

6月22日に、「避難に当たって村民の皆さんへ……村長より」として「までいな希望プラン」が発

第4章　原発災害からの再生をめざす村民と村

表された。プランは次の九つの項目からなっていた。

①避難生活は2年くらいにしたい　②村民の健康管理に力を入れます　③土壌の除染を積極的に進めていきます　④村民の絆を深める「ふるさとコミュティ事業」を実施していきます　⑤村民の皆さんの仕事づくりを進めます　⑥次代を担う人づくりに努めます　⑦避難先でも充実した同じ行政サービスを受けられるよう"2つの住民票"的なことを国に提案しています　⑧避難解除の際はこれまで取り組んできた事業がすぐに進められるよう、国や県に働きかけています　⑨いいたて「までいな復興会議」を立ち上げます

これらは大きく三つにまとめることができる。その第一は中越地域の山古志村に学び、期限をつけて目標を立て希望へつなげる①。第二は健康、仕事、コミュニティといった地域社会の基本を守る②④⑤⑥。第三はそれを内外から支える③⑦⑧⑨。このプランのもつ意味は、放射線被害からの村民と村の再生というきわめて困難な課題の解決に向けて、そこから逃げずに、「もう一度むらをつくろう」という決意を込めた希望の旗、地域から高き志の旗を掲げるということにあった。

4　「みんなで創ろう　新たないいたてを」

困難な避難生活のなか、「までいな希望プラン」を掲げ、村民と村役場は、地域と住民の暮らしの再生をめざして、次の一歩へ踏み出した。8月から10月にかけて役場の若手職員が中心となって「い

いたまでいな復興プラン庁内検討委員会報告書」をまとめた。そしてそれを基礎に村民、村議会議員、役場職員、村外の専門家による「いいたて復興計画村民会議」は、復興に向けての課題や基本方針を、①健康・リスクコミュニケーション、②教育、③除染、④仕事の四つの分科会に分けて検討を重ね、さらに全体会で調整を繰り返しながら計画をまとめ、12月に「いいたてまでいな復興計画（第1版）」を作成した。

この計画は「みんなで創ろう　新たないいたてを」を合い言葉として、次の五つの基本方針を立てている。

① 生命(いのち)を守る。村の外でも元気に過ごす、村に帰っても活き活きと暮らす
② 子どもたちの未来をつくる。未来を担う子どもたちのため、共に育つ「共育」の場を充実させ「いいたて」を支える人材を育成する
③ 人と人がつながる。今までの絆を守りながら、避難中にはぐくまれたつながりを大切にして、新たなコミュニティをつくる
④ 原子力災害をのりこえる。放射能の除染を徹底的にすすめる、自ら考え判断するため放射能汚染に対する情報の共有と話し合いをすすめる
⑤ までいブランドを再生する。これまで築いてきた「までいブランド」の回復をはかるとともに、新たな産業を積極的に導入することで、活気ある飯舘村を再生する。

そのうえで、この計画できわめて重要なのは次の図Ⅰ-4-1に示す復興における村民と村との関係

第4章 原発災害からの再生をめざす村民と村

5 戻りたい人、戻れない人、戻らない人
——一人ひとりの想いに寄り添って

この「いいたてまでいな復興計画（第1版）」にもとづいて、村民と役場はさまざまな取組みを続けてきた。だがそうしたなかでも原発災害という特殊性のため、村民のなかにはさまざまな考えが生じてきた。2012年8月に策定された「いいたてまでいな復興計画（第2版）」では、この点に踏み込んだ提起を行なった。第2版にはこのように書かれている。

「飯舘村の村民の中には、一刻も早く飯舘村の自分の家に帰りたいという気持ちを持って避難生活

図I-4-1 「までいの力」の結集

である。

村が考える復興は、まずに大きく包み込むように村民の復興を掲げ、続いて村の復興をそのなかにおき、この二つを「までいの力」の結集で支えるという、総合的、一体的にとらえて進めていくという点である。村民の復興では、村民の皆さんの避難生活と生活再建を優先して支援するとしている。次いで村の復興では、村に戻ってからの生活基盤の再生と新たな村づくりを進めるとしている。

を送っている人もいる一方、避難先に新たな生活拠点を築き、何とか生活していこうとしている人もいます。特にお子さんがいる世帯の中には、飯舘村に戻りたい気持ちを持ちつつも、お子さんの健康やこれからの生活を考え、帰村を急ぎたくないという気持ちの方も少なくありません。村では、こうした多様で、複雑な思いに寄り添って、一人ひとりの村民の復興に対応する必要があると考えています。」

そのうえで、戻りたい人には、帰村に向けた生活・居住・教育環境整備と、生活を支える産業の早期再生支援、戻りたくとも戻れない人には、避難生活の支援の継続・充実、子育て世代への支援、戻らない人には、同じ飯舘村民として支援を継続し、さらにすべての人に共通な施策として、健康管理、教育、情報提供を徹底するという方針を明確化した。

こうした状況をふまえて「いいたてまでいな復興計画（第３版）」では第２版の方針をさらに具体化して、四つの重点施策、すなわち、①村内拠点の整備、②村外拠点の整備、③土地利用の見直しと森林・農地の長期的な再生、④村民一人ひとりに対する支援として体系化した。

このうち①と②は復興交付金との関連で、村民の暮らしの実態と地域の実情、再生の方向性をふまえつつも、国や県との関係でややトップダウン的に進めなければならない内容を含んでいる。③と④、とくに農地の再生、利用と村民一人ひとりに対する支援は、個々人の意向、行政区としての今後の地域再生の方向ともかかわらせて、ボトムアップ的に進めなければならない内容である。この住民主体の村の再生とスピード感ある復興とのバランスある追求が大きな課題となってくる。

第4章　原発災害からの再生をめざす村民と村

そこでこの③と④の具体化のために2013年4月以降、行政区懇談会、行政区ごとのワークショップが連続的に開催されていくようになるのである。

6　行政区懇談会から新たな地域づくり計画へ

2013年4月から6月にかけて、20の行政区すべてで懇談会が行なわれた。これは村が行なっている施策について説明するとともに、避難して苦労されている住民の意見を聞いて、復興計画へ生かしていくという、ボトムアップ的発想により行なわれたものであった。懇談会の議題は「いいたてまでいな復興計画（第3版）」、除染、賠償であった。

質疑では除染の遅れ、除染範囲、賠償の不十分さに議論が集中したが、同時に復興計画に関しては、帰村宣言の条件や時期の確認、これから村をどうしていくのか、土地利用をどうしていくのかという、復興計画での「次の手」の必要性についても意見が出されていた。

村ではそれらをふまえて、2013年7月22～26日に、「帰村後の地域の姿」を検討するためのワークショップを20行政区で、村民の意向に沿った地区ごとの再生策の具体的な検討を開始した。

当初考えていた検討課題は、地区の現状、避難指示解除時の行政区内の状況・帰村の見通し、帰村後に想定される課題、問題解決の方向性などであり、検討の前提条件を村は「除染が終了し空間線量が年間5mSv以下で農作物の作付可、帰村率50％程度、村内インフラ整備が終了、公共施設が再開」と

した。20行政区のワークショップはさまざまな意見が出たが、それらをふまえて、8月12日には「地域づくり計画と土地利用の見直しに係る行政区ワークショップ中間報告会」を開催した。そこではワークショップで出された意見を、行政への批判的な意見も含めてすべてを載せて、行政区ごとに一覧にして参加者に示した。

課題は多岐にわたるため、全体としては出された意見を次のように大きく四つの類型に分けて提示して討論を行なった。

第一は帰村の見込みについてである。年間5mSvでも安全かどうかわからない、子どもや子育て世代は戻れない、高齢者は戻るだろうが戻ってからの生活が心配、線量が高く除染で本当に低下するのか見通しがつかない。

第二は地域のかかえる課題についてである。家屋の手入れ、高齢者の帰村後の生活支援、水耕栽培・花卉などによる営農再開、再生エネルギーなど新たな産業の創出、安心して住める住環境の整備、除染への参加などの新たな就業の場の確保、農地集約・活用による収入の確保、買い物など高齢者の生活支援。

第三は市街地を中心とした地域の課題についてである。戻りたい人が地域に戻れるような環境整備が必要、環境が整えば子育て世代の帰村もありうるのでは、地域外への通勤者が多く居住環境が重要、まちの再生・商店の再開支援、高齢者の生活支援・生活サービスの提供、公共施設の再開。

第四は農業再開への思いについてである。農業が再開できるかが帰村のカギを握っている、先祖の

第4章　原発災害からの再生をめざす村民と村

土地を残したい、除染の徹底、除染後の農地の適切な管理、農業再開に向けた全量買取り・価格補償等の支援、土地の集約化・農業生産法人など新たな農業生産体制の確立。

こうした整理をふまえて、村では8〜9月にかけてより多くの村民が参加していただくことをふまえて、行政区内で話し合い（区内ワークショップ）の機会を設けていただくこととした。同時に村として、より多くの村民の考えをもとに今後の計画を考えていくために、帰村意向、避難生活の状況、行政区の課題、支援・要望に関する全村民アンケートを9月に実施することとした。このアンケートは全村民を対象とすることとして、戸主のみならず若い方、女性、高齢者などの意見をよく聞くことを目的とした。

アンケートの結果は、対象者18歳以上の全村民5598人、回答者2359人（男性1098人、女性1244人、性別不明17人）、回答率42％であった。

居住行政区の避難区域指定が解除された場合の帰村意向では、「すぐに戻りたい」14％、「数年以内に戻りたい」7％、「しばらくは二つの住居（村と避難先）で生活したい」16％、合計37％が将来的には村へ戻りたいと考えている。一方「もう戻るつもりはない」26％、「現時点ではまだ判断がつかない」27％であった。年齢別では高齢者ほど「すぐに戻りたい」が多く、「もう戻るつもりはない」「判断がつかない」は10〜40代に多く見られる結果となった。「どの様な条件が整えば村に戻りたいと思うか（主なものを3つまで）」で主な回答は、「住宅、農地の線量が一定以下に下がったことが確認できたら」928人、「近所の住民も村に戻ったら」754人、「村内の公共施設、商店が再開したら」

127

７４３人、「現在国が実施中の住宅、農地の除染が完了したら」５７６人であった（回答者数１５１５人）。

「戻らないと考える理由（主なもの３つまで）」で主な回答は、「戻ってももとの生活が送れるとは思えないから」４９２人、「将来的にも子どもが安心できる線量が実現できると思えないから」３７２人、「将来的にもご自身が安心できる線量が実現できると思えないから」３５５人、「村外に家を購入した（建てた）、あるいは購入する（建てる）予定だから」１８０人であった（回答者数６１４人）。

こうした行政区内での話し合いとアンケートの結果をふまえて、10月21～25日に第２回ワークショップが20行政区で開催された。そこでの討議内容は、第一に帰村意向、地域課題について、第二に行政区のめざす方向性について、第三に地域における重点的な取組みについて、第四に村や県、国への要望事項についてであった。

行政区ごとに話合いのための基礎データとして、震災前の世帯数、人口、老人クラブ、婦人会などの参加人数が示され、さらに7月の第一回ワークショップで出された意見、9月のアンケート調査結果の村全体ならびに行政区別集計が提示された。

各行政区の方々、役場のコミュニティ担当者などがテーブルを囲み、行政区の地図を前に、地区の課題や情報の共有を行なった。

ある行政区の話合いのなかでは、徹底的な除染を前提として、地域の今後の土地利用を検討し、区の中心に位置する圃場整備がすんだ水田では稲作を、それにつぐところでは飼料作稲を計画し、さら

第4章　原発災害からの再生をめざす村民と村

に施設ハウス用地やみんなのたまり場の設置を検討し、それでもなお作付けが厳しいところには太陽光発電のソーラーパネルを設置する計画を立て、そのイメージを地区の地図におとす作業を開始した。今後優良農地の保全とその他の土地との線引きや事業主体など課題は残されているが困難ななかでも一歩前へ進もうとしている姿を見てとることができる。

11月27日にはこのワークショップをふまえて、「第2回中間報告会」が開催された。特徴的な四つの行政区の事例をもとにして報告が行なわれた。

第一は長期的な時間軸での復興に対する取組みを求める地域である。時間軸を見据えた村内拠点づくり・人生設計を大事にする、「戻る人」・「戻らない人」双方への対策が必要、村と連携した村内拠点施設の整備、営農再開とどのように向き合うかが最大の課題、「戻る人の土地」と「戻らない人の土地」を整理していくことが大切、家屋・集落の手入れに関する支援、地域・個人に対する15年スパンの支援策・制度設計など。

第二は市街地再編に取り組みたい地域である。村の商業・サービス中心としての再生と生活環境の整備、帰村意向確認のうえ10年後を展望し暮らしやすいまちにつくり直すことも検討、単独の高齢者のために集合住宅の用意や見守り隊継続、子育て世帯にも暮らしやすい街、若者世帯向け住宅・子育て支援センターなどの整備、老人福祉施設・老人向け集合住宅整備など。

第三は個人個人の帰村判断を尊重し支援してほしい地域である。避難している間も元のご近所の人たちと集まる機会を設ける、出かける機会が少なくなった高齢者の精神・健康状態などのケア、戻る

人と戻らない人とが対立しないようつながる関係の構築、帰村後安心して生活できるための精神的なサポート、避難生活の期間の明示、個人の帰村判断の尊重、帰村が判断できる施策や情報提供など。

第四は農業再開に向けて積極的に動いている地域である。農地について条件に応じた農業再開、条件の良い農地→特別栽培米・条件の悪い農地→和牛繁殖・ハウスによる花卉栽培、特区を利用し太陽光発電、若者に負担をかけない集落営農、高齢者の買い物サポート、帰村後の買い物等のサポート、帰村後の生活や農業の道筋の提示など。

事務局からの説明の後、当該の四つの行政区から代表者が現状やこれからの計画について報告し、参加者は自分の所属する行政区とは違う区の動きを知り、相互に共通認識とする努力が行なわれた。

またこの報告会では、村民アンケートの中の自由回答で要望として多かった点も参加者に示された。これらの課題は一地方自治体の行財政の守備範囲では対応できないことも含まれるが、そこをふまえつつ村として、できることとできないことを整理し、可能なものは急ぎ対応策を考えていくこととした。これは「復興計画（第3版）」の「村民一人ひとりに対する支援の継続・拡大」の具体化をすることにつながっていく。

こうして2回にわたる全行政区でのワークショップの中間まとめがなされ、ここで出された各行政区の地域づくり計画（案）をもとに、さらに各行政区で詰めて、それを「復興計画（第4版）」に反映させていくこととなった。

農業に関しては、7月22〜26日のワークショップの際に前提条件とした、「除染が終了し空間線量

第4章 原発災害からの再生をめざす村民と村

が年間5mSv以下で農作物の作付可、帰村率50％程度」と、9月の住民アンケートの結果（村内での農業再開意向から帰村農家数推計値333戸）をふまえ、次のような検討が開始されている。

被災前の概況。農家戸数1640戸（農地基本台帳登録数・農地所有者）、耕作面積（田）1200ha、同（畑）1100ha、農用地面積2550ha、基盤整備済面積810ha。

おおむね5年後の推計。帰村農家戸数推計約300戸プラスα、耕作面積（田）720ha（基盤整備済農地）、同（畑）90haプラス生きがい農業で活用する農地、それに除染廃棄物の仮々置き場利用面積200ha。

こうしたデータを念頭におき、除染、農地保全、営農再開のイメージは次のように想定される。まず現在は当初計画よりは大幅に遅れているが、①除染が農地も含めて進行している。そして②今後3年程度は除染後の農地管理（除草など）が必要になる。その後には③試験栽培が行なわれ、併行してナタネ、レンゲ作付けなどによる地力回復のための試みが必要となってくる。さらにその後の④5年後くらいから生産再開、出荷が行なわれる方向で検討を進める必要がある。②③以降ではバイオマスエネルギー作物の作付けも検討対象となる。

②③④の段階では、福島県営農再開支援事業（3.5万円／10a、除染後農地）を活用できる。帰村農家数が多くないことを前提とすれば、農地の集積が必要になり、そのための農地の中間管理機構、集落営農の再建・再編成が課題となる。

問題はその後生産が再開できても売れるかどうかである。原発災害により飯舘村の農家はまったく

責任がないにもかかわらず、その農地は「条件不利不利農地」となってしまったのであるから、それに対する補償が長期的に必要となってくる。条件不利地域対策である中山間地域等直接支払制度を拡大、援用するような交付金による支援策が不可欠となっている。この制度の拡大、援用では、すでに津波被害による塩害地は条件不利地域として制度の適用対象地となっている。
また復興交付金による農業施設建設、再建等のハード事業、避難農業者一時就農支援事業のようなソフト事業の村内への適用も必要となっている。
少ない人数になると予想されるからこそ、人間を大切にした施策が必要になっている。
「復興計画（第4版）」は、こうしたボトムアップ型、住民参加型の課題とともに、村内、村外の拠点エリア整備のややハードな構想も含めて、2014年春までにまとめることとなった。

7　村の内外で前を向いて進む人たち

こうした動きと併行して、避難しているかーちゃんたちが力を合わせて農産加工、レストラン運営に取り組む「かーちゃんの力プロジェクト」が動いている。
このプロジェクトは震災以前から飯舘村で、村のオリジナルじゃがいも「イータテベイク」やかぼちゃ「いいたて雪っ娘」の特産化をめざし、「イータテベイクじゃがいも研究会」をつくり、また加工施設「までい工房美彩恋人（びさいれんと）」を立ち上げていた渡邊とみ子さんと、福島県内の首長と研究者とで地

第4章 原発災害からの再生をめざす村民と村

域づくりに取り組んでいた福島大学・小規模自治体研究所とが、震災後意見交換したことから始まった（2011年10月発足）。

まず避難先のかーちゃんたちを一人ひとり探し出し、現在の生活や心境について聞き取りを行ない、そのなかから「支援されているばかりではダメ」「もう一度何かをつくりたい」との声が起こり、2011年12月に「結もちプロジェクト（新潟のもち米で餅をつくって販売）」を行なった。

2012年1月に「かーちゃんの力プロジェクト協議会」を女性20名ほどで設立し、阿武隈渓谷近くの空き店舗「あぶくま茶屋」を借りて、漬け物、惣菜、お菓子などの加工、製造、販売を開始した。

6月には一般社団法人として法人化し、12月には福島駅前にレストランも開業した。

さらに2013年11月には、漁業自粛で苦労をしている相馬市の「相馬はらがま朝市クラブ」、観光客の落ち込みや風評被害で苦しむ福島市の「飯坂温泉たまご工房」などとともに、一般社団法人「四季（フォーシーズン）」を設立し、農畜産加工、水産加工の再生をめざす取組みも開始した。

このほかにも、避難を余儀なくされている女性たちの特技を生かした活動を展開している「いいたてカーネーションの会」がある。高齢のお裁縫の名手である菅野ウメさんを師匠に、和服を「までい着」として再生し、生きがいから帰村へつなげようとする活動である。

避難で仮設住宅に籠もりがちだった女性を、仮設住宅の管理人をしていた佐野ハツノさん（『若妻の翼』第一期生）が訪ね、参加を呼びかけた。以前村の家庭では古い着物を普段着などに直して使う習慣があり、それを復活しようというものであった。この活動はマスコミに取り上げられ、全国から

着物が届き、販売にも首都圏のデパートが協力してくれることとなった。支援を受けるだけではなく、いつか村へ戻る日のために、皆で働いて、自立して生きる力をつけようとする活動が続いている。

良心的な研究者のボランティア集団である「NPOふくしま再生の会」は、避難を余儀なくされた村民の方々と協力して、その方々の土地・家屋を活動の拠点として借用し、村民や支援をしてくれる大学生たちとともに次のような活動を行なっている。

放射線・放射能を測る——モニタリング／生活の再生——放射線を減らす・避けるための各種実験（家屋、農地、山林の除染実証実験など）／産業の再生——生産再開のための基礎データ収集（燃料用作物の栽培実験、汚染樹木からの材木生産など）／避難生活の健康ケア／世界への情報発信——原発被災の実態を世界へ

2012年8月結成の村民有志による「いいたて復興志士の会」の活動も注目に値する。この会の指標は「早期帰還を目指します！」「一人一人の復興と再生を目指します！」「住むことに誇りが持てる村を創ります！」である。

村長と住民主体の取組みについて懇談、各種除染実験の検証、農研機構によるセシウム吸着実験、復興政務官との除染事業や復興ビジョンについての懇談、会員による「復興桜の集い」、福島大学うつくしまふくしま未来支援センターとの情報交換などを続けている。

さらに農業の継承という点では、避難先で村などからの支援を受けて畜産、花卉などを復活させ、

第4章　原発災害からの再生をめざす村民と村

「までいブランド」の継承をはかっている方も多数いる。

復興交付金のなかの被災地域農業復興総合支援対策事業ならびに福島県の避難農業者一時就農等支援事業、園芸産地復興支援対策事業、耕作放棄地再生利用交付金事業などを村が導入して行なった支援実績は、パイプハウス、付帯施設、農機具などで、2012年度花卉7件、和牛8件、野菜等11件、13年度は花卉1件、野菜等6件であり、2014年度の計画も立てられている。このように飯舘村民はただ単に避難をするというのではなく、それぞれの農業経営と村の再生をめざして、飯舘「までいブランド」の継承をめざして、次代へ「たすきをつなぐ」気持ちで奮闘しているのである。

8　住民参加の放射線計測

こうした動きを背景として、「いいたて復興志士の会」の会員のいる地区で、住民自らの手で圃場の放射線を計測し、そのデータにもとづいて、今後の営農の再開に向けての対応を考えようという積極的な動きが出てきた。

2013年9月から住民参加の放射線計測の話が具体化し、10月から11月にかけて計測が行なわれた。この計測は二つのチームの協力により行なわれた。

一つは新潟大学農学部の野中昌法氏、アイソトープ総合センターの後藤淳氏、内藤眞氏などを中心とする「毘沙門チーム」である。もう一つは福島大学うつくしまふくしま未来支援センターの石井秀

樹氏、小松知未氏、服部正幸氏などを中心とする福島大学チームである。

「毘沙門チーム」はすでに二本松市東和地区、南相馬市小高地区で計測と農業支援の経験があり、GPS連動型放射線測定システムBISHAMONを使い、自動車に搭載した計測器で道路、農道に沿った放射線計測を行ない、さらに計器を背負い歩行によって、あぜ道などに沿った計測も行なうというものであった。これは調査地点を線的につなげていく計測といえる。

福島大学チームはJA新ふくしま管内、伊達市霊山町小国地区での放射線計測と対策への実践的経験があった。ベラルーシ製のNaI（Tl）シンチレーション検出器で、農地表面に120秒間設置することにより、土壌中のCs134と137、K40を定量評価し、自動的に位置情報も測定できるものである。同時に圃場から土壌を採取し大学に持ち帰り、採取土壌を深度別にスライスすることによって土壌中のどの深さに放射性物質があるかの判定も行なえるものであった。こちらは圃場の中の数点を計測するという、面的な広がりをもつ計測であった。

計測前夜には住民に計測方法、内容の説明を行ない、翌朝地区の古峯神社の清掃を行なった後、計測を行なった。計測には地区のほぼすべての家から参加があった。

実際の計測で大切だったことは、「毘沙門チーム」の自動車に住民が乗って自ら計測し、福島大学チームに加わった住民は計器を操作し、実際のデータをリアルに計測した。まさに地域住民が自ら体験的に放射能に対峙したのであった。そのなかから圃場ごとに放射線量にかなり差があることやモデル除染をした家の敷地内は線量が低くなっているということもつかんでいった。計測終了後には、昼

第4章　原発災害からの再生をめざす村民と村

食会を兼ねて報告会を行なった。

12月には計測結果報告会が開催され、新潟大学、福島大学から結果の報告があった。器械測定の技術的側面、自分の家のまわりの線量、数値をどう評価していくか等の質問が出て議論を行なった。今回の計測は国による住宅、道路、農地等の除染前の計測であるため、除染後線量がどのように変化したかということを見るために、除染後の計測を再度行なうことを確認した。

この計測は新潟大学、福島大学がそれぞれ行なっていた住民参加型の放射線量計測を、線と面を統一して計測するという研究協力の成果であり、それを今まさに村の再生をかけて奮闘している飯舘村で、村民が自ら主体的に計画し、参加して行なった意義はきわめて大きいといえる。

この計測の主体は地域の農家であり、研究者はそのサポートをする。そして測定することを復興の起点とし、農業・農村の再生が最終目的であることを明確に意識している。そして得られた知見を共有し、研究者は計測した結果を大学へ持ち帰り論文化するだけでなく、農家と共同で真実をつかみ、それを地域へ還元するという姿勢が鮮明である。

計測を行なった住民からは、「たとえ厳しい結果が出たとしても、その現実を見つめて、次の世代への『たすき』をつなぐ役割を果たしたい」との言葉が出ている。

この地区の人びとは、避難後も月一回集まって情報交換、交流を続けており、そうした活動を背景として、厳しい現実のなかでも逃げずに、科学を基礎として、前向きな明るい考え方を貫いているといえる。これまでの行政区を軸とするむらづくりの伝統が、今、この困難な局面から地域の再生をめ

ざすなかで生かされてきているといえる。

9　全国の経験を福島へ、福島の経験を日本へ

原発災害は人の心を分断していく危険性をもつ。飯舘村の除染から帰村をめざすという方針に批判的な考え方をもつ人が存在することも事実である。放射線の影響に対する反応や対応はひとさまざまである。

それに加え今、避難区域を線引きし補償金に差をつける提案が出てきている。これがまた地域住民の分断に拍車をかけている。こうした区域を指定し、それによって補償金に差をつけるということをやめ、村へ戻りたい人、戻りたいが今は戻れない人、戻らない人それぞれが希望する道を選択し進んでいけるように、各自の選択した生活再設計の内容、条件に即した、その意味で公平な補償を考えるべきではないであろうか。新たな差別、分断は絶対に避けるべきである。

こうした、ひとそれぞれの生き方の選択を尊重し、それを相互に認めあって、互いに補い合いながら進んでいくという考え方は、東日本大震災、原発災害被災地のみならず、これからの地域の再生、日本の再生にも生かしていける考え方ではないであろうか。

今、飯舘村では多くの方々が、苦しいなかでも、村に基盤をおき、地域と住民の暮らしの再生をめざし奮闘をしている。その方々の努力とその精神の気高さには胸を打たれるものがある。困難ななか、

第4章　原発災害からの再生をめざす村民と村

新しい時代を切り開いていくのはこうした力であるといえよう。
ある村民は「元通りの村に戻れないのだったら、もっともっといい村にしていくしかないね。問題山積だけれど、こんなに考えたことはない一年だった。村民はみんな哲学者になったよ」と述べている。
私たちはここから深く学び、それぞれの立場から、知恵を尽くして、可能な限りの支援を長く続けるとともに3・11後の新しい地域をつくり出していく努力をしていく必要があるのではないであろうか。全国の内発的なまちづくり、むらづくりの思考、実践の経験を、東日本、福島の再生へ生かし、同時に東日本、福島の再生の思考、実践のなかから、日本や地域の再生の芽を見いだしていく。そのなかから新しい時代を生き抜く力を見つけ出し、福島、地域、日本をつなぎ、学びあい、相互にスパイラル的に支え合いながら進んでいくべきときではないであろうか。
「までいの村に陽はまた昇る」、日本各地に新しい陽が昇ることを願って。

注

（1）こうした動きと克服の方向性については、赤坂憲雄「やがて、福島がはじまりの土地になる」岩波書店『世界』2013年1月号、トム・ギル「場所と人の関係が絶たれるとき」トム・ギル、ブリギッテ・シテーガ、デビット・スレイター編『東日本大震災の人類学』人文書院、2013年、赤坂憲雄・小熊英二・山内明美『東北』再生』イースト・プレス、2011年。

（2）村内に残ったホームや事業所はその後も継続して運営をしているが、勤務先が村内、住所が村外であり、通勤困難などの理由で従事者の減少や一部事業所の休業が見られた。しかし「いいたてホーム」では、「あした命が終わるとしても、いつものように今日もお風呂に入ってもらう」「職員は最後の一呼吸まで手を抜かない」「精一杯やる。だから亡くなった時に後悔の涙は出ない」と奮闘を続けている。詳しくは「プロメテウスの罠　残ったホーム」朝日新聞2013年12月10日～12月31日を参照のこと。また除染作業が進むにつれて、金融機関、ガソリンスタンド、自動車整備工場、建具製造業などが村内で事業を再開し、その数は2013年11月末で28事業所となっている。

（3）「までい」特別編成チーム編『続までいの力』SEEDS出版、2012年。

（4）飯舘村の地域づくり、地域再生の動きを検討するには次の文献が重要である。飯舘村「いいたてまでいな復興計画」第1～3版、2011～2013年、境野健兒・千葉悦子・松野光伸編『小さな自治体の大きな挑戦―飯舘村における地域づくり―』八朔社、2011年、菅野典雄『美しい村に放射能が降った』ワニ・プラス、2011年、「までい」特別チーム編『までいの力』SEEDS出版、2011年、同編『続までいの力』SEEDS出版、2012年、千葉悦子・松野光伸『飯舘村は負けない』岩波書店、2012年、寺島英弥『悲から生を紡ぐ』講談社、2012年、重松清『希望の地図 3・11から始まる物語』幻冬舎、2012年。

執筆：：守友裕一（宇都宮大学農学部）

「おカネの世界」から「いのちの世界」へ

菅野典雄（福島県飯舘村長）

第三の転換期

21世紀に入る少し前、ある大学の先生から「21世紀はバランスの時代」だという話を聞いた。あまり聞いたことがない言葉であったが、ものすごく心に響いた。

そのあと村の合併問題、一般的な行政の問題そして今回の避難の問題を考える際に、すべてこのバランスの考えに助けられ、それを考え方の一つのベースとして村政運営を行なってきた。

２０００年頃から多くの有識者が日本は第三の転換期に入ってきているといっていた。

第一の転換期は明治維新でそこから新しい日本がスタートした。第二の転換期は第２次大戦後で、そこから民主主義の日本がスタートした。それから50～60年経って日本は大きな転換期に入った。しかしそういわれながら、結局それに気づかないできて、原発事故が起きて、今日本中、とくに福島県が、またとくにわれわれが大変な思いをしている。

では第一の転換期で何が滅びていったのかといえ

ば、武士が滅びその時代が終わりを告げた。
第二の転換期は軍人の時代が終わりを告げた。日本は戦争に敗れたことによって平和ななかで60〜70年生きてくることができた。これは戦争で貴い命を失った多くの方々の犠牲のうえに立っている。何もない時代に一所懸命なんとかしなければと、荒廃したなかから日本をつくってきた先人のおかげで、今このような平和な日本に生きていられるということである。その次の第三の転換期では何が滅びていくのか。一言でいえば、時代の流れを読めないものが滅びていくといってよい。

ゆったりと流れてきたこれまでの日本と違い、スピード感のある変化をしており、世の中とはこういうもの、家庭とはこういうもの、会社とはこういうもの、大学とはこういうもの、自治体とはこういうものという考えをもって、そこから一歩も脱却できない固い頭をもっていたのでは、家庭とて会社とて自治体とて滅びないという保障はないというのが第三の転換期なのだという感じがする。意識して頭を柔らかく、真っ白にして、あるいはゼロに、オフにし、バランス感覚をきちんともっていないと大変なことになると思いそこに意を用いていきた。

「スローライフ」を「までいライフ」へ

2004年からの村の10か年計画を立てるときに、スローライフという考え方でつくってくれないかとただちに提起した。するとただちにブーイングや非難の声がたくさんきた。「もう道路はつくらないのか」「農業振興はしないのか」「役場の悪いところはスローなのにさらにもっとスローにする気か」と。けっしてそんなわけではなく毎日職員にはもっとスピーディにやるよう話している。しかしなかなか理解されないと悩んでいたら、職員のなかから、「村長の言わんとするスローライフは、までいライフという言い方に置き換えてもいいのではないか」という話が出てきた。

「までい」とはわれわれが子どもの頃から言われ、使われてきた方言である。ぴったりではないが、た

「おカネの世界」から「いのちの世界」へ

しかに近いかもしれない。皆さんからなんだかんだ言われるよりそのほうがいいかもしれないということで、「までいライフいいたて」という10か年計画をつくった。それに沿っていろいろなことをやりながらそろそろ後半戦の7年目に入ろうとしたときに原発事故にあって全村避難となってしまった。

スローライフはすべてスローにしろといっているわけではなくて、ちょっとスピードを落としてみませんかということである。走っている人はちょっと歩いてみる、歩いている人はしゃがんでみると足元のきれいな花も見えるかもしれない。こういうつもりでいたわけであったが、これまでとは違うという、ちょっとしたところを住民の皆さんにどうお知らせしなければならないのかということが課題であった。

たまたま乗った飛行機のなかで見た松坂慶子主演の映画「卓球温泉」をヒントに、「あ！これだ」と思い、「までいライフ思いやりピンポン大会」を行なうことを考えた。

ふつう卓球は強い球を打って相手を倒して勝つというルールである。誰もがこれが卓球だという固定観念があるであろう。しかし私の村の卓球は、相手に返しやすい球を打ち返し、一定の時間に何回続けられるかを競うという思いやりのラリーである。これは今も続けており、親子の部、子どもの部などがある。いちばんおもしろいのは夫婦の部で、奥さんはやさしい球を返すのに、男は単純だから時たまい球がくるときつく打ち返す。そうすると見ているまわりから「なんだ、お前30年も寄り添った思いやりが、その球か」と茶々が入り、あちこちから笑いが起こるなごやかな大会になる。

ちょっと基準を変えると今までできなかったいいものが醸し出されるということで、それが「までいライフ」だよということで、一つの例としてやってみたわけである。

時代の流れは、基本的には「自主、自立」そして、「ないものねだりから、あるもの探し」、あるもの活かしていく時代に入っているのではないか。あるい

は循環社会をつくっていくことが大切な時代に入っていくということではないのか。こういうなかで「までいライフ」ということで進めてきた。

「までい」は、村ではふつうに使われていたが、それは一部でしか使われていない方言なのかということで、その語源があるのかないのか調べたところ、まちがいなく辞書にあった。「真手」と書いて「まて」で、左右そろった手、両手と説明があった。お茶を出すのも両手でどうぞと出すのがほんとうにていねいであり、基本といわれている。小さい頃キャッチボールで、両手で捕ると落球をしないと教えられてきた。

両手という意味から、かなりの日本語が浮かんでくる。ていねいに、大切に、念入りに、つつましく、手間ひまを惜しまず、心をこめて、じっくりと、もったいない、あるいはもっといくつもの言葉があるかもしれない。

そうすると「までい」は、これからは心していかなければならない日本語であるといえる。

黛まどかさんという俳句の先生がいるが、日本の良いところをもういちど見つめ直そうとして、「日本再発見塾」を開いた。その第3回日本再発見塾は「までい」という言葉に目をつけて飯舘村で行なわれた。マラソンランナーの増田明美さんを含め、40～50人が東北や九州から集まってくれ、村の公園につくった、「愛の句碑」の掃除もしていただいた。

おカネをかけずにできるアイデア

自主・自立、循環社会とは、ないものねだりではなく、あるものを活かし、アイデア勝負ということである。

今まで隣のところに文化ホールができたからうちの村や町にもということでどんどんつくってきて、できてから稼働率がどうのとか、維持費がかかるという話が出てきている。もちろんないよりはあったほうがよいのだが、私の村にはそうした施設はなかなかできなかった。

そこで、私の村ではホールをつくるかわりに「ハ

「おカネの世界」から「いのちの世界」へ

ーフチケット制」を考えた。どこかに行ったついでに劇でも何でも見てきていいよ。その半券を持ってきてくれれば、料金の半分のお金を村で出しますよというものであった。今から20年以上前に導入した。個人にお金を出すのはそれまで日本の行政制度上タブーであったが、そういう発想をすればそんなにお金をかけなくても、今までできなかった文化に触れるということができるようになった。

3人目の子どもから「までい子育てクーポン券」を発行した。1000円×50枚で、村でしか使えない。養育費、幼稚園費等を含めて使ってよい。村でお金を出しているわけだが、お金を出すだけではそのお金は村外へいってしまうわけで、村内でしか使えないクーポン券にした。現在はみな避難していて残念ながら村内で使えないので、プリペイドカードと図書カードで代替している。

それから中学校へ中古のバスを用意して子どもたちのクラブ活動のための足を確保していたが、バスが壊れたので中古でもいいから買ってほしいとの話

がきた。せっかく子どもたちががんばっているのだから新しいバスを買ってあげたいものだと思い、バスを買ってあげよう、ただしバスを買うための債券を発行していこうという話をした。職員は、「村長はまたやっかいなことを始めた」と「手間ひま惜しみますが『までい』ではないですか」ということで、5万円と10万円の債券を発行した。

おカネのあまりない方に買っていただくわけだから、「よし！」と飛びついてもらわなければならないと考え、「1年で3・3％、3年で10％の利子をつけて返します」という話をした。マスコミは直ちに報道してくれたが、さっそく総務省からクレームがつけられた。「何事だ、そんな高い利子、3年なんて短い、そんな債券今まであり得ない、どういうことか」といって、2回か3回説明文書の提出を求められた。

どうもらちがあかないので総務省の担当のところへ行って説明して、了解してもらってきた。ふつうお金がないから、多くの方に出していただくとい

のが債券だが、私たちの村はそういうつもりではなくて、みんなで次の世代に手を差し伸べていく環境、土壌をつくっていくための債券なのだ。そこを理解をしてもらわなければならない。

なぜ3年か。それは10年というと、孫のために債券を買おうとしたおじいさん、おばあさんは、自分は生きていられない、「俺は出しっぱなしになるな」と考える。しかし3年なら生きていられるから、「それでは出してやろう」と思うとなるであろうという説明をしてようやく了解をもらった。

村をゴーストタウンにしないために

そんな村が、計画的避難区域に指定され、全村避難となってしまった。村は福島第一原発から30km圏に入る地域は少しで、ほとんどが40〜50km圏と離れており、これまでは原発に関して心配はない地域と思ってきた。

震災後、原発近くの町から1200人が村へ避難してきたため、学校の体育館など各所を開放してその方々を受け入れ、住民や役場の全職員で食事やお風呂などの対応をした。しかしだんだんと飯舘村は放射線量が高い、水が飲めない、土壌が汚されているということで、結果的には全村避難となってしまった。

全村避難になるということで考えたのは、村をゴーストタウンにはしたくないということであり、避難はしなければならないが、何か少し村のなかに動きがつくれないかということであった。

計画的避難区域では放射線量が年間20mSvを超えるので、おおむね1か月以内に避難しなさいというのが国の命令だった。しかしよく調べてみると室内は線量が非常に低い。ということは避難したあとでも、避難先から村に通って室内でできる仕事をすれば年間20mSvを超えない。

先に避難していたほかの町村では、高齢者で施設や病院にいた人も、その移動、転院などで7〜8時間の移動を余儀なくさせられて、「それが国のやることですか」と言って、国に

「おカネの世界」から「いのちの世界」へ

認めてもらって特別養護老人ホームも含めていくつかの企業も村内に残させていただいた。

飯舘村は他町村より後の避難になったので、近辺の避難先は全部埋まっていて近くの避難場所はなくなっていた。そのとき国は長野県や岐阜県にある避難先の一覧表を出してきてくれた。一所懸命探してくれたのはありがたいが、何のためらいもなく遠いところの避難先を出してきたところに、「心ない政治だといわれるゆえんです」といって、「お断りさせていただきます」といって村へ帰ってきた。

そこでただちに役場の職員に、村から1〜1時間半の範囲で、とりあえず第1次避難先を探してくれとお願いして探させた。その後仮設住宅ができてそこなどへ第2次避難がなされた。そのあと若干の移動はあるが、現在村から1時間以内の所に約90％の方々が避難しているという状態となっている。それだから今いろいろなことができるといえる。

学校も中学校が7割、小学校が6割の生徒が、それぞれ村外に飯舘村として建てた自前の学校に通っ

ており、スクールバスを使って通学体制を保っている状態である。

福島市のある小学校は生徒数が40人くらいだが、6年生は1人しかいない。ある町は2年半たった時点でまだ学校を一つも再開できていない。あえてこういう学校の話を出したのは、この放射能問題は教育面でもそのくらいひどいボディブローを私たちに与えているからである。われわれもこうした事態はけっして他人事ではないと感じ、ものすごく危機感をもってやってきているわけである。

原発事故が家族と村に分断を生み出す

避難をしてみてわかったこと、しみじみと味わわされたことは、放射能の災害はほかの災害とはまったく違うということである。災害にはいろいろある。重い軽いをいえば今回の災害で、地震や津波で家をなくした方や、家族が亡くなった方が何倍も何十倍も重いといえる。私の知り合いでも定年間際の方で、妻と嫁と孫を亡くした方がいる。定年間際だから老

後の楽しみをいろいろと考えていたと思う。それがすべて流されてしまった。だからそちらのほうが何倍も重いといえる。しかし心に傷を負って涙を流し苦しんでも、かなりの方々は、いずれか何年後かに天災だから仕方がないな、ゼロからスタートしようというときがくると思う。

しかし放射能被害はマイナスからゼロに向かって進んでいかなければならない。長い間、世代を超えて不安と闘いながら、汚された土地と闘いながらゼロに向かって進んでいかなければならない。

ほかの災害はどんな災害でも力が結束する。家族のなかでも、地域でも、自治体でも結束できる。しかし放射能の災害はそのまったく逆で、分断の連続である。家のなかでも誰が悪いわけでもない。放射能に対する感じ方は百人百様である。私の年代と小さな子どもをもつ年代とでは違って当たり前である。夫と妻とも考えが違う。考えの違いから離婚した夫婦もかなりあるという。

一所懸命みんなでやってきた飯舘村のなかでも、放射線の高い地区と低い地区があり、それによってすべて知らず、いざ知らず、賠償金でも大きな差がつけられている。いかに「心との戦い」の対応を余儀なくされているかということが、放射能による災害の、ほかの災害との違いである。

「までいライフ」が未来をひらく

7年目の「までいライフ」なので、次のように三つにまとめて、内容を深めていこうと思っていた。

一つ目は、大量生産、大量消費、大量廃棄をして日本の経済は「発展」をしてきたわけである。しかしこれからはちょっと暮らし方を考えてみることが大切ではないか。それが一つ目の「までいライフ」ではないか。

二つ目は、日本人の誇れる国民性は何かというと、かつては、隣近所と、「寅さん、熊さん、醤油貸してよ。味噌なくなった、貸してよ」「ああいいよ」というような関係があった。日本人のいいところで

「おカネの世界」から「いのちの世界」へ

あったはずなのが、いつのまにか、全部ではないが、自分さえよければ他人はどうなってもよいという考えになってきている。もう一度新しい時代の、互いに気遣いあったり、お互いさまという土壌、環境をつくっていくことが住みよい社会をつくっていくということではないのか、それが二つ目の「までいライフ」である。

三つ目は、どうも日本人は自分で考え、自分で判断し自分で責任をとるという意識が薄い国民になってきているのではないか。むろんおおかたの人は違うとは思うが、権利だけを主張し、義務を果たさない方が、増えつつあるのではないか。

自主、自立、また役所的には、自助、共助、公助と並べるが、本来は、はじめに自助があって、がんばってもどうしようもない方に共助があり、そしてさらに公助が出てくることなのに、最初から公助を求め過ぎないのか、あるいはわれわれも公助がサービスのすべてだと思っていないか。

どうも極論に酔う国民になっているのではないか

という気がしてならない。はじめにバランスの重要性について述べてきたが、近年、物事が極論で決まってしまうことが多いように思う。

やはりバランス感覚が必要だと思う。たとえば一票の格差は憲法違反だという話がある。たしかにそのとおりである。ただそれだけを追いかけていけば、都会の国会議員ばかりが多くなり、地方の国会議員は減って、都会中心の法律だけがまかり通るということでいいのだろうか。こういうことも考えられる国民になっていかないと、みんなが極論で、「そうだ、そうだ」となって、日本は危ない国になっていくのではないかという気がしてならない。

「までいライフ」は小さな村の生き残り策と思って必死にいろいろやってきたが、この原発事故に遭ってみると、小さな村の生き残り策でもあるかもしれないが、今では日本の20～30年先の有り様が、「までいライフ」といってもいいのではないかと思えてきている。

これまで快適にもっと豊かにということで夢を描

いてきたが、それは一言でいえば、足し算的な考え方である。しかし、引き算のなかにだってほんとうの幸せがあるのではないか。

たとえばもっと豊かに、幸せにということで、日本中に電気を24時間灯してきた。これからはもし無駄な電気があれば、ちょっとずつ消していく時代に入っているのではないかなという気がする。

五木寛之さんは「下山の思想」を書き、黛まどかさんは「引き算の美学」、あるいは稲盛和夫さんは「近代文明はなぜ限界なのか」と問い、あるいは共生経済が始まるともいわれている。いろいろな形でおカネの世界だけを追いかけていれば残念ながら地方、農村は最終ランナーでしかないが、いのちの世界、心の世界へちょっと軸足をおけば、トップランナーにはなれなくても真ん中あたりを意気揚々と走っていけるのではないか。そんな気がしてならない。

次の世代に何を引き継ぐか

今、世界遺産巡りがブームのようであるが、言葉にも世界遺産があるという。

GNH（国民総幸福）を掲げるブータンでは「都会にあるものには価値がない、森にあるものにはどんな小さなものにも価値がある」と母から子へ必ず伝えるという。

スペインには「多くを持っていない人が貧しいのではなく、多くほしがる人が貧しいのだ」という非常に意味の深い言葉がある。

デンマークにはもっとどきっとする言葉がある。「年寄りたちの犯した罪の罰を子どもたちが受ける」といわれる。

われわれがもっと豊かに、もっと幸せに、もっと便利にということで求め続けてきた結果、このように人間の手に負えないものが五十数基日本に建ってしまったということだと思う。

そうすると次の世代のことを考えるとどうすればいいかということは自ずとわかってくる。エネルギー政策をどうすればよいのか。国の借金をどう考えなければならないのか。先人から受け継いだこの緑

「おカネの世界」から「いのちの世界」へ

の自然、森をどう守っていかなければならないのか。それを国策としてしっかりとやっていくという、こういうことに気づくことが、第三の転換期であって、それに気づいてこなかったということで、天はわれわれにこれほど大変な原発事故を試練として与えたという気がしている。固定観念に凝り固まらないようにすることが大切である。

以前、市町村の合併問題が出たときに、町村会の役員会のなかで、「もっと国民に地方も大切な役割を果たしていることを訴えていくことが大切ではないか」という話をしたことがある。そこで新聞に意見広告を出そうとしたが、全国紙は高くてお金がかかりすぎるということで採用してもらわなかった。それでは福島県だけでもやろうということで「福島民報」「福島民友」をまわって、こういう趣旨でやりたいのだからといって料金を半分にまけてもらって掲載した。

当時全国の自治体を300とか500にするという話が中央の政治家などから出ていた頃である。そこで意見広告のトップのキャッチコピーは「全国市だらけになったら気持ち悪くないですか」としようとしたが、大勢の人からそれは市に失礼だからやめたほうがよいといわれ、「いろいろあってそれでいい」というキャッチコピーに変えて出した。いろいろあってそれでいい、大きな国もある、小さな国もある、大きな県だって、小さな県だってある、大きな市もあって、小さな町や村があっていいのではないかと。むしろ小さな村のほうに心のよりどころがあるのではないか、そのふるさとに思いをかけよう、情熱をかけようという内容で、下のほうに「福島町村会」と書いて意見広告を出した。

震災にあった年に、今の事態のなかで世の中を鋭く見る、どんな広告が出るのかと思って見ていた。でも」。そこにこの広告が出た。「いい国をつくろう何度が飛行機からおりてくるところ、よく教科書などで見る絵が入っていた。つまりここから第二の転換期が起きて新しい日本がスタートした。そしてこれま

151

で述べてきたような経過を経て原発事故が起きた。したがってきてました、この原発事故から次の時代をつくっていこう、新しい国、新しい日本をつくっていこうというメッセージがこの広告から読みとれる。

この原発事故から成長だけがすべてではない、成熟社会の日本をつくっていくときがきていることがわかる。日本だけではなく、アメリカもおかしくなり、ヨーロッパも大変である。日本も失われた20年といって、なにか失速してきたように思いがちだが、そうではなくて成熟社会の有り様のなかで考えていかなければならないということであろう。

相変わらずイケイケドンドンでは、子どもの世代、孫の世代に危ない国を引き継がせていくことになってしまうのではないか。

先に、戦争で死んだ方々、がんばってきた方々の話を出したが、あの人たちのおかげで今があるわけだから、30～40年先に、あの原発災害で避難した人たち、その大変な思いをした福島県や福島県民のおかげで、私たちは今、世界から尊敬される日本にな

ったといわれなかったならば、私たちの今の大変さ、福島県の大変さはただの無駄花になってしまうのではないか。だから今起きていることは、東日本・東北だけの問題ではない、福島の原発の問題だけではないのだということを、できるだけ国民に訴えていくことが福島県や福島県民の役割、そして国民の役割であろうと思う。さらにまたこれほど多くの人たちが全国に散らばって避難して、各地でお世話になっているのだから、感謝の気持ちも出すことが大切であると思う。

福島県や飯舘村は、これからまだ長い闘いをしていかねばならない。それに対する国民的な合意をいただいていくことが今最も大切なことではないかと考えている。

（2013年8月8日福島市で開催された「第43回ふくしま復興支援フォーラム」での講演より）

第5章　原子力災害に立ち向かう協同組合

1　原発事故と農業・農村

　東京電力福島第一原子力発電所事故から約3年が経過した福島県では、放射能汚染問題、風評被害が継続しており、農業現場では営農意欲の減退から離農が促進されている。さらに、農村内部には、地域の営農を支えるさまざまな資源、組織、人間関係が避難の長期化により困難な状況に直面している。日本農業を維持・形成してきた農村内部の関係性（社会関係資本）が存続の危機に立たされている。今回の原子力災害の最大の問題は、放射能汚染により農産物が売れないというような単純な話ではなく、農業という産業と暮らしの空間（地域）自体を大きく毀損したことである。福島県では、地域の担い手や集落での営農方式などが受けた損害からどのように地域農業を再生させ

るのかが大きな課題となっている。福島県の中山間地域においては、以前から、担い手不足や農業者の高齢化、耕作放棄地の増大などが深刻な問題であったが、これらの問題がいっそう深刻なものとなった。原子力災害後の土地利用の再編や地域営農システムの再構築は急務であり、地域農業の再生に向けて、協同組合が大きな役割を果たすことが期待されている。しかし、原子力災害が地域農業へ与えた影響は未だ明らかにされておらず、また、原子力災害に対するJAの取組みについては、状況がいまだ流動的であることもあり体制を十分に構築することが困難な状況にある。

そこで本章では、原子力災害以前の福島県農業の特徴を確認したうえで、原子力災害が地域農業に与えた影響と損害状況を明らかにする。そのうえで、放射能汚染から食と農の再生に向けて、福島県における農家・農村・JAの取組みを紹介する。

2 福島県農業の特徴と地域性

震災前の福島県農業は、販売農家における70歳以上の農業就業人口割合が48％、65歳未満の専従者がいる販売農家割合27％、福島県総農地面積に占める耕作放棄地割合15・4％、認定農業者割合9・2％、50万円未満販売農家割合29・6％という農業構造を有していた。このようななか、小中規模の家族経営層が個別経営体として自立的に経営を継続することは困難であるという課題を抱え

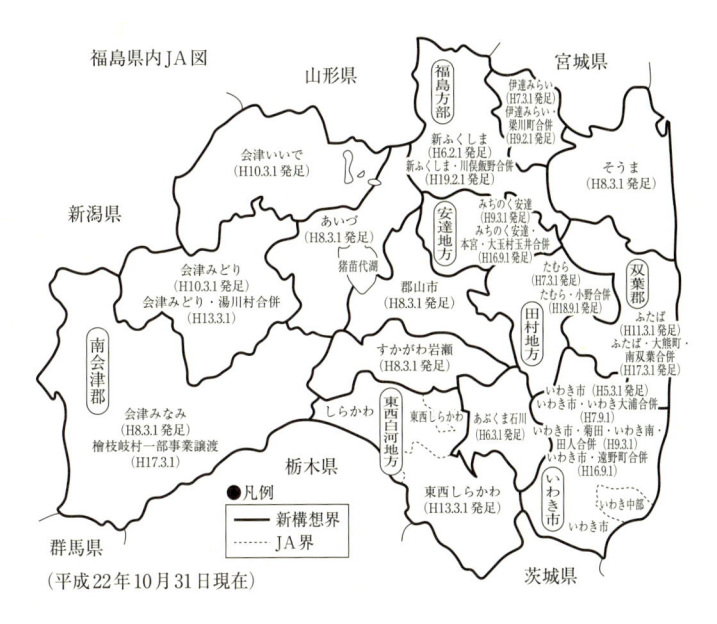

第5章　原子力災害に立ち向かう協同組合

福島県内JA図

図中のラベル：
- 福島方部
  - 伊達みらい（H7.3.1発足）伊達みらい・梁川町合併（H9.2.1発足）
  - 新ふくしま（H6.2.1発足）新ふくしま・川俣飯野合併（H19.2.1発足）
- そうま（H8.3.1発足）
- 会津いいで（H10.3.1発足）
- あいづ（H8.3.1発足）
- 安達地方
  - みちのく安達（H9.3.1発足）みちのく安達・本宮・大玉信夫井合併（H16.9.1発足）
- 会津みどり（H10.3.1発足）会津みどり・湯川村合併（H13.3.1）
- 郡山市（H8.3.1発足）
- 田村地方
  - たむら（H7.3.1発足）たむら・小野合併（H18.9.1発足）
- 双葉郡
  - ふたば（H11.3.1発足）ふたば・大熊町・南双葉合併（H17.3.1発足）
- 南会津郡
- すかがわ岩瀬（H8.3.1発足）
- 会津みなみ（H8.3.1発足）檜枝岐村一部事業譲渡（H17.3.1）
- しらかわ
- 東西しらかわ
- あぶくま石川（H6.3.1発足）
- いわき市（H5.3.1発足）いわき市・いわき大浦合併（H7.9.1）いわき市・菊田・いわき田人合併（H9.3.1）いわき市・遠野合併（H16.9.1）
- 東西しらかわ（H13.3.1発足）
- いわき中部
- いわき市

●凡例
― 新構想界
‥‥ JA界

（平成22年10月31日現在）

図Ⅰ-5-1　福島県における広域合併農協

資料：福島県農業協同組合中央会資料。

てきた。担い手問題、高齢化問題、耕作放棄地問題への対処に関しては、調整主体として集落・行政・JAなどの機能の発揮が課題となっていた。

しかし、現実には、自治体・JAの合併問題、自治体の財政問題、JAの経営問題など、マイナスの要因が存在し、集落、地域（産地）のコーディネート機能の低下、あるいは地域間での偏在化が指摘されてきた。

図Ⅰ-5-1は、福島県地図をJA区分で示したものである。福島県の農業地帯は大きく三つのブロックに分かれている。西側から会津地方、中通り、浜通りと呼称されている。原子力発電所はJAふたば管内に立地していた。

このようななか、2012年11月16日開催の第38回JA福島大会において、福島県内4JA合併構想を決議し、16年3月合併を目標に準備を進めている。4JAへの合併構想は、①会津方部（JA会津みなみ、JAあいづ、JA会津いいで、JA会津みどり）、②県南方部（JAすかがわ岩瀬、JAあぶくま石川、JAしらかわ、JA東西しらかわ）、③県北・浜通り北方部（JA新ふくしま、JA伊達みらい、JAみちのく安達、JAそうま）、④県中・浜通り南方部（JA郡山市、JAたむら、JAいわき市、JAいわき中部、JAふたば）となっている。現在、合併協議の具体化を詰めている段階である。

3 原子力災害による福島県農業の損害

(1) 福島県農業の損害

福島県農業およびJAに与えた影響を確認する。原発事故以前（2010年）の福島県の農業粗生産額は約2330億円であり、販売農家は約7万戸であった。原発事故直後（2011年）の農業粗生産額は1851億円と479億円の減少となっている。ただし農業にかかわる損害賠償額が625億円（JA福島中央会、2012年5月時点）にのぼることから、年間では1000億円程度の損失があったと推計される。フローの産出額のみでこの被害規模である。2013年11月時点における農

第5章　原子力災害に立ち向かう協同組合

業の損害賠償請求額は1649億円にまでふくらんでいる。

水稲の作付制限・自粛地域は2013年現在でも1万23haを超えており、宮城・岩手での津波被害からの復旧とは異なり放射能汚染問題の影響が長期間続いていることが確認できる。津波被害からの営農再開可能面積も宮城では1万910haで被害面積の76％、岩手でも260ha、同じく被害面積の36％が再開可能となったが、福島では被災面積5462haに対し、2013年度までに営農再開可能となった面積は1350haと25％にとどまっている。地震・津波により福島県農業の生産基盤は著しく破壊されたといえる。

2011年の事故当時、放射性物質で汚染された農地は5000Bq以上の汚染農地が8300ha（うち水田6300ha　畑2000ha）であり、全農地14万3900haの5・7％を占めていた（福島県の推計値）。津波により流出・冠水した福島県内の農地面積は耕地面積の約4％にあたる5462haであった（農水省調査）。震災の影響より、原発事故の影響のほうがはるかに大きかったのである。

2011年産の水稲作付面積で被害状況を見てみると、作付面積は6万6543haであり、前年に比べて1万5327haの減少となっている（前年比81％）。うち震災関連（津波・地震）による減少は3480ha、かん水施設等の破損（羽鳥湖決壊による作付不可）による減少は2250haである。そのほか、避難・作付制限による水稲作付制限区域による減少は7740haと最も多い。原子力災害による水稲作付制限区域による減少は7740haと最も多い。

そのほか、避難・作付制限を余儀なくされた担い手（営農意欲、後継者への影響大）、流出・損壊

した生産施設・機械、破壊された畜産基盤、地域ブランド、地産地消基盤、耕畜連携など、計りしれない生産基盤への影響が現実に発生している。

(2) 三つの損害の枠組み

放射能汚染による損害は三つの枠組みでとらえられる。①フローの損害は、出荷制限となった農産物、作付けできなかった分の農産物、生産物が販売できなかった経済的実害と風評等による価格の下落分であり、現在損害賠償の対象となっているのがこれである。

②ストックの損害は、物的資本、生産インフラの損害であり、農地の放射能汚染、避難による施設、機械の使用制限などが含まれる。現状では、ここまで損害調査は行なわれていない。農地の損害などの計測には、正確な放射能汚染地図の作成が必要であり、圃場ごとの土壌分析が必要となる。

重要なのは③社会関係資本の損害である。これまで地域で培ってきた産地形成の投資、地域ブランド、農村における地域づくりの基盤となる人的資源、ネットワーク構造、コミュニティー、文化資本など多種多様なものが有形無形の損害を被っている。しかも、避難地域では十数年におよびこれら資源・資本を利用することができなくなる。この損失分をどのように測定するか、対策としてどのように穴埋めするか、このことはきわめて重要な問題となる。現段階では、損害賠償審査会でもまったく手つかずの状況である。

（3）「風評」被害の現段階的特徴

原発事故が起きた2011年度は農産物の安全性を確認することが困難であった。安全神話にもとづく原発政策のもとで原発立地地域にもかかわらず、検査機関が少なく、汚染度も測定できず、作物への移行係数もわからない状態であった。にもかかわらず、わずかなサンプル数によるモニタリング調査のみで、「安心してください。福島を応援してください」と「安全宣言」を出した。その後、基準値を超える農産物が流通したことが明らかになり信頼を失ってしまった。

2013年現在、福島県の安全検査体制は相当高度になっている。しかし、初年度のイメージが強すぎて「ウソかもしれない」「信用できない」という状況が買い控えを生み出している。現在、検査をしている主体からすれば、これだけ検査して放射性セシウムがほぼ検出されないのに誰も買ってくれないのは「風評だ」となる。しかし、これは信頼の問題も加わるので「風評」という用語では適切に現象を説明できない。

この問題に関しては、事故当時の政策が失敗だったことを認めて総括することからスタートするしかない。表明しにくいことではあるが「1年目の政策は不備があった」と総括して、そのうえで「全袋検査もしているので改めて信頼を獲得したい」と検査態勢の変化を説明し、消費者とどこまで安全性を確認できるのかについて話し合う必要がある。

事故当時と比較して現在の検査態勢は大きくと変わった。1000万袋というコメの全袋検査は世

界初の試みである。農地や周辺環境に関しても、大学、民間、自治体、県が測定を実施している。作物の品目ごとの移行係数も実証実験のデータがまとまり、公開されている。どういう品目にリスクが高いのか、あるいは低いのかが解明されてきている。

福島県では現状分析がある程度終わり、生産段階での吸収抑制対策に移っている。カリウムを散布するなど放射性物質を吸収しない農業生産対策が実施されている。2013年度はリスクが高い農産物は大幅に減少している。測定数値も全てリアルタイムで福島県のHPに載せるので情報操作もない。

問題は福島県以外の汚染地域では同様の対策が取られていない点である。たとえば2012年12月末に他県で100Bqを超える米が発見され出荷制限になった。一方の福島県では米の出荷制限地域はない。もし福島以外の県で汚染度の高い農産物が検出されれば、原発事故現場に近い福島県はもっと危ないとみなされる。福島県だけ検査態勢を整えても意味はない。県を超えて汚染が広がっている状況下では、国の責任で汚染された場所を重点的に検査していく体制をつくるべきである。

4 農業協同組合の原子力災害への対応

(1) JAグループ福島が受けた被害

震災や原発事故にともなう施設の損壊、生産基盤の脆弱化、農業産出額の下落、人口流出、経済環

表 I-5-1　福島県内ＪＡにおける主要事業の状況

単位：百万円、％

	2008年度	2009年度	2010年度	2011年度	2012年度
貯金	1,243,146	1,268,267	1,271,625	1,500,548	1,565,439
うち定期性	794,697	810,597	807,346	839,511	868,154
貸出金	368,843	379,634	374,752	352,117	349,723
貯貸率	29.7	29.9	29.5	23.5	22.3
生命共済保有高（保障額）	5,360,481	5,104,094	4,889,416	4,717,612	4,578,638
建物更生共済保有高（保障額）	3,879,262	3,761,073	3,662,846	3,624,805	3,679,926
購買品供給高	60,509	55,710	55,451	48,720	55,786
うち生産	33,477	31,099	29,835	27,689	30,728
うち生活	27,032	24,611	25,616	21,031	25,058
購買品供給高（協同会社含む）	88,100	80,166	81,358	71,229	84,340
販売品販売高	88,254	90,065	96,056	68,944	76,236
うち米	36,477	38,077	42,448	27,491	36,507
米の依存率	41.3	42.3	44.2	39.9	47.9

資料：平成24年度および平成23年度県内総合ＪＡ経営概況〔速報〕（ＪＡ福島県中央会）より作成。
注：1．生命共済保有高（保障額）には、年金共済に付加された定期特約金額を含む。
　　2．購買品供給高（協同会社を含む）は、ＪＡと会社間の内部取引は、消去していない。
　　3．販売品販売高には、受託販売、買取販売の販売高を集計している。また、直売所販売手数料を徴しない単なる経由代金等は含んでいない。

境の悪化等により、今後長期間にわたるＪＡ経営への影響が懸念される。

表I-5-1から福島県ＪＡ全体の事業を概観すると、2011年度の主要事業については、貯金が震災にともなう共済金の受け入れと賠償金の貯金で大幅に増加したほかは軒並み大幅な減少となっている。とくに販売事業の落ち込みは深刻であり、作付制限、「風評」問題の影響を直接的に受けている。他部門が2011年度の落ち込みから

表Ⅰ-5-2 福島県内ＪＡにおける部門別事業収益・費用の状況

単位：百万円

	事業収益			事業費用			事業総利益		
	2010年度	2011年度	2012年度	2010年度	2011年度	2012年度	2010年度	2011年度	2012年度
信用	17,542	17,102	17,380	4,096	3,537	3,221	13,446	13,565	14,159
共済	15,297	15,163	15,666	1,069	1,057	1,152	14,228	14,106	14,514
購買	9,260	8,166	9,133	1,990	2	1,748	7,270	6,380	7,385
販売	8,254	7,329	8,180	3,919	4,066	4,346	4,335	3,264	3,834
その他	9,485	7,958	10,783	7,406	6,376	8,320	2,078	1,582	2,462
合計	59,838	55,719	61,142	18,480	16,823	18,788	41,357	38,896	42,355

資料：平成24年度および平成23年度県内総合JA経営概況〔速報〕（JA福島県中央会）より作成。
注：事業費用の貸倒引当金繰入等欄には、直接償却、売却損の額を含む。

2012年度には回復傾向にあるなかで、販売事業の困難性が指摘できる。

表Ⅰ-5-2から震災前後の福島県のＪＡ部門別損益を見る。震災直後の2011年度事業総利益は前年比94％と減少している。とくに購買・販売事業の減少が大きく、米の販売減少など原発事故が主因となっている。ほかの被災県で生活購買事業が軒並み増収したこととは対照的である。事業損益も大幅減少となっており、表出していないがほぼ半数のＪＡで赤字となっている（前年度より増加）。原発事故に起因する営業損害については、今後も東電に損害賠償請求をする予定である。

（2）ＪＡグループ福島の放射能汚染対策

まず第一は、安全確保対策として2011年6月20日に「JAグループ福島における農畜産物の放射性物質に関する安全確保対策について」を制定した。福島県が行なう緊急時モニタリング検査への協力と、これにもとづく出荷制限・解

第5章　原子力災害に立ち向かう協同組合

除の指示の生産者への徹底、自主検査のあり方、集出荷管理の徹底、問題発生（出荷制限品目が出荷・販売されてしまった場合等）時の対応などについて定めた。2013年現在、福島県内の放射性物質測定機器の配置状況については、約1500台となっている。当然、原発事故がなければそろえずにすんだ設備投資である。

第二は、「風評」被害対策であるが、問題は、福島応援イベントだけでは解決できない安全検査の問題性や放射性物質の基準値の問題などがネックになっている点である。

（3）東京電力への損害賠償請求

JAグループ福島では、2011年4月26日に「JAグループ東京電力原発事故農畜産物損害賠償対策福島県協議会」を設立した。設置以降毎月、県協議会総会を開催して損害賠償請求額を決定し、東京電力に請求を行なっている。これまでの請求額（2013年11月27日段階）は、請求総額1649億円となっている。損害賠償受取額を請求額で割った賠償率は91％となっている。

賠償請求の内訳を見ると、米穀43億円、園芸303億円、果実89億円、原乳22億円、家畜処分100億円、他家畜被害関係191億円となっている。牧草69億円、不耕作（休業補償）723億円、営業損害108億円、吸収抑制対策1億円となっている。米穀の賠償請求額が少ないのは、規制値超え・出荷制限分が隔離対策として別途措置されていることと、作付制限分は不耕作・休業補償に含まれているためである。

東電の損害賠償請求に関しては多くの問題点が指摘されているが、福島県農業・農協の課題としては、①支払いの遅延（本払いは3か月単位）、②請求額に対する満額本払いがなされない、③生産や出荷を自粛した場合の賠償をめぐる問題、④資産にかかわる損害賠償、⑤廃業補償、⑥終期の問題（賠償期間）、⑦JAなど構成団体の営業損害、⑧原子力損害賠償紛争審査会による指針に明記されていない被害への対応、などがあげられる。とくに、ブランド価値の毀損に対する賠償（のれん代等）、財物価値の評価など課題が残っている。

さらに問題なのは、これらの枠組みにのらない賠償問題をどのように進めていくかという点である。作付制限地域の賠償は反当たり一律の賠償額が基本であるが、実際には反収の違い、営農方法の相違（有機農業など）、付加価値額の高低など、一律賠償では問題点が存在する。別途賠償請求の交渉を行なうことにはなってはいるが、個別農家が単独で交渉を行なうことは現実的に困難である。たとえば、2012年度作付制限区域として新たに指定された地域では反当たり5・9万円が措置されることとなっているが、実際に自家消費用米分を購入し、保全管理を自己で実施した場合、赤字となるケースがある。これではとても「賠償」とは言えない。避難地域における生活資産も含めた賠償問題についても同様の問題点が指摘されている。

5 原子力災害に対する福島県協同組合ネットワークによる対応

(1) 農協・漁協と生協との連携

震災により、浜通りの相馬漁協やJAそうまの店舗が被災した。2011年3月のまだ放射線量が高い段階に、コープふくしま、コープあいづからすぐに支援が行なわれた。従来から協同組合ネットワークを構築し、相馬漁協がコープあいづに鮮魚を卸すなどこれまでの連携をもとに、コープあいづからの援助が行なわれたのである。既存の組織を超えた協同組合間協同の方策は、これまでにも多様なモデルが提起されてきたが、放射能汚染問題を克服しうる新しい事業モデルを構築できるかどうかが今後の課題となっている。

漁業に関しては、試験操業と試験販売が開始され、2013年現在31魚種を試験的に流通している。(3)

放射性セシウムを体内濃縮しにくい魚種(イカ、タコなど頭足類や一部の魚類などを含む)を選定し、定められた海域のみで操業している。筆者も委員として参加している福島県地域漁業復興会議(漁業者、漁協、仲介業者、販売業者、水産庁、有識者などにより構成)において、魚種、海域の検討や検査態勢、試験販売に関する方法を検討し、経過を分析している段階である。

福島県の漁業はこれまで移出産地であり地産地消率は低い地域であった。しかし、この漁協の試験

販売に関して、地域の生協が検査態勢、魚種の選定段階から関与し、初期段階から試験販売に協力した。地産地消のできない食品を他地域に移出することは困難である。福島県民が不安に思っているものを消費地では不安に思うなといっても無理であろう。放射能汚染対策を業種を超えて協同組合協同を通して実践する過程で真の地産地消をめざす。その延長上に「風評」被害解決の道がある。

(2) 福島大学協同組合ネットワーク研究所と協同組合組織との取組み

　福島大学協同組合ネットワーク研究所は、福島大学において産官学が連携して、事業連携と協同組合間協同による地域社会の持続的発展に関する研究を行なうことを目的として2010年4月に設立された研究所である。

　ところが2011年3月11日に起きた東日本大震災・原発事故により、地産地消と協同組合間協同のビジネス・モデルは再構築する必要に迫られた。そのため2011年度以降の活動は、放射能汚染による農林水産業の被害の実態を明らかにしつつ、原子力損害賠償や協同組合間協同を介した安全・安心な農林水産物の生産・流通・消費対策を研究することとなった。

　この事故直後の2011年の活動内容をまとめると、3月は浜通り被災地支援・避難所支援を実施した。4月は、福島県産農産物の販売検討会を生協、JA、県農林水産部、実需者で協議している。5月は独自の農産物検査、土壌分析を開始(ゆうきの里東和ふるさとづくり協議会、道の駅ふくしま東和、福島県有機農業ネットワークなどが中心)し、損害賠償協議会(JA中央会)も賠償申請を開

第5章　原子力災害に立ち向かう協同組合

始している。

また具体的な協同組合間協同の実践は、6月にJAグループ福島とコープふくしまが共同で行なった福島応援モモギフトからである。福島県内のJA、漁協、森林組合、生協でつくる地産地消ふくしまネットを主体に、県内企業に県産のモモをギフトに利用してもらう取組み「福島応援隊」を開始した。原発事故の被害に悩むモモ農家を買い支えることで応援しようという企画であり、県内に本部や支店がある全国展開の会社を中心に呼び掛け、県外へ向けて県産のモモをPRするというものであり、3年を迎えた現在も継続している。

2011年7月には、国際協同組合デーを福島JAビルで開催し、全協同組合陣営が一堂に会し、連携して原子力災害に対応することを確認した。これは、2012年国際協同組合年福島実行委員会、2013年風評対策マルシェ、消費者交流事業につながっている。

2011年10月31日から11月7日かけて、福島県、福島県生協連、福島県JAグループ、福島大学が合同でウクライナ・ベラルーシ視察調査を行なっている。これを受けて、検査方式の啓発・情報提供パンフ作成など、生協・JA合同企画（土壌スクリーニング事業、後述）を実践している。

また、2013年6月1日〜11日には、福島県内17JAの組合長、5連の代表とともにチェルノブイリ事故後の農業対策について調査を行なった（団長：庄條徳一JA福島中央会会長）。ベラルーシでは農地全てに対して、セシウム以外の核種も含めて放射性物質の含有量を計っている。そのうえで汚染度に応じて農地を7段階に区分し、食品の基準値を超えないよう農地ごとに栽培可能な品目を定

めている。それを農地1枚ごとに国が認証するというシステムを構築している。生産段階での認証をいちばん望んでいるのは農家である。生産してから出荷停止になるのでは営農意欲が大きく損なわれる。その前に生産できるのか、効果的な吸収抑制対策を施せるのかを判断したいのである。ところが日本の対策では体系的な現状分析が希薄である。復興計画を立てるにしても汚染状況を大まかにしか測っていない。汚染マップがないのに行程表だけは補助金を受け取るため作成せざるを得ない。同じように除染も、効果の有無にかかわらずとにかく進めている状況である。まずは現状分析のために汚染マップをつくることが前提となる。これは食品汚染の問題や農業の再開だけではなく、外部被曝や損害賠償の問題も含めて非常に重要な対策である。

(3) 協同組合間協同による汚染マップ作成の取組み

福島第一原発事故以降、国は、放射性物質対策に関して、何か問題が起きると対策を講じるといった対処療法だけを進めてきた。小手先の対策ばかりを延々と続けていても根本的な解決にはならない。そもそも、現状分析をして、何がどう汚染され損害を受けたのかをはっきりさせるところから始めなければ対策も打ちようがない。

まずは放射性物質の詳細な分布図（汚染マップ）の作成が急務である。それも全県的全国的に取り組まなければ意味がない。汚染度合いがわからないのに効果的な対策をとることはむずかしい。福島県では生産者や関係者の努力で、作物ごとにセシウムの移行メカニズムがわかってきた。作物

第5章　原子力災害に立ち向かう協同組合

ごとの移行係数が解明され、土壌成分や用水など農地をめぐる周辺環境の状況がわかれば、この先の作付計画を立てられる。

現在、JA新ふくしまの汚染マップ作成事業に福島県生協連（日本生協連会員生協に応援要請）の職員・組合員も参加し、産消提携で全農地を対象に放射性物質含有量を測定して汚染状況をより細かな単位で明らかにする取組みを実施している。⑤ 福島市を含むJA新ふくしま管内は、水田で約60％、果樹園地で約100％の計測が完了しマップを作成している。それにもとづいた営農指導体制の構築をも標榜している。参加した生協側のボランティアはのべ285人にのぼっている。交通費、宿泊費は自腹であり、生協側は検査器の寄贈も含め数億円分をJAの土壌測定事業に協力したことになる。

ただし、この土壌測定事業は公的なものではない。今後は、国が主導して、全国のデータを集約し公表する必要がある。

「風評」被害についても同じことがいえる。いわゆる「風評」被害は、適切な情報が消費者に届いていないことが原因で消費者が不安を増大し、福島県産のものは買わないという行動に出ることで生じる。⑥「大丈夫」「福島応援」というキャンペーンだけで購買してもらうには限界があることもはっきりした。消費者へ安心情報を提供するためには、科学的なデータを公表することが必要である。農産物に関する放射性物質汚染対策の根幹は、土壌をはかることにあり、それを広域に網羅した土壌汚染マップの作成が急務だといえる。

JA新ふくしまと福島県生協連の取組みのような消費者もかかわる検査体制づくりとそこでの認証

169

の仕組みを国の政策へと昇華させていくことが必要となる。現状に落胆していても事態は進まない。協同組合間協同をベースとしたボトムアップ型の制度設計と政策提言が求められている。「風評」被害を防ぐためには、その前提として安心の理由と安全の根拠、安全を担保する仕組みを提示することが求められているのである。

（4）農商工連携を行なうふくしま大豆の会の取組み

　ふくしま大豆の会は県内の農協と生協、食品加工業者の9団体が参加している組織であり、農商工連携、協同組合間協同の取組みとして1998年に結成された組織である。この頃、生協・消費者サイドでは大豆を中心とした遺伝子組換え食品への不安が広がる一方、伝統食に使われる大豆の地産地消への志向が高まった。また農業サイドでも、中心的な転作作物の一つである大豆の振興をはかっていた。県内の食品加工産業も、大規模工場をもつ大手メーカーとの競争激化が進んでいた。このような背景から、農協、生協、加工業者が大豆の会として協同で豆腐、味噌、納豆などを商品開発し、大豆の再生産が可能となるような価格設定で販売を始めた。製品を販売するだけでなく、生協組合員が圃場や加工工場を訪れ農業・加工体験などを行ない、生産の現場と消費者との交流を深めていた。このような取組みを継続した結果、1998年には原料大豆の取り扱いは50tであったが、10年後の2008年には178tと3倍以上まで拡大した。また大豆以外にも取組みは広がり、大豆の会製品のコンニャクも販売されるようになった。

第5章　原子力災害に立ち向かう協同組合

取組みが順調に育つなか、2011年3月に東日本大震災、そして福島第一原発事故が起きた。その結果、大豆の作付面積は縮小、また県内では2011年から旧市町村単位で大豆のモニタリング検査が始まった。この結果を受けてJA全農は2011年産大豆に関して100Bq／kg超の放射性セシウムが検出された地域から生産された大豆を市場から隔離することとした。この影響を受け、それまで大豆の会に中心的に原料を供給していたJAあいづ・JAそうま管内からの大豆の出荷が減少し、大豆の会へ供給された大豆は、前年比66％となる94tに減少した。しかし、もともと大豆加工製品は、原料となる大豆を1年以上寝かせて利用する体制であったため、原料不足に陥ることはなかった。

また大豆の会として放射性物質検査体制も整えられた。県のモニタリング検査で放射性セシウムが検出されなかった地域の大豆を使用し、農協の倉庫での原料約3tごとにサンプル検査に加え、さらに加工業者でも原料、生産過程、製品でサンプル検査を行なうという検査体制がつくられた。

その結果、売り上げは2011年には前年比92％の約2億6300万円、2012年には約2億4700万円と減少はしている。これは当然、「風評」被害の影響を受けていると考えられるが、浜通り地方を中心とした避難による生協組合員数の減少なども考えれば、その程度は限定的であるとも受け取れる。それは不安の声に応えられる検査体制があることが安心感を与えたと思われるが、大豆の会が長い時間をかけてつくり上げてきた、組合員による製品つまり産地、加工業者への信頼があってこそのことであろう。

6 地域の動きを政策に

筆者はこれまで放射能汚染地域である福島県において、農村・JAの調査研究、産地形成、農産物流通に関する研究を行なってきた。調査地域は、計画的避難地域である飯舘村、葛尾村、南相馬市、田村市と一部出荷規制地域である県北地域（福島市、伊達市）、会津地域など福島県全域と宮城県南部など広範に及ぶ。今回の原発事故によりこれらの地域は多大な損害を被るとともに、復旧・復興の目途すら立たない状況に追い込まれている。福島県においては、体系立てた損害調査が行なわれておらず、いわゆる「風評」被害の問題も解決の目途が立っていない。その根源的な原因は、全農地を対象とした放射性物質汚染マップの作成が実施されていない点にある。汚染マップをベースとした安全検査体制の構築と、それに対応した流通システムの形成が求められている。また汚染マップの作成は損害構造の解明に必要不可欠である。

このようななかで、現在、JA新ふくしま管内、伊達市霊山町小国地区（特定避難勧奨地点を含む）などの地域を対象に、地域主体による全農地放射能汚染マップを共同で作成している。この汚染マップ作成モデル事業を通して、緊急的復興課題としての「風評」被害対策（①全農地汚染マップ、②農地・品目別移行率のデータベース化、③出荷前本検査の体系化、④消費地検査の実施という4段階検査体制の確立とその普及）と中長期的復興解題として損害構造（①フロー：域内生産物、②ストッ

第5章　原子力災害に立ち向かう協同組合

ク＝域内総資本、③社会関係資本）の解明を行ない、他地域への普及モデルの作成を進めている。今後はJAそうま管内でも実施の予定である。

ここで重要なのが、福島県内各協同組合組織を横断する協同組合間協同モデル内で4段階安全検査体制を組み込んだ産消提携モデルを構築することである。とくに安全検査に消費者自身がかかわる体制づくりと認証制度の構築は必須課題であるといえる。4段階安全検査と生産・流通モデルを協同組合間協同事業として設計し、緊急時のリスクに対応した域内フードシステムと地域間システムの構築に関する理論を解明することが急がれる。

注

（1）小山良太「福島県農業の現段階と農協組織の戦略課題─福島県農協の特徴と組織課題─」『地域と農業』第71号、北海道地域農業研究所、63〜77ページを参照のこと。
（2）福島県内の全JAほか全農県本部、県酪農協、県畜産振興協会、県農業経営者組織連絡会議、県きのこ振興協議会など35団体で構成している。事務局はJA福島中央会が担っている。長島俊一『東日本大震災・原発事故から15ヶ月ふくしま農業の今』福島県農業協同組合中央会、2012年に詳しい。
（3）東日本大震災による漁業への被害とその復興対策に関しては、濱田武士『漁業と震災』みすず書房、2013年に詳しい。
（4）本研究所は、地産地消運動促進ふくしま協同組合協議会（地産地消ふくしまネット）と共同して調査・研究活動を行なってきた。原発事故前の2010年度の活動は、地産地消と協同組合間協同のビジ

ネス・モデルの探求として、県内の農林水産業や協同組合組織の現状を把握したうえで福島産農林水産物の商品開発や協同組合間協同を含む流通システムについて研究し、その成果をシンポジウムで発表している。小山良太「原子力災害下の福島県農業の現状および協同組合ネットワークの取組み」『協同組合経営研究誌にじ』第643号、JC総研、2013年9月、38～47ページを参照のこと。

(5) ふくしま土壌スクリーニング・プロジェクトは、新ふくしま農業協同組合、福島県生活協同組合連合会、福島大学うつくしま未来支援センターにより2012年より実施され、福島市管内の全農地の測定を産消提携の協同組合間協同事業として行なっている。

(6) 風評被害に関しては、関谷直也『風評被害』光文社新書、2011年、および小山良太「福島県における放射能汚染対策と『風評』被害問題」『学術の動向』第18巻第2号、財団法人日本学術協力財団、2013年2月、58～65ページを参照のこと。

(7) 日本学術会議東日本大震災復興支援委員会福島復興支援分科会「原子力災害に伴う食と農の『風評』問題対策としての検査態勢の体系化に関する緊急提言」2013年、および小山良太・小松知未編著『農の再生と食の安全——原発事故と福島の2年——』新日本出版社、2013年に詳しい。

執筆：小山良太（福島大学経済経営学類）／棚橋知春（福島大学経済経営学類）

第Ⅱ部 内発的な地域づくりの展開

序章 内発的な地域の発展とは何か
——地域の再生と内発的発展論

1 地域で豊かに暮らすとは

 第Ⅰ部では東日本大震災、原発災害からの地域の再生をめざす実践について紹介してきた。このような困難な状況のなかから復興、再生をめざす地域にとって、第Ⅱ部でみるような、これまで各地で取り組まれてきた地域づくりの経験はきわめて有効であると思われる。各地域の貴重な実践は以下の各章に紹介されるが、ここでははじめに、地域の再生を考えていくための基本的な視点について、地域づくりの基礎理論である内発的発展論の形成と展開をあとづけるなかから、被災地の再生にはどのような視点が必要なのかという点を整理していきたい。

 まず私たちが地域で豊かに暮らしたいと思うときに考えなければならないのは、豊かさとは何かと

176

序章　内発的な地域の発展とは何か

いう点である。これに一定の結論を導き出したのが、アマルティア・センである。センは豊かさを説明するのは三つのアプローチがあるとしている。

第一は富裕アプローチであり、実質的所得のように物質的財貨への支配力を豊かさとみる考え方である。しかし財貨の支配は、福祉という目的のための手段であって、それ自体としては目的にはなりがたい。

第二は効用アプローチであり、効用水準（選択や欲望充足の程度）を豊かさと見なす功利主義の考え方である。しかしこれはわれわれの客観的な有り様（たとえば、どれほど長生きであるか、病気にかかっているか、コミュニティの生活にどの程度参加できるか）などその人をとりまいている条件を無視しているという限界がある。

第三は潜在能力アプローチであり、人がもつ「機能」（人がなしうること、なりうるもの）と人がこれらの機能を達成する「潜在能力」に関心を集中する考え方である。異なる個人を比較するとき、財の特性を機能の実現へと移す変換は、個人的・社会的なさまざまな要因（たとえば、年齢、性、医学的条件、家族や社会における立場など）に依存する。ではみな違う人間に共通する豊かさや福祉の向上をはかる指標は何なのだろうか。こうした差があるなかでは、各人の潜在能力（ケイパビリティ）の発揮、そのための選択の自由、選択のための機会と条件の整備など、人間の成長、発達の視点から豊かさや福祉の水準をはかる必要があるという考え方である。

同時にセンは、人間は私利私欲を追求することのみを行動規範とする「合理的な愚か者」ではなく、

177

コミットメント（使命感）とシンパシー（他人への思いやり）を重視する存在であるとしている。計量経済学者のブルーノ・S・フライとアロイス・スタッツァーは、「幸福とは何か?」という課題に取り組み、個人の幸福度と1人当たり国民所得、失業率、インフレ率などの経済変数との相関関係を計測し、結論としては、人びとの幸福はこれらの変数と無関係ではないものの、その関係は必ずしも統計的に有意ではないことを検証した。そのうえで一歩進めて政治経済学の視点から、政治プロセスにおいて個人の選好がより強く反映される世界では、人びとの幸福は増大する、公的な意思決定に直接参加する可能性が増せば、幸福の増大に大きく寄与するとして、「参加」の意義を重視する結論を導き出した。

さらに近年ロバート・D・パットナムが唱えるソーシャルキャピタル（社会関係資本）に注目が集まっている。市民がさまざまな分野で活発に活動し、水平的で平等主義的な政治を旨としている地域では、互酬性、相互信頼、社会的協力、市民的参加、市民的義務感などが密接にからみ合いながら社会的効率性を高めているとされている。そうしてこうした力がソーシャルキャピタルであるとされている。

地域の活性化には、経済的側面だけではなく、相互信頼、協力、参加、義務などが重要な役割を果たしているという指摘といってよい。

ではこれらの考え方をふまえて地域で豊かに暮らすために、どのような考えで地域をつくっていけばよいのであろうか。その際重要となるのは1970年代以降、国内外で注目されてきている内発的

序章　内発的な地域の発展とは何か

発展論である。とくに地域の再生とそこにおける人びとの人間的成長と発展を表裏一体のものとしてとらえていくことが重要である。そこで次に、内発的発展論の形成と展開についてみていくこととする。

2　国際機関での内発的発展論の提起

内発的発展論の起源については、スウェーデンのダグ・ハマーショルド財団が作成した、1975年の国連経済特別総会への報告『何をなすべきか？』の中で、「もう一つの発展」という概念を提起したときに、「内発的」という言葉を、「自力更生」と並んで用いたのが最初と紹介されている。(4)

同財団は1977年に『もう一つの発展―いくつかのアプローチと戦略―』を出版し、経済成長優先型の発展に代わる「もう一つの発展」の内容として次の5点をあげた。第一は発展の目標が、物質的・精神的な人間の基本的必要を充足すること。第二は内発的であり、発展のあり方の複数性の尊重。第三は自立的であり、その自然的・文化的環境の下で、まず当該社会構成員のもつ活力を生かし、その経済社会のもつ諸資源を利用する。その根幹には地域経済の自立性がある。第四はエコロジー的に健全であること。第五は経済社会構造の変化が必要であること。

同時に当時の国連を中心とした動きをみると、1962年の「第一次国連開発の10年（1960〜1970年）のための行動計画」では、開発のコンセプトは何よりも人びとの生活の質の向上でなけ

ればならないとされている。またILO（国際労働機関）は、1976年の「雇用、所得分配および社会進歩に関する会議」で、基本的人間ニーズを充足させる道を提案した。同じ頃UNESCO（国連教育科学文化機関）の専門家は、ロストウの段階的開発を批判して、「内発的開発」を提起し、工業化社会を機械的にまねることを否定し、個々の国家の特殊性に相応の考慮を払うことを提案した。[5]

後に西川潤氏はこのように芽生えてきた内発的発展論の特徴を次のように整理した。[6]

第一に欧米起源の資本蓄積論、近代化論のパラダイムを転換し、経済人像に代え、全人的発展という新しい人間像を定立している。したがって、利潤獲得や個人的効用の極大化よりは、むしろ人権や人間の基本的必要の充足に大きな比重がおかれる。

第二に自由主義的発展論に内在する二元的・普遍的発展像を否定し、自律性や分かち合い関係にもとづく、共生の社会づくりを指向する。

第三に参加、協同主義、自主管理等、資本主義や中央集権的計画経済における伝統的な生産関係とは異なる生産関係の組織を要求する。

第四に国家、地域、都市、農村等あらゆるレベルの地域的産業連関、地域内需給の形成による地域的発展、地域的共同性の創出が、巨大開発や多国籍企業の外部からの分業設定や資源吸収、単一文化の押しつけに対して地域のアイデンティティを守る経済的基盤となる。地域自立は同時に、住民と生態系間のバランスに支えられなければならない。

序章　内発的な地域の発展とは何か

このように内発的発展論は、欧米の工業化、都市化をモデルとした単系的な近代化論ではなく、地域の歴史、文化、生態系を尊重した多様な（多系的な）発展、先発、後発を問わず、相互に、対等に、活発に手本の交換を行なうことの重要性を提起しているのである。

3　日本における内発的発展論の起点——社会学からの出発

国連を中心として「もう一つの発展」が提起される以前に、日本でアメリカ社会学と日本民俗学の比較検討から、内発的発展論の萌芽がみえていたことに注目する必要がある。

1969年に鶴見和子氏は国連での議論より前に、アメリカ社会学のパーソンズや日本民俗学の柳田國男の研究をふまえて、次の提起を行なっている。

近代化の過程はその発足の時期の相違によって、内発的発展（土着的発展者）と外発的発展（「おくれてきたもの」）の二つの類型に分けられる。「おくれてきた」社会は、最も近代化の進んだ社会にモデルを求めて、そのお手本にどれだけ近づいたかを測定することが、主要なテーマとなる。

さらに柳田の考えを紹介して1975年に、日本の近代化の表層は、西欧から輸入されたさまざまの理論やその変形によってとらえることができるが、基層をとらえるためには、内側からとらえる方法が必要であると述べている。

表層はエリート主導型変動論、段階的発展説であり、基層は常民を歴史の担い手とする、「つらら」

181

型の時間概念である。それによって、近代社会のなかに、原始、古代、中世の感覚、思考、社会構造などが「つらら」のように垂れ下がって共生する様相をとらえることができる。また西欧を手本とした近代化論が単系的発展論であるのに対して、第三世界に台頭しつつある自生の発展論は、多系的発展論であるとした。

このように1970年代半ば頃までに内発的発展論の基礎的な考えが形成され、それと国連などでの提起とが共鳴し合い、ここに日本における内発的発展論の端緒が切り開かれたのである。

鶴見は内発的発展論とは、目標において人類共通であり、目標達成への経路と創出すべき社会のモデルについては、多様性に富む社会変化の過程である。共通目標とは、地球上のすべての人びとおよび集団が、衣食住の基本的要求を充足し、人間としての可能性を十全に発揮できる、条件をつくり出すことである。それは国内および国際間の格差を生み出す構造を変革することを意味すると定義している。そしてそこへ至る道すじと、そのような目標を実現するであろう社会のすがたと、人びとの生活スタイルとは、それぞれの社会および地域の人びとおよび集団によって、固有の自然環境に適合し、文化遺産にもとづき、歴史的条件にしたがって、外来の知識・技術・制度などを照合しつつ、自律的に創出される。そして多様な発展の経路を切り開くのは、キー・パースンとしての地域の小さき民であり、内発的発展の事例研究は小さき民の創造性の探究であるとされる。(8)

さらに鶴見はこれらの考え方を「現代への照射」としてとらえかえし、公害による自然と人間の生活とこころの破壊、その崩壊の底から、再生の芽を掘り当てたいとの思いから、水俣の調査に取り組

182

序章　内発的な地域の発展とは何か

む。そこで漂泊者と定住者の出会いが、定住者を覚醒して、住民運動への活力源となるという仮説のもと、被治者の自力更生への知力と活力を活発にすることによって、支配機構による支配を、無害化していく方向を発展と考えた。

ここで注意しておく必要があるのは、鶴見の内発的発展論では、地域の内部、小さき民を重視しつつも、地域の内と外の人びとの出会いが住民運動の活力源となることに着目している点である。日本における内発的発展論の形成においては、初期の段階から内と外との協力関係が当然の前提となっていたことを忘れてはならないであろう。

なお鶴見は「社会運動としての内発的発展」（例、水俣の地域再生運動）と「政策の一環としての内発的発展」（例、大分県一村一品運動）と区別し、政策としての内発的発展という表現は矛盾をはらんでおり、地域住民の内発性と、政策にともなう強制力との緊張関係が存続しないかぎり、内発的発展とはいえないとしている。そして内発的発展論はさまざまな場所に芽生えつつある実例を注意深く見守り、多様な実例と多様な理論を、共通の目標に向かってつなぎ合わせてゆけるかがもっともむずかしい挑戦的課題であると述べている。

民俗学の立場から赤坂憲雄氏は、鶴見が柳田の議論を、はっきりとした入射角で、個性的に読んだと評価している。それは柳田学における社会変動論を、日本の近代化の過程における内発性の重視、多系発展の可能性の示唆、共同体の崩壊を近代化の必須条件と見なすことなく、共同体が崩壊しないほうが、個人が自立し、個人の立場からみた自由・平等・正義が守られる側面があると読み解いたた

めである。

なお鶴見和子と赤坂憲雄の対談で、内発的発展論というより、社会変動の内発的な理論、つまり西洋のセオリーが全てではなく、内発的なところから生まれてくる社会変動の理論と考えるのが正しいと述べていることに留意する必要がある。

4 地域経済学と内発的発展論

経済学のなかに人間発達の理論を積極的に組み込んだ池上惇氏は、地域の再生を、失われつつある人間らしい暮らしを地域に住む人間としての立場に立って取り戻そうとする動きであるととらえ、それが人間の孤立と生存競争ではなく、協同と連帯に対する共感によって支えられているとする。そして、人間らしさとは、人びとの対話、交流、協同、連帯などの諸活動によって、人びとの潜在的力量を引き出し、一人ひとりの労働能力、生活能力、情報処理能力、統治能力などを高め、社会の意思決定がかかる能力をさらに高めていくように行なわれていくことであると指摘している。そして社会の構成員たちが、相互に人権を守り合い、協力し合いつつ、自分たちのつくり出した制度や共同財産を制御しうるシステムを人間発達のシステムと呼んでいる。

内発的発展論に関して積極的に理論を提起してきたのは宮本憲一氏である。その起点は1980年に示した次の問題提起である。大都市の時代にゆきづまりがきているが、これを打開するには、大都

序章　内発的な地域の発展とは何か

市の市民が自治権を確立して、内発的な発展を考えてゆかねばならぬであろう、内発的な発展という点では、近年、過疎になやむ農村に画期的な成功例がみられる、この日本の土壌のなかで生まれた「農村の文化」に学んで、「都市の文化」をつくり出すべきなのではなかろうかとして、農村に学び平和な「内発的発展」をと提起した。宮本は農村で展開する内発的発展の特徴を次のように整理した。

第一は外来型開発と違って、外部の企業とくに大企業に依存せず、住民自らの創意工夫と努力によって産業を振興していること。中央政府や県の補助金に依存しないこと。外来の資本や補助金を導入する場合は、地元の経済がある程度発展して、それと必然的な関係を要求したときである。

第二は地域内需給に重点をおいて、全国市場や海外市場の開拓を最初からめざさないこと。できるだけ生産や営業の発展を地域内の需要にとどめ、急激な売上げの増大を望まず、安定した健全な経営が続くことを望んでいる。

第三は個人の営業の改善から始まって、全体の地域産業の改善へ進み、できるだけ地域内産業連関を生み出すようにしていること(12)。経済振興だけでなく、文化、教育、医療、福祉などとも関連した、コミュニティづくりとなっている。

宮本はさらに調査研究を進め、後に内発的発展の原則を次のように再整理した。

第一は地域開発が大企業や政府の事業としてではなく、地元の技術・産業・文化を土台にして、地域内の市場を主な対象として、地域の住民が学習し計画し経営する。

第二は環境保全の枠のなかで開発を考え、自然の保全や美しい町並みを創るというアメニティを中

185

心の目的とし、福祉や文化が向上するような、何よりも地元住民の人権の確立を求める総合目的をもっている。

第三は産業開発を特定業種に限定せず複雑な産業部門にわたるようにして、付加価値があらゆる段階で地元に帰属するような地域産業連関をはかる。

第四は住民参加の制度をつくり、自治体が住民の意思を体して、その計画に乗るように資本や土地利用を規制しうる自治権をもつ。⑬

5 地域経済学における内発的発展論の継承と展開

宮本の提起した内発的発展論は、多くの研究者によって継承され、内容の豊富化がはかられていく。重森暁氏は地域振興の原則を、自治、自立、共同、人間発達の四つに整理した。⑭ そしてロバート・オーウェン、エベネザー・ハワード、アマルティア・センなどの人間を基礎におく地域づくり論の系譜と理論を整理し、人間発達型地域論の系譜に内発的発展論を位置づけた。⑮

保母武彦氏は農山村の維持・発展をはかるために、農山村の自前の発展努力、農山村と都市との連携、国家による新しい農山村維持政策の組合わせの必要性を提起し、さらに内発的発展を進めるうえでのチェックポイントとして、グランドデザイン、地域住民の理解、リーダー、運営資金をあげた。⑯

遠藤宏一氏は長野県の厚生農協連病院を事例として、市町村の産業連関に注目し、サービス業を、

序章　内発的な地域の発展とは何か

教育、医療・保健、社会保障、飲食店、旅館等に分類し、その生産額を推計した。そこから医療部門を経済的活動としてとらえた場合の、医療・福祉ネットワークの活動の大きさと比重の高さを明らかにした[17]。医療、福祉を含めた地域産業連関の重要性を提起した意義はきわめて大きい。

内発的発展論は農村を起点としつつも、地方都市研究から創造都市論へと広がりをみせている。佐々木雅幸氏は、イタリアの共生的小企業群による「柔軟な専門化」(フレキシブル・スペシャリゼーション)を参考に、[18]金沢市を対象として内発的都市の特徴を次のように整理した。

①地域内に本社や意志決定機関を備えた中堅・中小企業群によって支えられた自律性の高い都市経済、②繊維工業と繊維機械工業が、地域内で相互連関し、戦後には工作機械、食品関連機械、出版・印刷工業、食品工業、アパレル産業等が産業連関を保持し、伝統産業からハイテク産業までに至る地域技術とノウハウの蓄積が保持されている、③繊維産業の製造機能のみならず販売・流通機能、それをベースにした金融機能が域内で発展、④都市経済の内発的発展力が、外来型の工業開発を抑制し、伝統産業と伝統的な街並みが残り、アメニティが保存された都市美を誇っている、⑤域内でさまざまな連関性をもち、地域内で生み出された所得のうち、利潤部分の域外への「漏出」を防ぎ、それが中堅企業の絶えざるイノベーションを可能にし、質の高い都市文化の集積を誇っている[19]。

鈴木茂氏は誘致型開発政策によって工業が集積した都市においても、内発型発展の潜在的可能性があるということを探り、ではどのような地域産業政策を構築すればよいのかという問題意識のも

187

とに、愛媛県下の工業都市を事例に分析を進めていく。その結果、地域経済の内発的発展には少なくとも次の七つの条件が必要であると整理する。[20]

①企業家精神旺盛な人材の輩出、②域内に本社・金融・開発機能等の中枢管理機能をもつ地域企業が、経済的主体として存在、③地域固有の情報ネットワークの構築、④地域固有の資源、市場ニーズ、技術革新を総合的に評価し推進する地域固有のノウハウ（知的資産）の蓄積、⑤新しい技術の導入、品質の統一や資源・市場を確保する共同化等を指導するリーダーの存在、⑥社会全体の教育水準の向上、⑦地方自治体による独自の産業政策の構築、とくに人材養成・研究開発機能等のソフトなインフラストラクチャーの整備がなされていること。

このような都市研究からは、より現代的な「ノウハウ（知的資産）」「情報ネットワーク」と「文化」を重視する新しい創造的な内発的発展論の芽が形成されてきたのである。

6 農業・農村問題と内発的発展論

高度経済成長期の農業基本法農政の展開は、構造改善と選択的拡大を柱に進展していった。だがこうした流れとは別の動きもあった。東北と中国地方の農業、農村の動きをみてみよう。東北地方の事例で評価すべきは、1960～1970年代に注目された、土地、労働力、資本の有効活用を柱とする農民的複合経営の展開である。地域を基礎に、農協の作物別生産部会を縦軸に、集

序章　内発的な地域の発展とは何か

落組織を横軸に、その縦横軸の交点に複合経営農家をおき、それを農協が支えるというものである。また、農業が、移動させることのできない歴史的条件である土地を対象とした産業であるかぎり、自然条件とそのうえに刻まれた歴史的条件は、地域に固有な農業生産の形態と社会関係を形成させ、独自の地帯構成を取らせることになる。個性的な地帯構成を基礎においた、農民的複合経営論と農協論は、その後の協同組合論の検討の一つの足がかりとなっていった。

中国地方の事例では、急峻で、平野に乏しいという地形条件を、逆に個性的な地形がもつ長所として認識し、それを活用した地域資源管理システムをつくり出していたことであり、その特徴は次の点にあった。①水稲、和牛、畑作、果樹、林業等の諸作業が、地域内農林業の年間就業体制をつくる、②水田+里山+山という地目結合の連鎖性、地目に最もなじんだ作目が立地する作目結合の連鎖性、それらの総和としての地目と作目の有機的連鎖性、③これが生活行事のリズムも生み出し、地域文化の継承を支えてきた。しかしこの地域資源管理の原像は高度経済成長のなかで後景に退いていく。

こうした農業・農村の変化をふまえて、筆者（守友）は、宮本らの内発的発展論の提起を、大規模な外来型開発への批判と、それと異なる現実的な地域振興の道を示したとして高く評価した。そしてその考え方を参考にして、各地の農山村の地域振興、農業振興の実践例を帰納的に分析し、その到達点を次のように整理した。

第一は「わがまちは生きるに値しない町なのか」という問いかけ、つまり「地域に生きる思想」の重要性である。

189

第二は「逆境を力に」であり、過疎、山村、豪雪地帯における地域振興の努力と、自立（自律）の精神の大切さである。

第三は誇りと自信をもつ活動であり、そこに住む人が自らの資質、行動に価値と誇りを見いだすこととの重要性である。

第四は内発的なアイデアを重視し、見通しを立てて、まちづくり、むらづくりのストーリーをつくっていくことの大切さである。

第五は柔軟な組織化であり、それぞれの地域にあった、複数の人間の力を引き出せる硬軟とりまぜた対応の重要性である。

第六は系統性と展開性を念頭におき、一つひとつの計画を単発に終わらせずに、常に次への発展を考えておくことの重要性である。

第七は総合性、住民総参加の道の追求である。

内発的発展論は「社会変動の内発的な理論」であり、そのうえで地域ごとの多系的な発展の存在、地域の固有性の認識、潜在能力の発揮に基礎をおく人間の発達、そしてそれらを前提として、地域や個人の自律性を認識することが重要性であり、その考えを基礎として、さらに各地の実践と理論から帰納しうる内発的発展の特徴は現時点では、次のように示される。

第一は地域の資源、技術、産業、文化を土台とし、これらを再評価して活用している。これにはハードとソフトの資源活用という視点から、地域固有の情報ネットワーク、地域の諸資源・技術革新・

序章　内発的な地域の発展とは何か

市場ニーズを総合的に評価できる地域固有のノウハウ（知的資産）の重要性が新たに加わってくる。

第二は住民が自ら学習し計画する点であるが、社会教育を含めた学習機会や参加の場の設定が、地域での人材輩出の文化的基礎となるということである。

第三は地域産業連関の重視という点である。地域にある多様な産業を互いに評価し、それらの相互の連関をはかることである。とくにこれからは福祉的社会連関を視野に入れることが重要になってきている。高齢化社会のなかでの、地域における医療、福祉の重視は不可欠の観点といえる。

第四は環境、生態系の保全、アメニティの向上は当然の枠組みであり、また環境、生態系は地域の固有性の基礎であるという点からも重視する必要がある。

第五は住民の主体的参加による自治、自律的意志決定、それにもとづく地域独自の政策形成の重要性である。政策に総合性、系統性・展開性、組織化の視点が不可欠なことはいうまでもない。

こうした考え方の基礎となったのはこの間の各地の地域づくりの実践である。

日本の農業生産額は1984年の11・7兆円がピークで、1985年の先進5か国蔵相会議（G5）のプラザ合意以降、低下の一途をたどっている。

そうしたなか、農村からの主体的、内発的対応策として、都市農村交流や農業の総合的産業複合化（いわゆる6次産業化）として農産加工、直売所の開設、グリーンツーリズムなどの展開が進んでいく。さらに地域を基礎とした農業維持のため集落営農が生まれ、西日本ではさらに高齢化社会に対応した地域貢献型集落営農へと展開をしている事例も見られる。

こうした動きと併行して、合併市町村の中心部から離れた周辺部で、「手づくり自治区」をつくっていく動きが現れ、それを土台として集落営農、6次産業化、都市農村交流、共同店などが足元から手堅く展開していくという事例が多数見られるようになってきた。農協においても地域との多様な接点・交流づくりという観点から、支店を地域の「プラットホーム」としていく動きもみられる。(24)

7 現場からの地域再生の動き

小田切徳美氏によれば、「人の空洞化」「土地の空洞化」「ムラの空洞化」「誇りの空洞化」が進むなかで、内発性、総合性・多様性、革新性をもった地域づくり、地域再生の柱として、参加の場づくり「場」、暮らしのものさしづくり「主体」、カネとその循環づくり「条件」をあげ、新しい価値（貨幣的、文化的、環境的、人間関係的価値）の上乗せの必要性を論じている。(25)

筆者はそれに持続性という時間軸「時間」を入れた仕組みづくりを、むらの伝統文化などの継承方法に学びながら、加味すべきと考えている。

以上小田切の提起した三つの柱に、さらに一つを加えた四つの柱の内容を、筆者なりに再整理して例示的に示せば以下のようになるであろう。

第一の柱は参加の場づくりであるが、参加型の地域づくりの実践例として地元学があげられる。この実践は内発的発展論を、地域、現場から実践的に強化していく可能性を秘めているといえる。

序章　内発的な地域の発展とは何か

これには東西の二つの源流がある。一つは西の熊本県水俣市で吉本哲郎氏によって始められた実践であり、公害のなかから地域の再生をめざすなかで編み出されたものである。地元にあるものを探し、新しく組み合わせて、まちやむらの元気をつくり出していこうというものである。そこから見いだす「いい地域の条件」とは、環境（豊かな自然がある）、産業（いい仕事がある）、生活文化（いい習慣、住んでいて気持ちがいい、生活技術を学ぶ場がある、三人の友達がいる）であり、自然と生産と暮らしがつながり、新しいものをつくり出す力をもっていることであるという。

もう一つは東の東北地方の実践から結城登美雄氏が生み出したものであり、ないものねだりをするのではなく、あるもの探し、あるもの活かしへと視点を変えて、地域の再生をめざすものである。遠くで光り輝くものも悪くはあるまいが、今はむしろ、ここにあるものを見つめ直し、この土地を生きてきた先人たちは、限られた自然立地条件のなかで、どのようにして己が生きる場と暮らしをよくしようと努力してきたのか。その知恵と工夫はどのようなものであったのか。いたずらに格差を嘆き、都市とくらべての「ないものねだり」の愚痴をこぼすより、この土地を楽しく生きるための「あるもの探し」を呼びかけている。そのうえで、よい地域であるための七つの条件をあげている。

①よい仕事の場をつくること　②よい居住環境を整えること　③よい文化をつくり共有すること　④よい学びの場をつくること　⑤よい仲間がいること　⑥よい自然と風土を大切にすること　⑦よい行政があること

そして柳田國男『都市と農村』（1929年）を引用してまとめる。「美しい村などはじめからあっ

193

たわけではない。美しく生きようとする村人がいて、村は美しくなったのである」。

この地元学と併行してワークショップ型の地域づくりが都市や農村でさまざまな形で展開してきた。こうした動きをふまえて体系化したのが、独立行政法人農村工学研究所による集落点検ワークショップと地域活性化ワークショップである。

集落点検ワークショップは、地域の内外の人たちが一緒に地域を見て回り、地域のよいところや問題点を見つめていく。そして発見した事実を大きな地図に書き込み、問題点や改善方法、提案できることは何かを、参加者全員で考えていくものである。

地域活性化ワークショップは、集落点検ワークショップで出されたことをカードに書いて、「KJ法」によりその相互の関連を考え、むらづくりに活かせることを参加者全員で整理していくものである。

第二の柱は暮らしのものさしづくりであるが、このなかで大切なのは食文化をはじめとする地域の文化の再評価である。たとえば宮城県宮崎町（現加美町）から始まり、北は北海道標津町から南は鹿児島県霧島市まで全国に広まりつつある、「食の文化祭」などは、食文化の再評価と地域の誇りを足元から見いだす活動であり、自給畑の評価を含めて展開しつつある貴重な実践例であるといえる。

第三の柱は内発的なアイデアの形成によるお金と循環づくり、つながりづくりである。地域の資源、技術、産業、文化、福祉などを連関させて、付加価値をつけ、地域活性化の基礎づくりとなるものである。

序章　内発的な地域の発展とは何か

たとえば、①農林業の多角化、複合化の延長線としての1次×2次×3次＝6次産業化、②環境、交流、経済のつながりを生み出す可能性をもつ、中山間地域等直接支払制度、各種の棚田や果樹などのオーナー制、CSA（地域・コミュニティが支える農業）、③有縁の社会づくり、すなわち新潟県上越市のNPO法人かみえちご山里ファン倶楽部が展開する「有縁の米」……自分たちでつくった米を販売する際に不作時の消費者への分配、子どもの遊び場の提供、地域行事への参加、移住相談、災害疎開などを総合的に提起して、都市と農村のつながりをつくり出そうとしている活動である。

さらに、④あきらめてはいけないこと。それは「いのちと生存のための食料」をつくること。失ってはならないもの。それは「食料を育ててくれる人々と、大切な食料を育ててくれる農地」。こう明確な宣言をして2006年から始まった宮城県の「鳴子の米プロジェクト」は新しい形での都市と農村の心を結ぶ先駆的な活動といえよう。

第四の柱は活動の柔軟な継続、持続性の構築であるが、この点はむらの伝統文化の継承の仕方から学ぶ点が多いといえる。たとえば鹿児島県阿久根市の「脇本山田楽」は、関ヶ原の戦いのとき、島津勢の出陣の檄であった。時代を経て継承されてきたが、近年それがむずかしくなってきた。そこでこれを学校教育のなかへ取り込み、薩摩の「郷中教育」＝後輩は先輩を敬い、先輩は後輩の面倒をみるというやり方を活かし、小学5年生を対象に6年生が教え、次の年は繰り上がった6年生が次の5年生に教えるという仕組みをつくりあげ、継承を行なっている。

愛知県の東栄町の花祭りは、長男一子相伝であったが、少子化し維持が困難になるなか、交流をし

195

ている都市住民も踊りの担い手として、広く祭りを支えるという形で継承をはかっている。

このようにむらの伝統文化継承のなかにある、組織体制、分担と責任、広い協力関係、そこから地域を元気にしていく工夫、方法を学んでいくことの大切さである。

内発的発展論は理論が先にあってそこから演繹的に考察していくのではなく、現場、現実の動きがあって、そこから帰納的に考察していくことに特徴がある。その意味では「各論」の充実が「総論」の理論的水準を高めていくことになるのである。こうした地域からの新たな実践を帰納的に整理することよってまた内発的発展論のより高次での整理がなされ、そこからまた地域再生の新たな方向性を見いだすことができると考えられる。

8 ネオ内発的発展論の登場

そうしたなか、近年話題となっているのがイギリスのニューカッスル大学のグループによるNeo-Endogenous Development の提起である。内発と外来のハイブリッドとしてのネオ内発的発展論の提起である。その背景には外部からの影響を排除した、自律的な農村地域社会の社会経済的発展はたしかに理想的ではあるが、実用的な提案ではないという考え方があり、農村を分析するには「関係性としての空間」「関係性を読み解く分析理論」としてのアクター・ネットワーク理論が必要であるとされ、そこからさらにネオ内発的発展論においては外部支援の重要性が指摘されている。

序章　内発的な地域の発展とは何か

ネオ内発的発展論が出てくる背景としては、EUのLEADERプログラムの深化、その対象地域の面的拡大で、地域の内と外の関係の検討が必要になってきているためである。日本でこのネオ内発的発展論による外部支援の考え方が受け入れられる背景として、市町村、農協の広域合併が考えられ、周辺部農村の力の弱まりが懸念されているためである。

だが日本ではすでに鶴見、宮本、保母らの見解にみられるように、内発的発展論においても外部との関係やその支援は当然の前提となっているのである。

とするとネオ内発的発展論でのイギリス農村認識、アクター・ネットワーク理論から外部支援へと進む論理展開、そしてその日本での適用にはもう少し理論的検討が必要である。

ネオ内発的発展論を重要な問題提起ととらえ、これらを明らかにしつつ、新しい理論的検討を進めていくことが、地域の内と外との関係を深めていく、内発的発展論の現段階での新たな挑戦的課題ではないかと考えている。

9　「公」「共」「私」の視点

地域を支える「公」「共」「私」という視点からみると、かつての同質性をもった「私」が異質化、分化し、さらに水利、入会、むらの共同作業などにかかわる「共」の力が弱まっている。こうした状況のもとでは、共同体的拘束力をもつかつてのコミュニティとしての「共」と、新たな連携、協同的

197

なアソシエーションとしての「協」とどのように連携していくかの検討が不可欠である。多様なパートナーシップの組み方やステークホルダーの検討、集落、「手づくり自治区」や新しい時代の協同組合の役割もこの点にかかわってくる。

地域における内発的発展論は、この新しい共同性（協同性、協働性）を基礎にした検討もまた必要不可欠なときにきていると思われる。

こうした視点にもとづいて以下の各章では、東日本大震災、原発災害からの復興のヒントとなる全国の地域再生の実践を紹介していく。「見えない放射能」と同様「見えないウイルス」と闘い地域全体の循環を重視してまちの再生を果たした宮崎の例、各地の埋もれた資源を活用し「地エネルギー」を自給する実践例、再生可能エネルギーと農村活性化を結びつけるドイツの事例、旧産炭地に想いを寄せアートによる地域再生をめざす北海道の実践、地域の再生をブランド形成という点から考え被災地へ地域ブランドづくりの重要性を提起する栃木の例、内と外との協力関係を地域の方々との長い交流から形成している群馬の実践、さらにそうした支援のあり方を国際開発の側面も含めて紹介する事例を取り上げる。これらはその苦闘の実践を東日本大震災、原発災害被災地の地域再生へと生かし、共に地域の再生、日本の再生を考えていくという位置づけをもって構成されている。

序章　内発的な地域の発展とは何か

注

（1）アマルティア・セン『福祉の経済学』岩波書店、1988年、アマルティア・セン『合理的な愚か者』勁草書房、1989年。
（2）ブルーノ・S・フライ、アロイス・スタッツァー『幸福の政治経済学』ダイヤモンド社、2005年。なおブルーノ・S・フライ『幸福度をはかる経済学』NTT出版、2012年ではこれらの点をさらに詳細に論じている。
（3）ロバート・D・パットナム『哲学する民主主義』NTT出版、2001年。
（4）鶴見和子、川田侃編『内発的発展論』東京大学出版会、1989年。
（5）ヴォルフガング・ザックス編『脱「開発」の時代』晶文社、1996年。
（6）西川潤『人間のための経済学』岩波書店、2000年。
（7）鶴見和子『漂白と定住と』筑摩書房、1977年。
（8）鶴見和子『内発的発展論の展開』筑摩書房、1996年。
（9）赤坂憲雄『東北学へ　3　東北ルネッサンス』作品社、1998年。聞き手／赤坂憲雄「インタビュー・鶴見和子・地球志向の比較学」赤坂憲雄編『東北学』Vol.1、東北芸術工科大学東北文化研究センター、1999年。
（10）池上惇『人間発達史観』青木書店、1994年。
（11）宮本憲一『都市経済論』筑摩書房、1980年。
（12）宮本憲一『現代の都市と農村』日本放送出版協会、1982年。
（13）宮本憲一『環境経済学』岩波書店、1989年。

199

(14) 重森暁『現代地方自治の財政理論』有斐閣、1988年。
(15) 基礎経済科学研究所編『人間発達の政治経済学』青木書店、1994年。
(16) 保母武彦『内発的発展論と日本の農山村』岩波書店、1996年、保母武彦『日本の農山村をどう再生するか』岩波書店、2013年。
(17) 宮本憲一・遠藤宏一編『地域経営と内発的発展』農山漁村文化協会、1998年。
(18) マイケル・J・ピオリ、チャールズ・F・セーブル『第二の分水嶺』筑摩書房、1993年。
(19) 佐々木雅幸『創造都市の経済学』勁草書房、1997年。
(20) 鈴木茂『産業文化都市の創造』大明堂、1998年。
(21) 農文協編『イナ作地帯の複合経営』農山漁村文化協会、1969年、佐藤正『地域農政の指針』農山漁村文化協会、1980年、宇佐美繁『農業生産力の展開と地帯構成』筑波書房、2005年。
(22) 永田恵十郎『地域資源の国民的利用』農山漁村文化協会、1988年。
(23) 守友裕一『内発的発展の道──まちづくりむらづくりの論理と展望──』農山漁村文化協会、1991年。
(24) 松岡公明・小林元・西井賢悟『支店協同活動で元気なJAづくり』家の光協会、2013年。
(25) 小田切徳美編『農山村再生の実践』農山漁村文化協会、2011年、小田切徳美編『農山村再生に挑む』岩波書店、2013年。
(26) 吉本哲郎『地元学をはじめよう』岩波書店、2008年。
(27) 結城登美雄『地元学からの出発』農山漁村文化協会、2009年。
(28) 都市における参加型地域づくりに関しては、川喜田二郎『発想法』中央公論社、1967年、川喜田二郎『KJ法』中央公論社、1986年、ヘンリー・サノフ『まちづくりゲーム』環境デザインワーク

ショップ』晶文社、1993年、世田谷まちづくりセンター『参加のデザイン道具箱』1993年などが重要である。

(29) 農村における参加型地域づくりに関しては、「戦略的村づくり支援システムTN法ソフトシリーズI、II」農林水産省東北農業試験場農村計画部『東北農村計画研究』第9号、第10号、1992年、1994年、農村開発企画委員会『村づくりワークショップのすすめ』農林統計協会、1994年、静岡県農政部『Field Work Book』1995年、門間敏幸『TN法 住民参加の地域づくり』家の光協会、2001年などが重要である。

(30) 農研機構農村工学研究所『群馬県南牧村における振興支援型研究の記録』、本報告にかかわった農村工学研究所の遠藤和子氏ならびに茨城大学の牧山正男氏らが実践を体系化し、理論化した。

(31) NPO法人かみえちご山里ファン倶楽部『未来への卵―新しいクニのかたち―』2008年、中ノ俣たき火会・NPO法人かみえちご山里ファン倶楽部『ナカノマタン』農山漁村文化協会、2008年。

(32) 結城登美雄前掲書、大崎市鳴子地域水田農業推進協議会・鳴子の米プロジェクト会議『鳴子の米プロジェクト』2007年。

(33) 都市農山漁村交流活性化機構『むらの伝統文化顕彰報告書』2008年。

(34) 安藤光義、フィリップ・ロウ編『英国農村における新たな知の地平』農林統計出版、2012年。

執筆：守友裕一（宇都宮大学農学部）

第1章　地域産業連関からみた口蹄疫被害とその復興
―― 宮崎県川南町

宮崎県は、2010年4月に最初の口蹄疫が確認されてから甚大な被害に見舞われ、その対策に追われ続けた。同年8月27日の終息宣言以降、復興への取組みは加速化しつつある。そもそも口蹄疫は、口蹄疫ウイルスにより牛・豚などの偶蹄類が感染する伝染病である。発症すると牛・豚等の口や蹄に水疱等の症状を示し、致死率は成畜で数％だが、感染力・伝播力が強く、有効な治療法もなく産業動物の生産性を低下させる。このため、家畜伝染病予防法では、「法定伝染病」に指定し、患畜および疑似患畜は殺処分を義務づけている。また家畜の感染症に関する国際機関OIE（国際獣疫事務局）が最も警戒する感染症の一つである。口蹄疫は、近隣アジア諸国をはじめ世界各地で発症の報告があり、2001年の英国の口蹄疫被害では1兆円を超える被害をもたらした。

わが国では1908年（明治41年）、そして92年後の2000年（平成12年）に発生し、さらに2010年に10年ぶりに発生したものである。

第1章　地域産業連関からみた口蹄疫被害とその復興

2010年の宮崎県における口蹄疫は、宮崎県東部の児湯郡を中心に急速に拡大し、その被害は28万頭にも及んだ。4月20日に発生した口蹄疫は関係者による防疫活動によっても収束の気配を見せず、宮崎県は5月18日に非常事態宣言を行ない、全県にわたっての防疫活動の強化と感染拡大防止のため不要不急の外出の自粛を呼びかけた。その後ワクチン接種を通じて感染拡大は押さえ込まれ、7月末には非常事態宣言の解除、8月の終息宣言を迎えた。

本章は、この宮崎県における口蹄疫の被害の全体像とともに、とくに児湯郡における川南町の事例を通じて口蹄疫の被害とその復興の道筋について検討を行なうものである。

1　口蹄疫の被害像

宮崎県が2010年8月に公表した口蹄疫被害額（推計）は、畜産およびその関連産業で約1400億円、イベントの中止や観光客の減少等の影響により約950億円の合計2350億円にも達した。殺処分を行なった牛豚計約28万頭は県内飼育のそれぞれ約4分の1であり、その被害は川南町を中心とした児湯郡内に集中した。

今回の口蹄疫被害の特徴は、第一に道路等の通常のインフラや人家への影響が大きい地震や風水害等とは異なり、家畜等の生産基盤への被害が中心であり、「経済災害」の視点が非常に強いことである。これは、復興に向けた取組みの際には、公共事業によるインフラ整備等の手法が使えない問

203

3）社会的被害
・地域内における利害関係
　　　畜産業・一般住民・商工業者
　　　相互の利害や内部の利害
・「自粛」要請による行動規制（学校・地域行事の中止）

4）精神的被害
・家畜殺処分に対する心理的打撃（畜産業・同関係者・行政職員・獣医師等）
・関係者間で発生するストレス

5）環境的被害
・埋却地からの異臭・地下水への影響等

資料：筆者作成。

題点が発生する。第二に風評や非常事態宣言による各種行事の自粛は、宮崎県内の観光や商業はじめ他産業へ幅広い経済的被害をもたらした。口蹄疫ウイルスという見えないものに対する人びとの警戒感は、過剰な風評や自粛ムードを生み出した。宮崎ナンバーのトラック出入り禁止、ウイルス発生地域内の人の出入り自粛による営業機会のロス、県外からの受注・商談の中止・延期、隣接県における公共施設の宮崎県関係者の利用禁止、飲食店の売上げの大幅減少など県内の事業者や県民生活に大きな影響をもたらしたことである。畜産業への被害が広く経済全体へ波及し、大きな影をもたらしたことである（表Ⅱ-1-1）。

口蹄疫の被害は、畜産と関連業種そして風評・自粛等による経済的被害のみならず行政がその対策に追われかつ大きな財政的負担をともなう行財政被害にも見舞われた。

また、発生地域内に利害対立や地域行事の自粛・中止による社会的被害、被害農家や殺処分にかかわる行政職員の精神的な被害、殺処分による埋却にかかわる地下水や悪臭等の環境的被害も発生し、宮崎県に大きなダメージを与えることになった。[2]

第1章　地域産業連関からみた口蹄疫被害とその復興

表Ⅱ-1-1　口蹄疫被害の全体像（筆者による推計）

項目	金額（推計）
Ⅰ　直接的被害 畜産の牛・豚に対する被害（①） （患畜・疑似患畜・ワクチン接種家畜＝殺処分された家畜）	年間▲285億円（cf県推計▲275億円） 県内産出額の牛：23％（687億円）、豚：24％（543億円）殺処分 ・5年間で段階的に回復 ▲855億円 （cf県推計：5年で段階的に回復：▲825億円）
Ⅱ　間接的被害 1）経済的被害 　a）生産連関上の影響・被害 　　①の生産の連関のある周辺産業：② 　　（農業・輸送・飲料食料品：生産連関のある産業＋所得減による影響）	年間▲146億円（cf県推計▲159億円） 飲料食料品　　　▲33億円 運輸　　　　　　▲23億円 農業　　　　　　▲23億円 商業　　　　　　▲16億円 対事業所サービス▲11億円 金融・保険　　　▲11億円 不動産　　　　　▲6億円 ▲146億円×3年＝▲438億円 （県推計）食肉加工影響分　89億円追加 畜産および関連産業の影響 ①＋②＝1,302億円 　　（県推計1,400億円）
b）生産連関以外の影響・被害：③ ◇「自粛」： 　非常事態宣言等による外出・イベント・学校行事自粛（飲食業・ホテル（宴会・会合）・結婚式） ◇「風評」： 　・宮崎県への観光・出張自粛 　　宮崎県産品の購入中止 　　宮崎県関係者の立ち入り禁止 ◇「その他」： 　公共事業の発注延期をはじめ上記にともなう「失業」「廃業」「資金繰り困難」	▲576億円（県推計950億円） 宮崎県中小企業家同友会調査（6月景況調査） ・会員の半数の企業で売上減少 　（10％前後　最大値） 県内産出額（影響業種4.9兆円）×県内の半数×3か月×10％ 　＝▲613億円－②重複分 　＝▲576億円 宮崎商工会議所（7月発表） ・7割で影響、そのうち半数3割の売上げ減少 口蹄疫全体の経済的被害推計 ①＋②＋③＝1,878億円 　　　　　（県推計2,350億円）
2）行財政被害 ・財政逼迫 ・行政機能の混乱、低下 　（公共事業の発注延期／各課の事業執行見直し）	（対策費） 口蹄疫対策費（県計上分　884億円うち国庫補助金717億円） （2010/9/15　宮崎日日新聞　県議会一般質問より）

2 川南町の地域産業連関分析と復興への視点

(1) 川南町の概要

宮崎県川南町は、宮崎県のほぼ中央部に位置し、町域は東西約12km、南北約10kmの総面積90・28平方km、人口約1・7万人、東は太平洋に面し森林と農用地が総面積のそれぞれ約40％を占める自然豊かな町である。温暖な気候と豊かな自然のなかで、台地を活かした畜産業はじめ全国有数の食糧生産基地でもあり、太平洋に面していることからマグロやフグなどの獲れる漁港もある。

川南町は江戸期には米沢藩の名君上杉鷹山の出身である高鍋藩秋月家の支配にあり、藩政期より讃岐国や周辺村からの入植があるなど開拓の町でもあった。戦後は青森県十和田市、福島県矢吹町と並んで大規模国営開拓事業が成功した三大開拓地として知られた。全国各地から農業を志す人びとが集まり入植が行なわれたことから「川南合衆国」とも称される。またその開拓の歴史からフロンティアスピリッツあふれる町としても県内で知られ、毎週第4日曜日に川南町商店街で開催される軽トラ市は全国的にも有名となり、町内外から150の出店者と1万人を超える集客があり、開拓者精神あふれる町のシンボルでもある。

第1章 地域産業連関からみた口蹄疫被害とその復興

(2) 地域産業連関分析と口蹄疫の被害推計

宮崎県の口蹄疫被害は、県内の県央部に位置する児湯郡（5町1村）＋西都市の児湯エリア（面積：1000平方km、人口約10・5万人）に集中した。川南町は最大被害地であり、14・7万頭もの殺処分（全体の7割）を行なった。

口蹄疫の被害推計や地域経済の再生を検討するうえで地域経済の構造を分析する必要がある。そうした分析には地域産業連関表が重要な役割を果たす。地域産業連関表とは、ある地域内の経済活動を対象とし、そのなかで行なわれた財・サービスの取引活動、消費活動の関係性（連関）を、取引金額（「投入」「産出」）により一覧にしたもので、地域経済循環（お金の流れ）の「断面」を示すものである。すべての産業は、その生産物を他の産業に販売し、また一方では、生産のために必要な原材料等をほかの産業から購入するなど、相互に深く結びついており、これらの産業間の取引や消費、投資などの関係を一定期間（通常1年間）、一定地域（宮崎県）について一覧表にまとめたものが産業連関表で、産業の費用構成（投入）や販路構成（産出）が示されている。

地域産業連関表は、これをそのまま読みとることによって、表作成年次の産業構造や産業部門間の相互依存関係など経済構造を総体的に把握し分析することが可能である。さらに、産業連関表の各種係数を用いた産業連関分析を行なうことにより、経済の将来予測や経済政策の効果測定・分析などが可能であり、各種行政施策の評価等の基礎資料として利用されている。さらに、逆行列係数等の係数

207

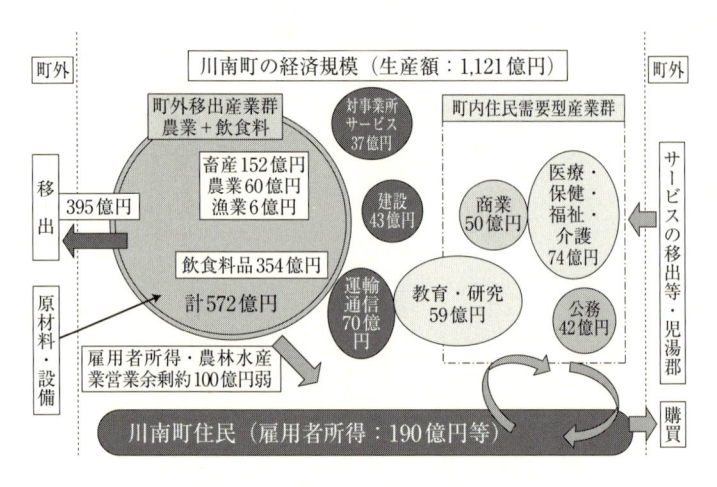

```
┌─────┐                                                      ┌─────┐
│町外 │    川南町の経済規模（生産額：1,121億円）              │町外 │
└─────┘  ┌──────────────┬─────────┬──────────────────────┐  └─────┘
         │町外移出産業群│対事業所 │町内住民需要型産業群  │
         │農業＋飲食料  │サービス │                      │
         │              │ 37億円  │      ┌医療・┐        │
         │  畜産152億円 │         │商業  │保健・│        │  サービス
    ┌──┐│  農業 60億円 │  建設   │50億円│福祉・│        │  の移出等・
移出│  ││  漁業  6億円 │ 43億円  │      │介護  │        │  児湯郡
    │395│              │         │      │74億円│        │
    │億円│ 飲食料品354億円        │      └──────┘        │
    └──┘│              │運輸・   │教育・研究   公務     │
         │  計572億円   │通信70   │  59億円    42億円    │
原材料   │              │億円     │                      │
・設備   └──────────────┴─────────┴──────────────────────┘
    ┌───────────────────────────────────────┐
    │雇用者所得・農林水産業営業余剰約100億円弱│
    └───────────────────────────────────────┘
         ┌────────────────────────────────────┐        ┌─────┐
         │  川南町住民（雇用者所得：190億円等）│        │購買 │
         └────────────────────────────────────┘        └─────┘
```

図Ⅱ-1-1　川南町の経済規模と産業群

を用いることにより、最終需要の変化が各産業に及ぼす経済波及効果を算出することが可能である。

地域産業連関表は、各都道府県や政令市等でつくられているものの、市町村ベースで作成はデータの制約から作成されていない。

口蹄疫からの復興の参考資料に向けて宮崎県中小企業家同友会は、（財）日本立地センターの協力のもと、川南町地域産業表を作成し、産業連関分析を実施した。平成17年度の宮崎県産業連関表をベースに川南町役場の協力のもと事業所ヒアリング等もふまえて推計値の補正を行ない作成したものである。筆者はアドバイザーとしてかかわった。次の図Ⅱ-1-1は産業連関表が示す地域経済の構造の全体像である。

川南町の経済規模（生産額）は、1121億円と推計される。地域外に財・サービスを移出し稼ぐ産業群（町外移出産業群）は、畜産業152億円、農

第1章　地域産業連関からみた口蹄疫被害とその復興

業60億円、漁業6億円であり、さらに町内にJA出資のジュース工場および民間の食肉工場があり飲食料品製造業として354億円、合計で572億円となる。これは町の生産額の51％を占めている。

これらのうち域外への移出額は395億円であり、町外移出産業群が個人農家等の営業余剰等を含めた町内への雇用者所得および農林水産業営業余剰は約100億円近くになると推計される。また、町外移出産業群（農業＋飲食料品）には、関連産業として畜産等の移動にかかわる運輸通信70億円、畜舎等の建設にかかわる建設43億円、対事業所サービス37億円の産業がある。

一方、川南町全体の雇用者所得は190億円あり、これらが町内住民を対象とした町内需要型産業群を形成する。代表的な産業は、医療・保健・福祉・介護の74億円、商業50億円、教育・研究（一部町外移出産業向け畜産関連研究機関含む）59億円、公務42億円の産業群がある。川南町商店街は、口蹄疫によって客足がまったくなくなり、各個店は極度の売上げ不振に直面した。川南町の基幹産業の危機は、商店街の危機に直結し地域経済へのダメージを拡大させることになったのである。

口蹄疫が川南町にもたらした経済的影響を推計すると、まずこの畜産152億円は町内の牛・豚の殺処分により壊滅的ダメージを受けたと思われる。これらの殺処分により関係者からのヒアリングによれば口蹄疫前の生産水準への回復は豚は2～3年、牛は5～6年かかると推察される。また、口蹄疫は、発生から終息まで約5か月間にも及び、その間に拡散防止のための車両の移動制限や消毒による運輸通信70億円への影響、同じく移動制限による飲食料品354億円の影響、川南町住民の外出・移動制限・自粛等による商業50億円等への町内住民需要型産業群への影響を考慮すると、口蹄疫

発生年2010年の単年度の推計で約300億円近い経済的被害があったものと考えられ、川南経済のおおむね3割弱近い影響が推測される。

(2) 地域経済の再生とその方向性

川南町においてこうした大きな被害が発生した背景には、畜産業の特化した地域経済構造にも要因がある。川南町は、もともと柑橘類の産地でもあり、オレンジ輸入自由化にともない畜産業に転換してきた経緯がある。そうしたことから県の復興計画にも耕種農業にどのように転換するかが一つのポイントとなる。

今後の地域経済のあり方を考えるときに地域の資源を活用し循環構造を形成するか、そのための「循環」を軸とした四つの視点で地域経済の再生を戦略的に組み立てることが大切である。

① 川上から川下へ生産のみならず加工・販売・食まで含めた付加価値づくり

農林水産業も素材のまま域外へ出荷するよりも加工食品にして付加価値を高めるとともに、さらに加工品の販売や素材を活かした食の開発や体験等も商業・観光・飲食業分野とも関係させていく6次化や農商工連携を促進させ、地域内で雇用が生まれ資金が循環していく「しかけ」や「仕組み」づくりが重要となる。その「しかけ」や「仕組み」には企画・デザイン力とともに多様な主体の連携が求められる。そうしたコーディネイターとして行政やJA・商工会・観光協会等の行政と産業をつなぐ中間組織の役割が期待される（図Ⅱ-1-2）。

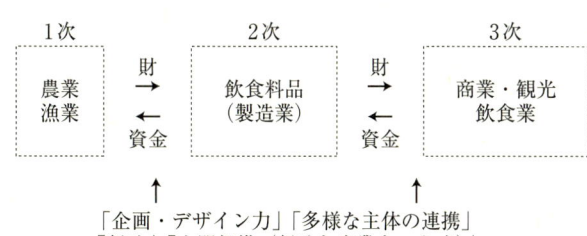

第1章　地域産業連関からみた口蹄疫被害とその復興

```
   1次              2次                3次
┌──────┐  財→  ┌──────┐  財→  ┌──────┐
│ 農業 │       │ 飲食料品 │       │商業・観光│
│ 漁業 │  ←資金 │ (製造業) │  ←資金 │ 飲食業  │
└──────┘       └──────┘       └──────┘
    ↑              ↑
「企画・デザイン力」「多様な主体の連携」
「行政」「中間組織（行政と産業をつなぐ）」
```

図Ⅱ-1-2　川上から川下へ（6次産業化）

たとえば、川南町は、農業は基幹産業であるが、今回の推計では農業の移輸入額は9億円である。耕種転換が求められるなかで、できるだけ地元産を使う視点も重要である。

② **自然・環境：持続可能な地域づくり**

地球環境問題が深刻化するなかで、持続可能な地域づくりをめざすうえでエネルギーの地域内循環は大きな課題となる。地域産業連関表による分析では、川南町への石油・石炭製品は23億円、電力・ガス・熱供給は26億円と推計された。畜産業の集積密度が高い川南町では、畜糞によるバイオマスを使用した発電がおおいに期待される。

③ **複合性：将来性および地域ニーズをふまえた戦略的な産業創出策**

（a）基幹産業（農業・飲食品製造業・畜産）に「健康・福祉」「環境」「教育」を掛ける（スリー・バイ・スリー戦略）

地域経済再生に向けては、将来性と地域ニーズをふまえた戦略的な産業創出を考える必要がある。そうした戦略の考え方に基幹産業（3業種）と将来性および地域のニーズの「健康・福祉」「環境」「教育」の3業種を掛け合わす「スリー・バイ・スリー」がある。もともとは、田中康夫氏が長野県知事時代に提唱された戦略である。

表Ⅱ-1-2　川南町のスリー・バイ・スリー

	農業	飲食品製造業	畜産
健康・福祉	癒し産業（グリーンツーリズム）	健康商品開発	健康にやさしい畜産物
環境	太陽光発電を活かした農業	リサイクル工場 太陽光発電工場	バイオマスエネルギー
教育	農業体験 日本一健康で美味しい学校給食	工場見学	牧場体験

　川南町の基幹産業の三つは、「農業」「飲食品製造業」「畜産」である。これにそれぞれ「健康・福祉」「環境」「教育」を掛け合わせたものが表Ⅱ-1-2である。このマトリックスから導き出される新産業は、それぞれに時代のニーズや将来性をもつものであり、既存産業の新分野への取り組みを方向づけるものとなる。

　とくに農業×教育における「日本一美味しい給食」は、地産地消から「地消地産」つまり地域で安全・安心で美味しいものを食べる（消費する）ものは地域でつくるという視点も今後の地域経済振興を考えるヒントにつながる。つまり、これまでの生産者（供給）の論理ではなく、生活者（消費者）の視点からの農業と消費の関係構築である。

　また、「日本一美味しい給食」は、「食育」の推進であり、口蹄疫を忘れない、「食」「命」の大切さを伝える取組みとなる。

（b）商業×福祉×医療（生活・サービスと地域）

　国立社会保障人口（2013年3月）の推計によれば、総人口は2010年に1万7009人から2030年に1万4783人と約2200人減少し、75歳以上人口が2010年：2441人から2030年には3442人と約1000人増加する。こうした高齢者の増加は医療・福

第1章　地域産業連関からみた口蹄疫被害とその復興

社関係の需要を高めることになる。医療・福祉サービスは、消費者のニーズにいかに的確に対応できるかが重要であり、消費者に近いところで供給されることが便利であり「地消地産」である。また、福祉系は人件費比率が高く地域経済にもたらす波及効果も高い。川南町内には、推計で医療・保健57・2億円、介護8・5億円、社会保障8・3億円の計74億円の生産額がある。そうした福祉・医療とともに、高齢化にともなう買い物弱者対策もこれからの課題である。町内の通浜地区、若松葉地区は地域の商店閉鎖が進み、宮崎県商工会連合会の調査ではこの川南町は買い物弱者が県内でも高い地域でもある。商業と福祉の連携である商福連携も今後の重要なテーマとなると思われる。

④ 循環を高める主体…「役場」「中間組織」の役割と条例

市町村における「市役所」「役場」は、町民生活にも幅広く影響をもたらすものである。すなわちこれらの業種のあり方を通じて「意思ある資金の循環」を意図してつくることに地域経済の構造を変えていく力になりうる。いかに地域経済の循環を高めていき、地域内で資金を循環させて雇用を創出するかについて「役場」は大きな役割を果たすことができる存在である。

地域産業連関分析においても役場が関係する公共部門がかかわる業種は、公務42億円、公共事業27億円、医療福祉系74億円、教育14億円と計161億円ある。

平成の大合併にて市町村合併が進み、市役所・役場がなくなり吸収合併された旧市町村では、この市役所・役場が保有していた地域経済循環上の役割を痛感している。市役所・役場があるからこそ地域の中小企業に発注があり、そこから地域内に波及する循環が合併により本庁調達の一本化した途端に

廃業に追い込まれた事例は数多い。また市役所・役場は、これまで述べた「川上から川下」「自然・環境」「複合性」といった地域経済循環を高める戦略構築にも重要な役割を担える立場にある。同様にJA・商工会等の中間組織も行政と産業をコーディネイトする重要なプレイヤーでもある。また、地域経済循環を高めるような再投資が継続していく「地域内再投資力」の主体としても期待される。

以上、地域産業連関分析を用いて川南町経済の再生に向けた「循環」をキーワードとした戦略について検討した(5)。そうしたなかで、「川上から川下」は、地域の資源をいかに活かして地域の活性化をはかるか、言い換えれば農業畜産関連産業群(農業クラスター)をどう育てるか、農商工連携をはかり消費者と向き合いながら地域内外の連携・情報発信をはかるかがポイントとなる。

3 川南町中小企業振興条例策定に向けて

川南町における口蹄疫被害が拡大するなかで直接的な被害ではなく、外出自粛や移動制限等により消費が大きく落ち込み大きなダメージを受けたのが川南町の商店街である。

そうした被害から立ち直り、地域の経済と雇用づくりを自らの手で考えようと商工会青年部の有志が中心となって立ち上げたのが「なつかしい未来創造会議」である。「なつかしい未来」とは、東日本大震災で壊滅的被害を受けて復興に取り組む岩手県陸前高田市の取組みに刺激を受けて、その由来にちなんで名づけた。すなわち、昔なつかしいものになってしまった人びとのつながり・助け

第1章 地域産業連関からみた口蹄疫被害とその復興

```
┌─────────────┐   浜うどん         ┌─────────────┐
│   水産業     │   お茶            │    農業      │
│             │   ゲッシュマック   │             │
│  海産物      │   JA近くのおしゃれな│ 農産物・イチゴ・│
│ 豊かな海の幸 │   イタリアンレストラン│ 農業用施設・ │
│ マグロ・魚   │   チーズケーキ     │ 灌漑施設・   │
│新鮮な魚が食べられる│押川さんのケーキ │農業後継者がいる・│
│ 漁港・水産業 │   びんちゃんコロッケ│ 野菜たくさん │
│ 漁業・トラフグ│  サンA・商店街    │ 新鮮な食べ物 │
│ 魚がおいしい │                   │ 農作物豊富・  │
│通浜漁港がある│  海の幸・山の幸    │ 食材豊富     │
│  海産物      │  どちらも取れる    │ 果物おいしい │
│ 魚がおいしい │                   │             │
│漁港の魚が新鮮│                   │             │
│    魚       │                   │             │
└─────────────┘                   └─────────────┘
              ┌─────────────┐
              │   畜産業     │
              │牛も豚も鶏もいる│
              │畜産業・牛・肉・豚・鶏│
              │  畜産が盛ん  │
              └─────────────┘
```

図Ⅱ-1-3 川南町の資源・宝　食関連76件

合いを大切にして復興をめざしていくそうした意味を込めたものである。この一連の取組みは、宮崎県中小企業家同友会の支援を受けて、中小企業振興条例のための学習会の意味合いを含めて進められた。

その取組みのなかでワークショップ形式で町内外から30名の参加者から「川南町の資源・宝」および「川南町をこんな町にしたい」の二つを題材にして意見を集約したものである。

「川南町の資源・宝」（食関連）では、農業・畜産業・水産業やその他から多くの資源・宝が出された。畜産業の町の印象の強い川南であるが、農業では野菜・果物、水産業ではマグロやフグなど魚のおいしさが出された。また、おしゃれなレストランや畜産加工品やジュース工場など食にかかわ

215

農商工連携・食

- 漁業と農業を結びつけ加工場で潤う
- 浜と中心部でつながりを強化
- 農林水産業と商工業が結びつく
- 「食」・「グルメ」・食の自立国
- 食のデパート・売りになる食品開発
- 一次産業から二次産業へ
- 川南に来ないと食べられない食材・料理開発
- 自然を活かしたグリーンツーリズムと大規模農業がマッチした町
- グルメツアーの町
- 生産物のブランド化
- 農家民宿・朝ごはんをしっかり食べる
- 地産地消

産業・経済

- 食糧自給率100％
- 懐かしいものの復活
- 観光業の発達
- 観光資源の再発掘
- それぞれの職業に匠がいてそれを受け継ぐ町
- 農業の元気な町
- 町の人が町内でもっと買い物する
- イベントを中心とした活力あふれる町
- 外来者がお金を使ってくれる町
- 儲かる農業が実践できる街
- アニマルウエルフェアの精神地
- 畜産業のモデル地域

雇用・職場

- 一生懸命働く人がちゃんと生活できる街
- 若者が就労できる環境づくりをしたい
- 若者が働ける町・働く場の多い町
- 同じ業種・会社の人が一つになれる町

図Ⅱ-1-4　川南町をこんな町にしたい　産業活性化・雇用

るお店や工場などが出されており、食をテーマにした町づくりを感じさせるものとなった。

さらに、「川南町をこんな町にしたい」のうち「産業活性化・雇用」では、食をテーマとした活性化、農家民宿、漁業と農業の連携などの提案があった。さらに食糧自給率100％、儲かる農業の実践、農業が元気などの声や一生懸命働く人が生活できる街、若者の就労できる環境づくりが寄せられた。

2014年1月からは「川南学」として月に1回程度町の総合計画を題材にして川南町の商工会が中心となった勉強会が開催される。口蹄疫の被害を乗り越えて中小企業振興条例の策定等の町の復興に向けた取

第1章　地域産業連関からみた口蹄疫被害とその復興

組みがますます活発になると思われる。

注

(1) 永松伸悟（2010）「経済災害としての口蹄疫」「2010年　宮崎県口蹄疫災害を考える〜『経済災害』と社会の安全〜」（2010年6月23日）における資料参照。
http://www.kansai-u.ac.jp/Fc_ss/data/keizaisaigai.pdf

(2) 災害被害の類型については雲仙火山災害を事例にした宮入興一（1993）「災害問題と地域・自治体から自然的災害における被害の全体像と複合的被害構造の解明：雲仙火山被害を事例として」『経営と経済』73号1、23〜93ページを参照。

(3) スリー・バイ・スリーについては『週刊 ダイヤモンド』2003年12月5日号、182〜187ページを参照。

(4) 地域内再投資については以下を参照されたい。岡田知弘（2005）『地域づくり経済学入門――地域内再投資力論』自治体研究社

(5) 川南町地域産業連関表の作成は筆者の前職場の（財）日本立地センターで主任研究員を務める瀬川直樹氏が中心になって進めた。

また、市町村産業連関に関する解説は以下を参照。入谷貴夫（2012）『地域と雇用をつくる産業連関分析入門』自治体研究社、小長谷一之・石川和史（2012）『経済効果入門：地域活性化・企画立案・政策評価のツール』日本評論社、土居英二・中野親徳・浅利一郎（1996）『はじめよう地域産業連関分析――Lotus 1-2-3で初歩から実践まで』日本評論社、安田秀穂（2008）『自治体の経済波

217

及効果の算出─パソコンでできる産業連関分析』学陽書房。

執筆：根岸裕孝（宮崎大学教育文化学部）

第2章　農山村発　コミュニティ・エネルギーの胎動

1　農山村の豊かなエネルギー資源を生かす

　これまで日本は「資源小国」と当たり前のように思われてきた。たしかに化石燃料は乏しいかもしれない。だが、農山村を歩けば森林や川といった豊かな資源に満ちている。しかもあらゆる地域に分散するその特性は、エネルギーの消費者でしかなかった住民をエネルギーの生産者に変える可能性を十分に秘める。それは、2011年の福島第一原発事故を経て、小水力や風力、太陽熱、バイオマスなど、自然エネルギー（再生可能エネルギー）を生かした地域の再生の萌芽が各地に見られるようになったことからも明らかだ。
　本章では、むら・まちづくりの総合誌である『季刊地域』[1]の編集者として、農山村の「コミュニ

ティ・エネルギー」の特集にかかわってきた立場から、農家・農村が主導するコミュニティ・エネルギーの今日的意義を明らかにするとともに、エネルギー＝風土資源を活用した内発的な地域づくりの可能性を展望する。

2　小水力発電の底力を問う――原発から農家・農村力発電へ

(1) 小水力発電の三つの画期

『季刊地域』7号（2011年秋号）特集の「いまこそ農村力発電」では、コミュニティ・エネルギーのなかでもとくに小水力発電に着目し、その歴史に学びながら、農家、集落、農協、土地改良区など「地域」が主導する実践を取材した。

なぜ、いま小水力発電なのか。特集のなかで茨城大学農学部教授の小林久氏は「水力は不確実な予測しかできない状態で海上まで広く展開する風力発電や、あらゆる土地にパネルを敷き詰めることを前提とする太陽光発電、あるいは深々度まで掘削する地熱発電のような『大風呂敷の開発』を語ることはできない。だが、逆説的な言い方をすれば、小水力発電は推計に見合った開発が確実に見込める堅実な再生可能エネルギーといえる」と指摘する。また、小水力発電は水が循環し続ける限り、火力発電のように化石燃料を調達する必要もない。つまり、輸入燃料の価格変動に悩まされ

第2章 農山村発 コミュニティ・エネルギーの胎動

ることもない「純国産エネルギー」の発電方式ともいえる。

一般的には出力10万kW以上を大水力、1〜10万kW未満を中水力とし、1万kW以下の発電を小水力と呼ぶが、なかでも出力1000kW以下の小水力発電こそが、農山村で先駆的に試され、日本の水力発電技術を確立した立役者でもあった。

農山村における小水力発電の歴史には、これまでに三つの画期があった。1回目は発電事業の黎明期にあたる明治・大正期であり、2回目は1952（昭和27）年制定の「農山漁村電気導入促進法」を受けた昭和30年代の建設ラッシュ、そして3回目は減反政策の開始とオイルショックを背景に、農業用水の余水活用策として水力発電所が建設された昭和50年代である。

（2） 先人の遺産を生かす土地改良区の「棚田発電」
──大分県豊後大野市・富士緒井路土地改良区

大分県豊後大野市（旧緒方町）・富士緒井路土地改良区の開削の歴史は、1867（慶応3）年のこと。幹線水路総延長15kmのうち、隧道が70か所、10・5kmにも及び、手作業による開削は困難を極めた。

そして1914年、井路通水と同時に富士緒井路第1発電所が200kWの発電を開始。農村では電気そのものがまだ普及していなかった時代、発電所建設をめざしたのは、井路（用水路）より標高の高い棚田に電動ポンプで揚水し集落の開田を進めるためだった。当時は町でも村でも電気は地域

221

でつくるものであり、大分県では第2次世界大戦中に九州電力に統合されるまで、地域ごとに四十数か所の電力会社があった。

富士緒井路では、1921年に株式会社「富士緒電灯所」が設立。周囲の集落に電気を供給し始め、1936年から電力会社へ余剰電力の売電が始まる。戦後、第1発電所は機械の老朽化と人件費の増大で廃止か改修かの議論を重ねた結果、1977年に総額6500万円の改修工事（出力380kWに増強）が行なわれて、再び経営を軌道に乗せることができた。また、第2発電所は1983年に総事業費7億6700万円で着工、最大出力1500kWの発電所が竣工することとなる。第1、第2発電所を合わせた売電額の推計は、年間で約1億2000万円。土地改良区では売電収入を借入金の償還に充てるとともに、農家の賦課金を1985年には10a当たり8000円に、2000年には2000円に軽減している。賦課金面積220ha全体でいえば、毎年3520万円という劇的な軽減効果である。さらに毎年水路を補修して隧道以外の水路の9割を有蓋化し、豪雨の際の土砂流入の防止も飛躍的に向上している。

一般的に小水力発電の投資額は1kW当たり150万円程度といわれるので、1500kWの発電所なら22億5000万円になる。しかし、同じ出力の富士緒井路第2発電所の投資額は7億6700万円と約3分の1。既存の用水路を活かすことで新たな取水堰や導水路の建設などのイニシャルコストが不要だったからだ。こうした先人の築いたインフラを地域資源として活用できるのが、農山村の小水力発電の強みとなっている。

（3）農村の小水力発電を支援するローカル企業——広島県東広島市・イームル工業

小水力発電は、水の流量や落差が大きいところほど発電量が大きいことから「限界集落」と呼ばれるような水源域に近い中山間地域こそ小水力発電のフロンティアとなる可能性をもっている。そのことは急峻な地形が多い中国5県（広島・岡山・鳥取・島根・山口）で、1945年から55年にかけ94か所の小水力発電所が建設され、うち53か所が今も健在なことからもうかがえる（表II-2-1）。

1952年には、全国に先駆けて中国小水力発電協会（現在はJA広島中央会が事務局）を設立。中国5県の15農協をはじめ、土地改良区や市町村など、それぞれの地域が運営主体となって年間1万kWほどの発電を行なっているが、その多くが冒頭で述べた三つの画期の2回目に当たる昭和30年代に建設された農協発電所である。

追い風となったのが1952年に議員立法で制定された「農山漁村電気導入促進法」だ。この法律によって、通産省は小水力発電の売電方式を緩和し、農林省は建設費の80％を農林金融公庫から貸し出すこと（元利均等償還25年の優遇措置）で、地域の小水力発電の開発に大きな道を開いたのだ。

中国地方の発電所建設を支えたのが、農業用水路や小河川を生かした小水力発電に着目していた「イームル工業」（本社は東広島市）の創始者・織田史郎（1895〜1986）である。イームル工業は農協を中心に中国地方の小水力発電所（出力50〜500kW）の8割を直接受注建設するとともに、電力会社への売電価格交渉の仲介まで行なった。1967年までに小水力発電所は全

地方の53か所の小力発電所

	発電所名	運用主体	発電開始	水系河川	出力(kW)
広島県	砂谷	広島市農業協同組合	1959年	八幡川	100
	水内第一		1954年	大田川	170
	豊平		1953年	大田川	100
	所山	広島北部農業協同組合	1964年	小瀬川	205
	潜竜		1952年	大田川	95
	吉和		1965年	大田川	405
	壬生		1967年	江の川	162
	四和	四和電化農業協同組合	1961年	小瀬川	180
	三川ダム	世羅郡農業協同組合	1968年	芦田川	145
	藤尾	福山北農業協同組合	1959年	芦田川	77
	天神	三次農業協同組合	1961年	江の川	130
	河戸		1964年	江の川	150
	別所	庄原農業協同組合	1955年	江の川	213
	明賀		1955年	江の川	83
	法京寺		1962年	江の川	205
	永金		1966年	高梁川	140
	田森		1958年	高梁川	100
	竹森		1961年	高梁川	200
	小奴可		1962年	高梁川	165
	髙暮		1958年	江の川	155
	口南		1962年	江の川	95
	志和堀	志和堀電化農業協同組合	1954年	大田川	95

資料：『季刊地域』7号、農山漁村文化協会、2011年。

国で200か所ほど建設されているが、その半数余りが中国地方に集中したのも徹底して足元の資源を見つめ直した織田の功績が大きい。織田は5万分の1の地図を片手に現地を歩くなかで、「小水力の使途は大水力のように大都市や工業地帯の大需要を対象とするものではなく、農村の小需要を地元において供給するものだから使用効率が高く、農村の需要電力を大水力に依存する従来の非能率的なやり方とは比較にならないほど利益がある」と語って

第2章　農山村発　コミュニティ・エネルギーの胎動

表Ⅱ-2-1　今なお現役　中国

	発電所名	運用主体	発電開始	水系河川	出力(kW)
鳥取県	丹比	八東町電化農業協同組合	1958年	千代川	175
	大村	大村電化農業協同組合	1961年	千代川	200
	別府	別府電化農業協同組合	1954年	千代川	117
	富沢	富沢電化農業協同組合	1953年	千代川	120
	南谷	天神野土地改良区	1953年	千代川	90
	小河内	鳥取中央農業協同組合	1956年	天神川	130
	古布庄		1999年	加勢蛇川	260
	山守		1956年	天神川	79
	新日野上	日南町小水力発電公社	1990年	日野川	660
	石見		1953年	日野川	90
	上中山	鳥取西部農業協同組合	1954年	甲川	117
	米沢		1957年	日野川	135
	根雨		1959年	日野川	125
	畑		1958年	日野川	142
	溝口		1959年	日野川	180
島根県	布部	安来市役所	1954年	飯梨川	225
	伯太	安来市役所	1959年	伯太川	95
	仁多	奥出雲町役場	1962年	斐伊川	185
	三沢	雲南農業協同組合	1957年	斐伊川	90
	田井		1957年	斐伊川	100
	赤名		1957年	江の川	90
	都賀	島根おおち農業協同組合	1963年	江の川	190
	角谷		1965年	江の川	250
	柿木	吉賀町役場	1953年	高津川	200
	三瓶	石見銀山農業協同組合	1964年	静間川	210
岡山県	桑谷	津山農業協同組合	1965年	吉井川	420
	西谷		1967年	吉井川	480
	香ヶ美	香ヶ美川土地改良組合	1970年	吉井川	540
	羽山	びほく農業協同組合	1964年	高梁川	495
	西粟倉	西粟倉村役場	1966年	吉井川	280
山口県	稗原	山口農業協同組合	1967年	錦川	300

いた。

(4) 住民出資でつくった農協発電所 ——島根県奥出雲町・三沢小水力発電所

1950年から1967年にかけてイームル工業が支援し、建設された農山村の小水力発電所は73か所。取材で訪れた島根県奥出雲町（旧仁多町）三沢地区（254戸・720人）にある「三沢小水力発電所」もその一つである。同発電所は1957年に稼働し始め、現在もJA雲南から地元住民が運営を委託され、出力90kW（年間79万kWhほど）の発電事業を続けている。

農山漁村電気導入促進法の融資対象が「営利を目的としない農林漁業団体」であったことから、旧三沢農協が経営主体となることで着工が始まったが、当時の建設費用は1866万円。うち7割は農林金融公庫からの借入でまかなったが、残りは地区の農協理事の借入金や農協組合員からの出資金（1口200円で合計約220万円）が充てられている。

発電所が稼働した当初は、農協役員（1962年合併の仁多町農協）に運営が委ねられていたが、中国電力への売電単価の据え置きや運転員の人件費の上昇で、1975年には100万円の赤字を出し、経営の合理化が求められることになる。そこで1982年、旧三沢村の10の自治会代表で構成される「三沢小水力発電所運営委員会」が、農協と業務請負契約を締結。以後は、地元住民が運営を任せられることになったのだ。

▼発電所が年金＋αの小さい仕事を支える

現在、発電所の運転員2名はいずれも地元の年金受給者を雇用している。発電所の近くに暮らす朝倉治夫さん（75歳）は、この道36年の大ベテランだが、本業は水稲90aの農家だ。出力が落ちないように取水口のゴミや落ち葉を取り除いたり、建屋内で発電量をチェックしたりと、農業と運転

写真Ⅱ-2-1 発電所建屋内で水車の回転数をチェックする朝倉治夫さん
（写真＝高木あつ子）

員の二足のワラジを履いている。

「この年まで発電所で使ってもらえるのは助かります。農業と年金以外に月数万円の現金収入になるので孫にも小遣いがあげられる」と朝倉さん。住民主体の発電所は毎日のメンテナンスが徹底できるだけでなく、地元に小さい仕事もつくっている。

▼ 50年間で1780万円を地元に還元

現在、三沢小水力発電所運営委員会は、1993年に合併したJA雲南から年間500万円で運営業務を受託。同委員会では、年間650万円ほどの売電収入と請負料の一部をコツコツと積み立て三沢地区の地域振興に役立ててきた。具体的には、集会所の電気料の助成(年間5万5000円)や地区の文化活動を行なう福祉振興協議会への助成(25万円)をはじめ、額こそ大きくないが地元小学校の備品購入、消防団や老人クラブなどのコミュニティ活動の財源にも充てられている。

なかでも2002年に発足した農産加工所「味工房みさわ」へは、売電料と委託料の一部から、これまでに合計400万円ほどの助成金を出してきた。味工房代表取締役の田部和子さん(70歳)は、「発電所の助成金に助けられています。これまでに圧力釜や麹の発酵機、冷凍ストッカーなど、農産加工に必要な機器の購入に使わせてもらいました。こうした設備投資ができたおかげで、商品の幅が広がり、農家の手取りを増やす農産加工の手伝いができるのです」と語る。味工房では開設当初から加工品に使う食材はすべて地元農家から買い取ってきた。「出荷手数料も不要だし、規格外品でも仕入れるので、月2～3万円の小遣いにはなると思います」と田部さん。煮しめに使うフキ

第2章　農山村発　コミュニティ・エネルギーの胎動

やタケノコ、山菜は塩漬けにして1年分保存するので、山菜の出荷時期になると味工房の前には、早朝から地元のばあちゃんたちの列ができるそうだ。

こうした地元の期待を背に、「三沢小水力発電所」運営委員長の森山富夫さん（65歳）は、「この小さい発電所が集落に仕事をつくり、コミュニティを支えている役割は大きいと思います。小水力発電所は大事に扱っていけば、次の世代へも受け継いでいける地域の宝なんです」と、これからも味工房を核に三沢地区の農家の小さな現金収入を増やしていきたいと言う。(8)

（5）原発とは正反対の農家・農村力発電の思想

こうした九州地方の土地改良区発電や中国地方の農協発電の事例をみると、農家・農村の力による小水力発電は、つくづく原発とは正反対の思想にもとづくものだと思い知らされる。

すなわち、原発の寿命は当初30年と設計されていたが、経済性を重視した延長を重ねるうちに福島第一原発の事故は起きた。仮に事故が起こらなかったとしても、すべての原発は廃棄物、使用済み核燃料、廃炉の問題など、「負の問題」をことごとく未来に先送りしており、たかだか1、2世代の経済的繁栄のツケは未来永劫子々孫々に回される。一方、農家・農村の小水力発電は先人が地域と子孫の繁栄を願って開削した用水路を生かしたものが多く、未来を生きる子孫が恩恵を享受できる。原発と農家・農村力発電が正反対なのはそれだけではない。原発のエネルギー源は地球上の特定地域に偏在する有限かつ希少資源のウランだが、農家・農村の小水力発電のエネルギー源は普遍的に存

在する無限かつ希薄資源の「雨」である。「雨は地上に降ると、地形のひだに集まり、せせらぎになる。小さなせせらぎは沢となり、沢が集まり渓谷となり、渓谷が集まり川となる。単位面積当たりのエネルギーが薄い雨粒が、地形と重力によってしだいに集積され、濃いエネルギーとなっていく」[9]。
　わが国の降水量は、世界のなかでも多い部類にあたり、ヨーロッパの約2倍にあたる。その雨の「地形と重力による集積」を人の力が助けるのが農業用水であり、それは農業の本質にもかかわることでもある。「『農業とは生きものの力を借りて、再生可能な地球上の希薄資源を集めて利用する営みである』、この点が居座りで有限の資源を使っている工業との基本的な違いとなる」からだ[10]。こうしてみると、原発が象徴するような少数の中央・専門家が管理する大規模集中型エネルギーから、多数の地元・住民が管理する小規模分散化型エネルギーへの転換が、エネルギー政策の今日的な課題になっていることは間違いない。
　この点について、小林久氏は次のように整理している。
　「大規模集中型の電力システムは、中越沖地震の柏崎刈羽原発や東日本大震災の福島第一原発の例をみるまでもなく、災害に対して極めてもろく、リスクが桁違いに大きい。また、福島第一原発の処理に地元がまったく関与できないという事実が示すように、一般的に大規模システムは地域の技術や人材、意思決定を排除して中央集権的になりやすく、資源が生み出される環境や生産の現場を壁の向こうに追いやることで私たちを無知にさせている。これに対して、小規模分散型システムは地域の技術や人材を活かすことができる。さらに、住民や身近な関係者で、地域の環境や文化を、あるいは整

第2章　農山村発　コミュニティ・エネルギーの胎動

備や管理を決めたりすることができ、一般的に分権的な意思決定を行ないやすい」[1]。地域性を活かした小水力などの「コミュニティ・エネルギー」を住民自らが再評価することが、エネルギーの未来と農山村の再生という「地域主権」に向かう具体的な第一歩になる。

3　農家・農村が「地エネ」の当事者になる

(1) 農家の自給の思想に立つ「地エネ」とは

2012年の固定価格買取制度（FIT）の開始で、再生可能エネルギーによる発電事業が俄然脚光を浴びるなか、耕作放棄地に太陽光パネルを敷きつめるメガソーラーや洋上風力発電など、大手企業の電源開発と参入が相次いだ。というのも、FITによって1kWh当たり42円の太陽光発電をはじめ、電力会社が高単価での買取りが義務づけられたことや、その価格が10〜20年の期間保証されることなど、確実に投資を回収し収益を上げられると見込んでいるからである。

FITによって地方分散型の代替エネルギーの開発に弾みがつくのは喜ばしいことだが、それだけではせっかくの農家・農村発電の成果も、外から来た大資本にあっという間にもっていかれてしまう。外の大企業だけに電源開発を頼っていたのでは、「電気はどこか遠くにあって、知らないうちに届けられているもの」という関係そのものは変わらない。地域の側がエネルギー生産の当事者であるとい

う自覚をもつことが不可欠だと考える。『季刊地域』11号（2012年秋号）では、地域（地元）のエネルギー、地に足のついたエネルギーを「地エネ」と名づけた。地域が主導する小規模分散型エネルギーを進めるために、経済の視点のみでエネルギーを地域の外側からみるのではなく、暮らしの視点も含めて地域の内側からとらえ直すのが「地エネ」の立ち位置である。

そうした「地エネ」の視点をもって取材に入ると、大企業のメガ発電とは違って、電気を売ることはもちろんだが「自分たちが使う電気（エネルギー）は自分たちでなんとかしたい」という農家ならではの「自給」の発想が見えてくる。

自給とは、山や川、田畑など地域自然がもつ生産力を上手く引き出し、暮らしに取り入れる知恵や営みである。そこでは生産と生活が深く結びつき、地域資源を巧みに生かす農家の知恵が発揮される。農家は商品経済に巻き込まれながらも、農家固有の思想として「自給の思想」をもっているからだ。そうしてエネルギー自給の実感がもてれば、次につながる。自家発電がおもしろいと思えれば「『地エネ』を地域のものにしたい」という動きも広がっていく。それは、小さくてもエネルギーの生産にかかわる当事者になることでもある。「地エネ」による地域の内発的発展の可能性も、こうした「自給の思想」の広がりから展望したい。

（2）売電せず「自給」でも楽しめるのが「地エネ」の醍醐味

『季刊地域』11号の特集「地エネ時代」に登場した岐阜県中津川市付知町（つけち）の口田哲郎さん（78歳）

第2章　農山村発　コミュニティ・エネルギーの胎動

は、自宅で小水力発電をはじめて10年以上になる。会社を定年した2001年、親戚からもらった小さな水車に増速機やバッテリー、インバーターを付けた自作の発電機で、20Wの電灯を灯したのが始まりだった。翌年には「もう少し本格的な自家発電をしたい」と、畑の一角に「口田水力発電所」の建設を開始。落差15mの山際の農業用水路から取水し、発電所建屋までは塩ビ管で導水路をつくって水を引いた。

長年、下水道工事を仕事にしていた口田さんにとって土木工事はお手のもので、ユンボを使った建屋の整地やヘッドタンクの据えつけなども全部一人でできた。

2004年には建屋の発電水車を増設し、現在の発電量は600Wほど。売電はせずにブルーベリー観光農園の3台の貯蔵用大型ストッカーや屋外トイレの照明に利用している。「せっかく山のなかで暮らしているのに、いろいろやらんとおもしろくない」と口田さん。戦前・戦中のころは集落に小さな水力発電所があり、当番の家が水路掃除や、建屋の見回りに行った覚えがあるという。自家発電しようと思ったのも、「屋敷畑で自家野菜を育てるように、家で使かう電気は自分でまかなう。そんな暮らしを復活できないものか」と考えたからだった。⑫

農山村なら川も用水路も多い。「目の前を流れている水の力を使わないのはもったいない」というのが、農家の自給の思想である。また、気象の変化や川の増水などに気を配り、自然に働きかけて自然の力を引き出すという意味では、小水力発電は農家の日々の営みにも通じている。エネルギー自給は手間がかかるが、それ以上に自然とともに生きる暮らしの楽しみがある。だからこそ売電しなくても、そんな地に足のついた「地エネ」を手づくりし、自家消費に挑戦する農家がどんどん増えている。

(3) 最も身近な「地エネ」は山の熱利用

もちろん農家・農村が主導する「地エネ」は発電に限るものではない。そもそも家庭で消費するエネルギーのうち、給湯、暖房、コンロなどの熱エネルギーが占める割合は、照明や家電に使う電気エネルギーよりはるかに大きい。そのため、オール電化住宅では通常の住宅の約3倍の電気を消費するといわれる。仮に石油やガスといった燃料を直接暖房に使うとその効率は80％を超えるのだが、火力発電所の発電効率は40％程度、大半は廃熱のロスで消えてしまう。そう考えると熱を電気でまかなうというのは、なんともバカバカしい話である。

脱原発をめざすなら、エネルギーの中身も熱と電気に分けて考え、ついで熱源として石油やガスに頼る度合いを減らして地エネに置き換えていく。電気を自分たちの手で生み出すことをきっかけに、動力や熱利用を含むエネルギー全体の地域自給を見直す必要があるだろう。

『季刊地域』12号（2013年冬号）では、近年の薪ストーブの人気やバイオマスの熱利用への関心を背景に、山も地域も「薪で元気になる」という特集を組んだ。熱源となる地エネとしてもっとも有望なのが、農山村の身近な山から手に入れることができる薪だからだ。

日本の国土の3分の2は森林だが、これをエネルギー資源とみる人は少ないだろう。だが、森林の4割は人の手でつくられた人工林であり、天然林の多くはかつての薪炭林と考えると日本の山は最大の資源だったことは間違いない。しかも戦前戦後の木材需要をみると、戦前は建築などの用材よりも

第2章 農山村発 コミュニティ・エネルギーの胎動

釜戸や風呂に使う新炭材の伐採量が圧倒的に多く、「エネルギーのための山」だったともいえる1955年頃までは、家庭で使われるエネルギーの約70％が里山の薪や炭でまかなわれていたが、その多くは天然林であったため、伐採しても切り株から新しい芽が出てくる萌芽更新をくり返し、エネルギーの確保のために伐ることで山もまた維持されてきた。

その後、高度経済成長下で「エネルギー革命」が起こり、薪や炭を燃料にしていた風呂や暖房、炊事は石油やガス、電気に置き換わっていったことや、前後する拡大造林でスギ・ヒノキなどの針葉樹が一斉に植林され、その後の木材価格の低迷で間伐もされずに山が荒れていったことは周知のとおりである。こうしたエネルギーの供給地であった農山村がエネルギーの消費地に変わったことが、農山村の経済的衰退の一因でもあった。だが、エネルギーを生産する条件がなくなったわけではない。むしろ、こうしたエネルギー資源が顧みられなくなったことが問題なのだ。

そうしたなか近年、森林保全とエネルギー資源の利用を一体的にとらえ、間伐した未利用材をおカネに換える副（複）業的な自伐林家の動きが各地で活発になっている。高知県仁淀川町で始まった「土佐の森方式」や岐阜県恵那市の「木の駅プロジェクト」と呼ばれる草の根的な実践の広がりだ。

（4）間伐材をおカネに換える「C材元気市場」が急拡大中

建材用（A材）や合板・集成材用（B材）に適さない曲がり木などはC材と呼ばれ、間伐したスギのC材ならチップ（パルプ用）で1t当たり3000円程度にしかならない。この価格では森林組合

235

C材元気市場

加盟店 (店)	搬出量 (t/年)	買い取り価格（tまたはm^3当たりなど、【　】は地域通貨名）	用途・販売先
48	31	地域振興券5,000円	チップ（温泉ボイラーほか）
—	30	買い取り制ではなく、薪ストーブユーザー向けに薪を直接販売する市場（軽トラ1台分で6,000円、別途1,000円で市内配達）。	
21	60	4,000円【宝券】	チップ（発電）
—	100	針葉樹5,000円（1kg50円） 広葉樹8,000円（1kg80円）	薪（温泉ボイラー）
56	365	4,000～5,000円【モリ券】	オガ粉（農業利用）
—	—	6,000円【森の恵券】	チップ（発電）
41	1,000	3,000円＋地域振興券1,000円	木質パウダー ペレット
43	375	5,000円＋地域振興券1,000円	薪（温泉ボイラー）
8	24	6,000円【木判券】	薪（ストーブ）
—	—	3,000円＋地域振興券3,000円	薪（温泉ボイラー）
—	—	4,000～4,500円【ねばね森券】	薪（温泉ボイラー）
48	236	6,000円【オニ券】	チップ（パルプ）
30	182	6,000円【秋葉券】	チップ（パルプ）
31	310	6,000円【モリ券】	チップ（パルプ）
19	400	5,000円【モリ券】	チップ（パルプ） 薪（ストーブ）
10	35	6,000円【モリ券】	薪（温泉ボイラー）
—	150	買い取り制ではなく、薪ストーブユーザーなどに直接販売する市場。スギ丸太1m^3 4,200円、薪1束150円で、売れた分を事務局から支払う	
6	—	5,000円【モリ券】	チップ（パルプ）
33	44	4,500円【たかす森守券】	チップ（パルプ）
6	26	5,000円【モリ券】	チップ（パルプ）
27	126	4,000円【里山券】	ペレット 薪（温泉ボイラー）
—	21	3,000円	薪（ストーブ）
56	84	6,000円【モリ券】	チップ（パルプ）
14	64	6000円【里山券】	ペレット チップ（パルプ）

第2章 農山村発 コミュニティ・エネルギーの胎動

表Ⅱ-2-2　全国に広がる

名称	地域 (市町村)	開始 (年)	出荷者 (人)
林地残材買い取り制度	北海道下川町	2009	20
薪の駅プロジェクト	岩手県遠野市	2010	10
二ツ井宝の森林（やま）プロジェクト	秋田県能代市	2012	26
まきステーション	福島県鮫川村	2012	10
木の駅プロジェクト美和	茨城県常陸大宮市	2012	51
那珂川町木の駅プロジェクトばとう	栃木県那珂川町	2013	—
さんむ木の駅プロジェクト	千葉県山武市	2012	26
木の駅どうしプロジェクト	山梨県道志村	2012	28
信州 木の駅プロジェクト	長野県辰野町	2012	10
薪の駅プロジェクト	長野県阿智村	2013	12
木の駅ねばりん	長野県根羽村	2013	—
とうえい木の駅プロジェクト	愛知県東栄町	2012	23
秋葉道木の駅プロジェクト	愛知県新城市	2012	16
旭木の駅プロジェクト	愛知県豊田市	2011	53
笠周木の駅プロジェクト	岐阜県恵那市中野方	2009	72
やまおか木の駅プロジェクト	岐阜県恵那市山岡町	2011	17
めいほう里山もくもく市場	岐阜県郡上市明宝	2012	15
明宝小川木の駅プロジェクト	岐阜県郡上市明宝	2013	10
高鷲町木の駅プロジェクト	岐阜県郡上市高鷲町	2012	8
白鳥町木の駅プロジェクト	岐阜県郡上市白鳥町	2012	7
木の駅上石津	岐阜県大垣市	2011	29
いけだ木の駅プロジェクト	福井県池田町	2012	15
京丹後市木の駅プロジェクト	京都府京丹後市	2012	30
丹波篠山木の駅プロジェクト	兵庫県篠山市	2012	23

加盟店(店)	搬出量(t/年)	買い取り価格(tまたはm³当たりなど、【 】は地域通貨名)	用途・販売先
35	250	6,000円【杉小判】	チップ(燃料)、薪 作業道の法面保護用の丸太
18	100	6,000円【オニ券】	薪(ストーブ)
10	55	3,000円【こもれび券】	チップ(パルプ)
268	138	地域振興券6,000円	チップ(燃料)
86	415	2,000円+4,000円【里山券】	チップ(燃料)
220	129	3,000円+地域振興券3,000円	チップ(パルプ)
24	140	6,000円【丸太券】	チップ(発電)
68	666	3,000円+地域振興券3,000円	チップ(燃料)
40	450	6,000円【モリ券】	チップ(パルプ) 薪(ストーブ)
35	700	3,000円+3,000円【モリ券】	チップ(パルプ) 薪(ストーブ)
—	—	3,000円+3,000円【eチケット】	チップ(パルプ)

org/)などを参考に『季刊地域』編集部が作成した「C材元気市場」の一部

や業者に伐採・搬出を委託すると山主が赤字になってしまう。

そこで地域通貨を3000円ほど上乗せして1t当り6000円にしてC材を流通させるのが「土佐の森方式」や「木の駅プロジェクト」の実践である。C材がそこそこの値段で売れるなら、山の手入れも進み里も元気になるというわけだ。『季刊地域』15号(2013年秋号)では、そうした地域内で完結する小さい流通システムを「C材元気市場」と呼んで全国マップを作成した(表Ⅱ-2-2)。

C材元気市場の主役は、自伐林家や農家林家といった地域に暮らす小さい林業の担い手たちである。国が進める大規模集約型の施業を前提とする「森林・林業再生プラン」(間伐材を年間5ha以上伐採・搬出)には該当しない小さい林家でも、C材元気市場なら自分で伐採・搬出できる量で月3〜5万円ほどの稼ぎをつくることができる。[15]

第2章　農山村発　コミュニティ・エネルギーの胎動

名称	地域 (市町村)	開始 (年)	出荷者 (人)
智頭町木の宿場	鳥取県智頭町	2010	46
鬼の搬出プロジェクト	岡山県美作市	2012	23
エコビレッジ阿波木の駅プロジェクト	岡山県津山市	2012	14
奥出雲オロチの深山きこりプロジェクト	島根県奥出雲町	2012	23
うんなん木の駅プロジェクト	島根県雲南市	2012	148
林地残材搬出支援実験事業	島根県邑南町	2011	21
吉賀町木の駅プロジェクト	島根県吉賀町	2012	30
「山の宝でもう一杯！」プロジェクト	島根県津和野町	2011	99
さめうら水源の森木の駅プロジェクト	高知県土佐町	2011	44
木の駅ひだか	高知県日高村	2012	41
糸島型森林再生プロジェクト	福岡県糸島市	2013	―

資料：2013年8月末時点で「木の駅プロジェクトポータルサイト」(http://kinoeki.

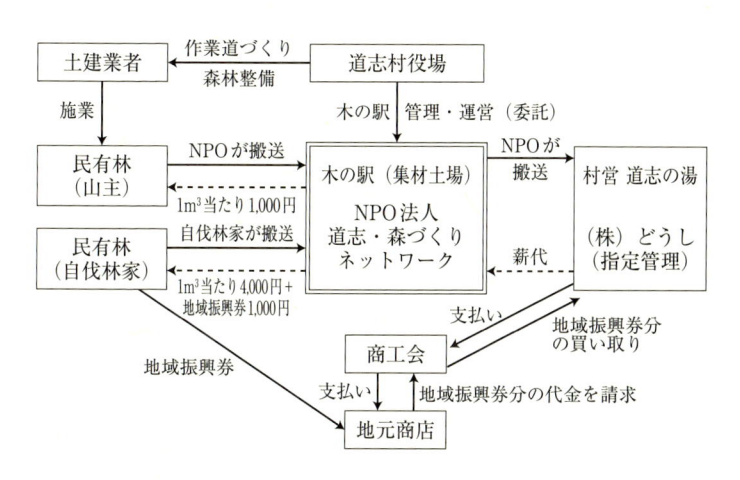

図Ⅱ-2-1　「木の駅どうしプロジェクト」の仕組み

資料：農文協編集部「C材の地産地焼で地域のフトコロもあったまる」『季刊地域』№12、農山漁村文化協会、2013年。

(5) 温泉に薪ボイラー導入でC材が1㎥5000円で動き出した──山梨県道志村

2012年に始まった山梨県道志村の「木の駅どうしプロジェクト」も、そうしたC材元気市場の一つだ。村営温泉施設「道志の湯」の熱源を重油ボイラーから薪ボイラーとの併用に転換したことがきっかけとなりC材元気市場の取組みが始まった。薪にするC材は、地元の山主から「木の駅」（集材土場）を運営するNPO法人道志・森づくりネットワーク（村から1500㎡の土場の運営を委託）が、1㎥当たり5000円（うち1000円分は地域振興券）で買い取り、「道志の湯」に週2回搬入されている（239ページ、図Ⅱ-2-1）。

「木の駅」に持ち込まれるC材（80cmに玉切りされた原木）は2パターン。役場から土建業者に民有林の公共事業（作業道づくり・森林整備）を発注した場合

写真Ⅱ-2-2 「道志の湯」では、丸太のままくべられる国産薪ボイラーの「ガシファイアー」を5台設置。1800万円の設置費用には山梨県の「再生エネルギー熱導入促進事業」を活用した。
（写真＝髙木あつ子）

第2章　農山村発　コミュニティ・エネルギーの胎動

はNPOが、自分の山から間伐材を切り出した場合は、自伐林家が玉切りと搬出作業を行なう。現在、出荷登録者は28人。搬出量が多い人は月に10万円近くの稼ぎになることもあり、農家林家の副(複)業的な仕事の一つになってきている。

一方、「道志の湯」は、薪からの熱供給を全体の8割にすることによって、それまでに年間1700万円かかっていた燃料費を1200万円（重油代700万円＋薪代500万円）に減らすことができた。薪の投入量は1日3㎥ほど（軽トラ4台分）、年間で約1000㎥のC材が山から搬出・利用されるようになった。薪ボイラー導入の効果はそれだけではない。「木の駅」で買い取る1㎥当たり5000円のうち、1000円分はガソリンスタンドや理美容室、酒屋など、村内43の商店で利用できる地域振興券なので、地域のなかでおカネが回る。重油代は村から出ていくおカネだが、薪代は地域内を循環し、地域を潤す「地産地消」ならぬ「地産地焼」の流通システムになっているのだ。(16)

4　風土資源としての「地エネ」

以上のように、農山村が主導する小水力発電や「地エネ」は、地域の風土や自然環境を巧みに利用するという点では、地域（風土）資源の活用術といえる。それは、都市部の消費者と違って、水や森林など、農山村にはまわりを見渡せば使えるものがいくらでもあることに、住民自身が気づき、

241

「ただのもの」がこんなに役立つ、買わなくても自給できることを楽しみながら、あらためて地域のよさを見直すきっかけになったことは共通している。今、まさにこうした地域資源を再評価すべきだ。

かつて永田恵十郎氏は、地域資源の特徴を三つの側面からまとめた。第一に、石油などどこへでも自由に移転できる資源一般ではなく、その地域固有の風土・生態系のなかに位置づけられて初めて意味をもつ「非移転性」の資源。第二に、山（森林）・川（水）・田畑（耕地）、海（水産）のような資源相互間に「有機的な連鎖性」をもつ資源。そして、第三は、こうした二つの側面の規定を受けて「非市場的性格」をもっていることである。山や川など動かすことができない地域資源は、どこでも調達可能なわけではなく、特定の地域資源のみが開発対象とされたときには、地域資源がもつ有機的な連鎖性は破壊されてしまうからである。「地エネ」の実践者は、「むら」に生きているからこそ、資源を独占することなく、未来の子孫や地域の幸福を第一に考えて広く成果を分かち合っている。その意味で自然の怖さ、きびしさをいちばんよく知っているのは自然を相手に暮らしてきた地域の人びとである。そして、その可能性と豊かさを知るのもまた彼らなのだ。なかでも自然に働きかけ、働きかけかえされる暮らしを営む農家は、今後も地エネを主導する中心になることは間違いない。

地域とはもともと個性的なものだ。過疎高齢化、後継者不足、耕作放棄地といった通念や固定観念では、地域の営みは見えてこない。そうした一般論で切り捨てるのではなく、地域の歴史や固有の事実と向き合うことで地域の再生の希望が見えてくる。地域に生きる人びとが当事者であること＝逃げ

第2章 農山村発 コミュニティ・エネルギーの胎動

られぬ現場を背負うことの重み、強みをしっかりと考えていきたい。

注

（1）『季刊地域』は、1986年の刊行以来、農村から都市に「農のある暮らし」「自然な暮らし」を呼びかけてきた『増刊現代農業』を2010年に全面リニューアル。農家や農村の実践をベースに据え、地域に生き、地域を担い、地域をつくる人びとに依拠しながら、その先を考えていく「むら・まちづくり」の実践的オピニオン誌となった。

（2）コミュニティ・エネルギーとは、農山村のコミュニティが熱や動力も含めたエネルギーの自給・供給力を高める分散複合型エネルギーの仕組みとして、茨城大学農学部の小林久教授が提起。詳細は、小林久「コミュニティ・エネルギーに挑む農山村」『コミュニティ・エネルギー』農山漁村文化協会、2013年、139〜141ページ。

（3）小林久「農山村の再生と小水力からみる小規模分散型エネルギーの未来像」『季刊地域』No.7、農山漁村文化協会、2011年、56ページ。

（4）兼瀬哲治「先人の遺産を生かす『棚田発電』」『季刊地域』No.7、農文協、2011年。

（5）中国小水力発電協会「中国小水力発電協会60年史」2012年。

（6）ちなみにイームル＝EAMLの社名は、electric（電気）の頭文字E、agriculture（農業）のA、machine（機械）のM、life（生活）のLからとったもので、そこには「小水力発電で農業を支え生活を向上させよう」という織田の想いが込められている。

（7）農文協編集部「60年前から農協発電を支える水力発電メーカー・イームル工業」『季刊地域』No.7、

（8）農山漁村文化協会「堰堤発電でおこす『あと数万円』の集落の仕事」『季刊地域』No.7、農山漁村文化協会、2011年。
（9）小水力利用推進協議会編『小水力エネルギー読本』オーム社、2006年、17～18ページ。
（10）西尾敏彦「農業は生きている―三つの本質」『農業と人間』農山漁村文化協会、2001年、26ページ。
（11）前掲（3）59ページ。
（12）農文協編集部「だから『自家発電』はやめられない」『季刊地域』No.11、農山漁村文化協会、2012年。
（13）暮らしの電化の変遷や熱エネルギーの電化の非効率性については、三浦秀一「足元の豊富な資源、森林バイオマスを見直す」『コミュニティ・エネルギー』農山漁村文化協会、2013年を参照。
（14）三浦秀一「熱を電気でまかなうのは効率が悪い」『季刊地域』No.12、農山漁村文化協会、2013年。
（15）農文協編集部「C材元気市場が急拡大中」『季刊地域』No.15、農山漁村文化協会、2013年。
（16）農文協編集部「C材の地産地焼で地域のフトコロもあったまる」『季刊地域』No.12、農山漁村文化協会、2013年。
（17）永田恵十郎『地域資源の国民的利用』農山漁村文化協会、1988年、84～87ページ。

執筆：蜂屋基樹（農山漁村文化協会編集局）

［海外からの視点］

ドイツ農村の実践に学ぶ再生可能エネルギー

1 はじめに──地域主体の再生可能エネルギー事業

日本には再生可能エネルギー資源が豊富にあるが、福島第一原発事故が発生するまでは、必ずしも注目されていたわけではなかった。しかし、2012年に施行された「再生可能エネルギー特別措置法（FIT法）」にともなって再生可能エネルギー事業への取組みがにわかに注目されており、再生可能エネルギーにかかわる販売・施工・事業化に関するビジネスが拡大するなど経済にも好影響をもたらしているとみられる。

他方、福島第一原発事故後に脱原発の方針を明確にしたドイツでは、1991年制定の「電力供給法」を2000年に「再生可能エネルギー法」に改め、十分な売電収入が見込まれることから、図Ⅱ

245

（10億kWh）

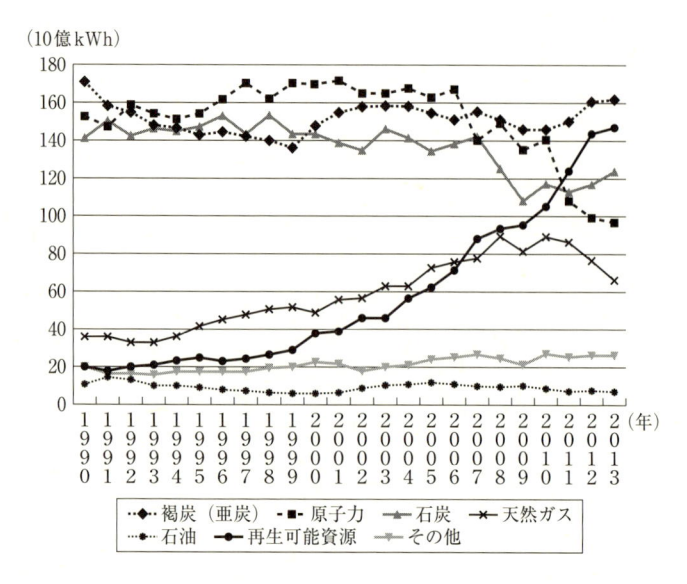

図Ⅱ-2-2　ドイツにおけるエネルギー源別の発電量の推移

資料：http://www.ag-energiebilanzen.de/
注：2013年は暫定値である。

-2-2に見られるように、急速に再生可能エネルギーを利用した発電が普及しており、総発電量に占めるその割合は20％を超え、2011年より原子力発電を完全に上回っている。そこでは、畜産経営の畜糞メタンガス発酵によるバイオガス発電や木材チップ・ボイラーで得られる温水による地域暖房システムなど、地域主体による多様な再生可能エネルギー事業への取組みが農山村地域の新たな発展と活性化につながっており、エネルギー協同組合を設立し、多様な地域住民参加による再生可能エネルギー事業の展開がみられる。(2)

ここでは、ドイツ農村における取組みを事例として、再生可能エネルギー事業に地域住民、自治体、協同組合が

[海外からの視点] ドイツ農村の実践に学ぶ再生可能エネルギー

主体的に取り組むことにより、多様な地域資源に根ざした小規模分散・地域循環型のエネルギー確保システムへの転換と地域経済の新たな発展・活性化が期待できる点に注目し、地域主体で再生可能エネルギー事業に取り組んでいる実態の実証分析から農村活性化の課題について考察する。

2　ドイツの電力事情と再生可能エネルギーの拡大

(1) 再生可能エネルギーへの関心の高まり

今日の再生可能エネルギーへの関心の高まりにつながる最初のインパクトとして1973年の第1次石油ショックがあげられる。当時、先進国では石油エネルギーからの脱却の方向として原子力推進が中心となるが、市民運動などの高まりとともに環境問題の関係から再生可能エネルギーの可能性も議論されてきた。しかし、再生可能エネルギーは、技術的にはまだ開発段階の域を脱してはおらず、経済的な見通しを描くことは不可能であった。

その後、1979年のアメリカスリーマイル島原発事故と第2次石油ショックを契機として、脱石油の動きのみではなく脱原発の必要性から、再生可能エネルギーに注目が集まる。この当時は、反原発のシンボル的存在から、現実の可能性を求めて研究開発が本格化しており、スウェーデンにおけるエネルギー政策に対する国民投票やドイツにおける環境政党である「緑の党」の誕生など、

247

各国の政治的な関心事にも発展している。また、アメリカのカリフォルニア州では、今日の固定価格買取につながる風力発電による電力を買い上げる制度が導入され、デンマークでは、①風力発電を送電線につなぐ、②風力発電協同組合の発足、③電力買取三者協定の成立、という成果を得ている。電力買取は協定であり法的拘束性はないが、10年間電気料金の85％の価格で買い取ることを決めたものであり、1990年代に風力発電が増加する。

さらに、1986年のチェルノブイリ原発事故や地球温暖化問題を背景として、ヨーロッパでは本格的に再生可能エネルギーの推進政策が試みられ、ドイツでは1990年に電気料金の90％で電力会社が買い取る電力供給法が成立する。今日の再生可能エネルギー固定価格買取制度の原型となるものであるが、電力会社の自己負担、買取価格の問題があり、風の強い北部の風力発電以外にはほとんど普及はしなかった。その後、発電コストを考慮した固定価格買取制度へと変更され、後述するように爆発的な普及につながっていくのである。この制度に各国が学び導入を進めることとなり、2012年に施行された日本のFIT法もこれを見習っている。また、北欧におけるバイオマス（木質、家畜ふん尿）利用が拡大したのも1990年代以降の注目すべき動きであり、補助金、環境税、需要者への購入義務化など、政策的な後押しがそれを進めてきた。(3)

（2）ドイツにおける電力自由化と再生可能エネルギーの拡大

ドイツの電力市場は、日本と同様に、長らく地域独占体制下にあったが、その体制は1935年

［海外からの視点］ドイツ農村の実践に学ぶ再生可能エネルギー

に法制化された「エネルギー経済法」によって確立された。しかし、当初は小規模分散的に発電事業が始められており、1900年頃は比較的規模の大きな地方自治体が独自の発電所〔市町村電力会社（シュタットヴェルケ）〕をつくり、地域の企業や家庭に電力を供給していた。それが、1910年頃になると、地域電力会社（ユーバーラントヴェルケ）が設立され、シュタットヴェルケより出力の大きな発電所をもち、特定の市町村だけでなく、より広域な地域に電力を供給するようになる。その後、徐々に電力会社の統合が進み、州全体に電力を供給する統合電力会社（フェアブント・ウンターネーメン）が設立される。1920年代末には、それらの電力会社の過当競争を防ぐことを目的に互いの事業エリアを相互に不可侵とする合意が行なわれる。その契約内容が法制化（エネルギー経済法）されて地域独占体制になり、西ドイツでも引き継がれる。④

この体制が変化するのは、EUが1996年に発布した「第1次欧州電力指令」を受けて、電力市場自由化指令が国内法として制定（1998年）されてからである。63年ぶりに地域独占は廃止され、自社の送電線を他社が電力を送るために使うことを認めざるを得なくなり、多数の電力販売会社が新規参入することになった。他方、10社の総合電力会社は合併して4社となり、80％以上の発電量を占めるようになり、発電に関しては寡占化が進む。また託送料金（電力を送るために送電線を使用する料金）は、EUの委員会は政府が監視する規制官庁を設置することを薦めたが、大手電力会社と新規参入企業が交渉によって決定することとしたため、高止まりする傾向になる。そのため、電力自由化後、約100社の電力販売会社が誕生したが次々と廃業し、2005年には大手

(10億kWh)

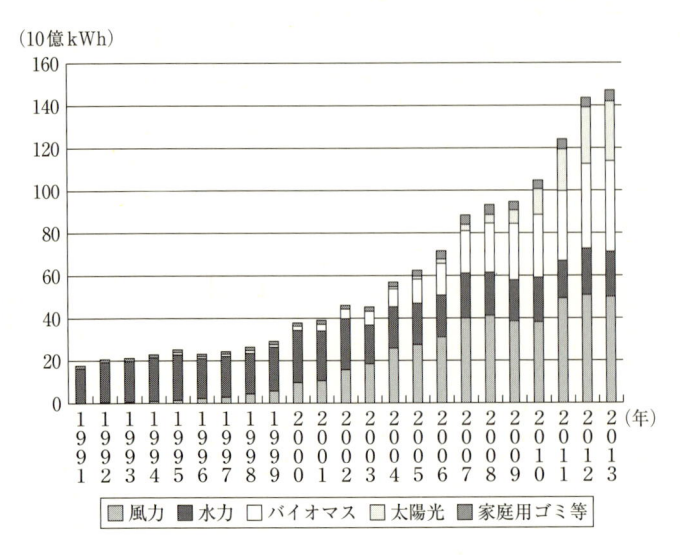

□ 風力　■ 水力　□ バイオマス　□ 太陽光　■ 家庭用ゴミ等

図Ⅱ-2-3　ドイツにおける再生可能エネルギーの発電量の推移

資料：http://www.ag-energiebilanzen.de/
注：2013年は暫定値である。

電力会社に属していない独立の新規事業者は数社にまで減少した。その後、EUの委員会の圧力に屈する形で05年から託送料金に関する監視を強めているが、所有権の完全分離を義務づける法的な整備はされていない。しかし所有を続けるには煩雑な手続きが必要であり、政府により厳しく管理も受けることになる。そこで、最大手E・ON社が2009年にオランダ国営送電会社に売却し、ほかの3社も売却および子会社化している。これにより、今日では再び多くの電力販売会社が参入している。

こうした電力自由化の動向と併せて、2000年に電力供給法を改定されて施行された再生可能エネルギー法

[海外からの視点] ドイツ農村の実践に学ぶ再生可能エネルギー

が、その後の爆発的な再生可能エネルギー発電量の増加につながる。この法律では、20年間にわたって固定の買取価格が導入され、あらゆる再生可能エネルギー発電の普及のために、エネルギー源ごとに買取価格を決めている。電力の買取価格は電力料金に上乗せして需要家（消費者）が支払うこととされ、投資家が損をしない枠組みを政府が法律で保証したのである。図Ⅱ-2-3に見られるように、さまざまなエネルギー源を利用した発電量が増加していることが確認できる。

これを契機に、農村では太陽光発電や風力発電と並んでバイオガス発電施設の設置が進んでいる。地域別にみるとバイエルン州が全国の3分の1程度を占めてトップである。以下では、バイエルン州の農村部におけるバイオガスを中心とした再生可能エネルギー事業への取組みをみていく。

3 バイエルン州の農業経営とバイオガス発電

(1) 中規模酪農経営のバイオガス発電[6]

ヨハンレールモーザー氏の農業経営の中心は、酪農部門であり、当地の7代目の経営主である。労働力は本人（55歳）と実習生（17歳）の2人を基幹としている。

経営農用地面積は72ha（うち借入地37ha）であり、うち耕地が48ha、草地が24haである。耕地における作付作目は、デントコーン30ha、小麦7ha、冬大麦4ha、トリティカーレ（小麦とライ麦の

251

雑種麦）4haであり、草地では年5回の収穫を行なっている。飼養牛はホルスタイン種ではなく「まだら牛」という畜種である。搾乳牛は70頭であり、平均乳量は年間で約7500kgである。家畜飼養にかかわる飼料は、ほとんど自給しており、購入はビール粕とジャガイモ残渣物など一部に限られている。

バイオガス発電には2001年から取り組んでいる。当時、搾乳牛を100頭規模に拡大する方向も模索したが、ミルククォーターによる出荷権の購入価格が高く、所得増加はむずかしいと判断し、隣接する農家（繁殖経営）と共同出資して会社を立ち上げ、バイオプラントを建設した。初期投資額は75万ユーロほどで、建設資金は全て借入金により賄われた。施設では、750㎥の発酵槽2基でメタンガスを発生させ、130㎥のガス貯留槽を経て、コジェネレータにて平均140kWの発電を365日間安定して行なっている。電気は1kWh当たり平均23セントで販売しており、バイオガス発電の余熱で近隣4戸への暖房供給も行なっている。140kWの発電のうち、家畜ふん尿由来のものは20％程度とみられ、残りは植物由来であり、デントコーンサイレージがそのうち約60％を占めている。バイオガス発電は安定した収入源であり、所得としてみて、約35％は発電部門の収入による。バイオガス発電による所得と酪農部門の所得が代替効果的に作用しており、そのことがヨハンレールモーザー氏の経営を支えている。

[海外からの視点] ドイツ農村の実践に学ぶ再生可能エネルギー

（2）七面鳥経営農家の大型バイオガス発電

マルクスモーザー氏は、兄弟で農業経営を行なっており、労働力は本人（35歳）と兄の2人に加えて、常雇用者2人を主とし、収穫時には季節労働者を雇っている。

農業経営の中心は七面鳥飼養であり、年間13万5000羽の出荷がある。経営農用地500ha（うち借入地400ha）は全て耕地であり、作付けは、小麦50％、デントコーン40％、ライ麦10％である。小麦とライ麦は七面鳥の飼料用であり、デントコーンと牧草はサイレージとして、バイオガス発電用に使われている。

かつては穀物の販売も行なっていたが、価格が低下したことから経営のあり方を模索した結果、七面鳥の糞がバイオガス発酵に適していることなどを考慮し、2005年からバイオマスエネルギー部門を経営に取り入れた。初期投資は500万ユーロであったが、その資金は100％自己資金で賄った。プラントは、1次発酵として6000㎥の発酵槽が2基と2次発酵として1万1000㎥の発酵槽1基と発電用施設があり、かなり大規模である。出力は最大4000kWが可能であるが、電力用としての利用は約半分で、半分はパイプラインを通して90℃の熱水を近隣住宅・七面鳥畜舎の暖房、穀物・木材チップの乾燥に使っている。

発酵槽の原料は、七面鳥の糞が35％、デントコーンサイレージが40％、牧草サイレージが20％、その他の穀物5％とみられる。バイオマスプラントが大規模であるために、自分の経営内からの原料供

給では50%分しか賄えず、50％は近隣農家から購入している。電力の販売価格は、1kWh当たり17〜18セントである。また、発電した電気の一部を自分の経営内で利用していることもあり、所得としてみると、七面鳥部門とバイオエネルギー部門で半々とみられる。

バイオガス発電部門への取組みを開始してからも経営規模を拡大しているが、まだ発酵に必要な原料が不足しているため、さらなる拡大も考えている。しかし、農地の出し手は少なく、借地料はバイエルン州の平均小作料の約2倍の500〜600ユーロ／haに上昇していることから、これ以上の面積拡大はむずかしいとも考えている。

（3）まとめ

農畜産物価格が低迷している状況下において、農家は未利用資源の有効活用という観点よりも、確実に収入に結びつくという点で、バイオガス発電への取組みを行なっており、安定した収入源になっている。

しかし、安定した発電を行なうためには、既存の生産体系から生じる副産物や生産物のみではなく、意図的な原料確保が必要とされ、サイレージ用のデントコーンの作付け比率を高めている。

そのことが、従来の作付体系に変化を生じ、直接所得補償を受ける条件でもあるクロス・コンプライアンス遵守に対する農家の葛藤にもつながっている。

[海外からの視点] ドイツ農村の実践に学ぶ再生可能エネルギー

4 ライファイゼン・エネルギー協同組合[8]
——バイエルン州北部レーン・グラプフェルト郡の協同組合にみる

(1) 農業者同盟とマシーネンリンクによる「アグロクラフト社」の設立とグロスバールドルフの農業概要

バイエルン州農業者同盟支部とレーン・グラプフェルト郡マシーネンリンク[9]が、2006年に50％ずつの出資で設立したのが有限会社アグロクラフト社である。アグロクラフト社の業務は、再生可能エネルギー分野における地域独自のプロジェクトの構想・提案、事業の具体化・改善に関するコンサルタントである。太陽光発電では2社、熱供給では3社、バイオガス発電では5社（6工場）[10]を設立し、さらにF・W・ライファイゼン・エネルギー協同組合23組合の設立を支援してきた。このアグロクラフト社の指導で、郡内で第1号のF・W・ライファイゼン・エネルギー協同組合を立ち上げたのがグロスバールドルフである。

グロスバールドルフは789年創設とされる古い歴史をもつ村であり、250戸、950人が住むバイエルン州北部フランケン地方の典型的な集村型の農村集落である。総土地面積1600haのうち、農地が1300ha（うち耕地が70％）であり、林地が300haを占める。村の農業経営は1955年には125経営、平均経営規模は10〜12haであったといわれるが、現在ではわずか14経営にまで減少

し、主業経営が7（経営規模130ha～200ha）、副業経営が7（経営規模20～50ha）という農業構造に変貌を遂げている。

主業経営は主として穀物作であり、養豚経営もみられる。酪農経営は乳価の下落で村内から消滅し ている。また、かつてはテンサイの作付けがあったが、近隣の製糖工場が撤退したため生産が行なわれなくなり、トウモロコシ（主にサイレージ用デントコーン）、大麦、小麦の穀物3年輪作を基本とし、緑肥作物としてのナタネが間作として栽培されている。

(2) グロスバールドルフにおける7年間のエネルギー転換

アグロクラフト社の企画提案で最初に取り組まれたのが村営の太陽光発電事業である。当初はスペインの太陽光発電会社から進出のアプローチがあり、それに対抗するためにも自ら投資することになった。

2005年に第1次900kW、07年に第2次900kWで、用地8ha（隣接する離農者からの地代600ユーロ/haの借地）に太陽光パネルを並べ、出力合計1800kWの太陽光発電施設であり、電力は35セント/kWh（20年間保証）でE・ON社に売却されている。初期投資額760万ユーロのうち100万ユーロは村民100人（1株2000ユーロ）の出資で、残りは地域金融機関であるライファイゼンバンクやフォルクスバンクなどからの借り入れで賄われ、施設整備のための公的な補助金はない。事業は順調であり、出資者への配当は年8～9％に達している。また、太陽光パネルの下では野

[海外からの視点］ドイツ農村の実践に学ぶ再生可能エネルギー

鳥の襲撃をある程度防げるとの考えから養鶏を検討している。

次に、アグロクラフト社の指導のもと、2009年11月、設立組合員40名（出資金1人100ユーロ、合計4000ユーロ）でF・W・ライファイゼン・エネルギー・グロスバールドルフ協同組合が設立される。ライファイゼンの名称のエネルギー協同組合を村単位に設立しようと提案したのはアグロクラフト社であり、バイオガス発電など農家のみの参加ではなく広く村民の参加を促すこととと、ライファイゼンの協同組合の精神にもとづく地域づくりを地域住民が受け入れたからである。2012年には組合員は154名、出資金総額が62万1600ユーロになっている。グロスバールドルフにおける再生可能エネルギー事業の取組みは、これ以降、アグロクラフト社とこの協同組合の連携による取組みになっていく。

その後、村営サッカー場観客席に8万ユーロをかけて屋根を建設し、その上に太陽光パネル（出力125kW）を張り、太陽光発電事業を行なう。これは、サッカー協会の会員38名（1株2000ユーロ）に出資してもらい、自己資本14万ユーロ、総事業費は49・1万ユーロであるが、利益を目的とするよりは社会的意義をもつ社会的共同体のモデルだと考えられている。また、2010年に村の倉庫の屋根に太陽光パネル（出力15kW）を総事業費4・7万ユーロ、村民8名の出資（1株2000ユーロ、計1・6万ユーロ）で設置している。

そして、2011年11月に、バイオガス発電事業のために有限会社アグロクラフト・グロスバールドルフ社を設立する。これは、有限会社アグロクラフト社の支社ではなく独立した会社組織であり、

257

初期投資額は370万ユーロである。コジェネレーターによる発電は625kW、熱供給量は680kWの規模であり、2基の発酵槽によるメタン発酵で25％濃度のメタンが生成され、さらに90％以上の濃度に高めて利用している。

有限会社方式で村内農家の14経営を含めて、半径8km圏内の村外農家が加わり、合計44経営の農業者が参加している。参加の要件は、1株2400ユーロの出資に対応して1haで生産されるデントコーンを1t当たり35ユーロでバイオガス施設に供給する義務を負うことである。44経営の出資総株は250株であるので、トウモロコシ栽培面積は村内の50haに加えて合計250haになる。しかし実際には、養豚経営1経営と酪農経営4経営の参加があり、デントコーンは180ha分で、残りの70ha分は1ha当たり300㎥の畜糞が1t当たり4・50ユーロの有償でバイオガス原料として供給される。

デントコーンの栽培面積は180haであるので、村内だけでなく半径8kmエリアで農地面積の7％に抑制され、デントコーンの過剰作付けが防がれており、デントコーン—大麦—小麦の輪作体系の維持につながっている。さらに、メタンガス発生後の消化液が液肥として散布されており、化学肥料の節約につながっている。デントコーンの収量は1ha当たり45〜50tと見られ、1t当たり35ユーロでの供給は、1農家に約7000ユーロ（35ユーロ×4ha×50tとして）の販売収入を保証しており、穀物経営にも所得確保のチャンスを与えている。

このバイオガス発電施設の建物の屋根には太陽光パネル（出力96kW）が2011年にライファイゼン・エネルギー協同組合の事業として設置され、初期投資額19・2万ユーロに対して13名の出資者に

[海外からの視点] ドイツ農村の実践に学ぶ再生可能エネルギー

より自己資金7・8万ユーロで事業が開始された。また、バイオガス発電のコジェネレーターで生み出される余熱を利用しての温水（90℃以上）を村内に供給する事業も、エネルギー協同組合の事業として2010年から2012年にかけて立ち上げられている。この余熱利用の地域暖房システム事業は、多くの村民が利益を受けるところから、村民すべてに開放された協同組合事業であることが特徴である。温水供給を利用している家・事業体は121で、自動車部品工場も含まれている。各家に総延長6kmの配管が延びており、90～95度の温水が供給され、施設には65度で戻ってくる。各家では、お湯そのものを台所や風呂で使うのではなく、配管を接続する経費が安くすむことであり、通常の暖房施設だと1万5000ユーロかかるが、システム接続は5500ユーロである。住民に対して低価格の温水供給をすることを目的としており、1Lの灯油価格とほぼ同水準の9セント／kWhの料金を10年間固定している。

こうした2005年から11年までの再生可能エネルギー生産施設への投資額は、合計1503万ユーロに達する。そして、これら再生可能エネルギー生産施設により、11年には760万kWhの電力が生産されているが、これは村内電力消費量160万kWhの475％である。また、熱エネルギー生産では288万kWhに達しており、村内熱エネルギー消費量320万kWhの90％の自給率である。

アグロクラフト社専務のM・ディーステル氏によれば、グロスバールドルフ村のエネルギー転換で生み出された価値は、①再生可能エネルギー施設の建設での地元企業への発注が400万ユーロ、②

再生可能エネルギー施設の減価償却額合計（年）200万ユーロ、③バイオガス施設から発生する消化液（液肥）（年）400万ユーロ相当、④村租税収入（年）6万ユーロ、⑤バイオガス施設での恒常的就業機会2人である。さらに氏は、「グロスバールドルフ村よびその周辺地域には経済全体に多面的な効果として年間350万ユーロ相当の追加的価値がもたらされている。既存の就業機会の安定性が増し、さらに増加の可能性があり、若い世代に彼らの故郷の村に将来性のあることを感じさせることができる」と総括している。2007年に自動車部品工場が進出し、そこが地域暖房システムに参加して暖房費の節約になったことが経営安定につながっていると言われ、多方面への影響が若い世代に村の将来性を感じさせることにつながっているものと考えられる。

（3）大規模専業経営とバイオガス発電事業

グロスバールドルフのバイオガス発電事業の中核を担う経営が、アグロクラフト・グロスバールドルフ社の専務であり大規模肉豚経営でもあるM・クレッフェル氏（50歳）である。農用地規模は130haであり、全て耕地で自作地60ha、借地70haである。父が経営主であった時代には集落内の住居に接続した畜舎での豚と乳肉兼用牛の複合畜産経営であったが、1979年に集落の外に400頭飼養と800頭飼養の大型豚舎を建設し、養豚専業経営に移行している。労働力は、経営主50歳、妻49歳、父83歳、息子23歳（週末のみ）の家族労働力に加え、雇用労働として男子1人を通年で雇っている。

耕地130haでの作付作目は、小麦35ha、大麦30ha、実入りトウモロコシ10ha、デントコーン20ha、

［海外からの視点］ドイツ農村の実践に学ぶ再生可能エネルギー

油糧種子（ナタネ）25haの120haであり、環境保全地として10haの不作付地がある。肉豚生産に必要な飼料は90％自給しており、小麦の70％、大麦と実入りトウモロコシの全量が充てられる。バイオガス発電事業への参加以前（2005年、経営面積110ha）は、小麦30ha、大麦30ha、トリティカーレ13ha、ナタネ30ha、テンサイ7haであり、デントコーンの作付けはなかった。

クレッフェル農場におけるバイオガス事業への参加による収益は、デントコーンの供給1万7750ユーロ（10ha分のデントコーン500t、t当たり35ユーロ）、豚糞の供給6750ユーロ（5ha相当の豚糞1500m³を1t当たり4・50ユーロ）、出資配当1万5500ユーロであり、これにアグロクラフト社の専務に加え、アグロクラフト・グロスバードルフ社の専務、隣村のビオエネルギー・バート・ケーニヒスホーフェン社の専務としての報酬がある。報酬まではわからないが、その他でも合計3万4750ユーロであり、農産物販売金額27万〜30万ユーロ、EU等からの助成金5万180ユーロよりは少ないものの、決して小さな額ではない。養豚経営の新たな多角化経営の可能性をもたらしているといえる。

5　おわりに——地域住民と協同組合の役割

ドイツにおける再生可能エネルギー事業の取組みは、再生可能エネルギー法による固定価格買取制度と電力の自由化とその後の発送電分離による電力小売業者の参入を背景として、地域主導で取り組

まれているのが特徴である。そこでは、農産物価格や補助金が減少するなかで、個別農家の重要な収入源となっており、地域単位で多くの住民が事業に参加する形式として協同組合組織が注目された。⑫アグロクラフト社専務のM・ディーステル氏が力説している「村のお金は村に」という取組みをさまざまな形態で実践しているとみられた。福島第一原発後、即座に脱原発の決断を決定したように環境に対する意識の高さ、EUの役割、協同組合法制度、領邦国家であったことからする地方分権意識の強さなど、日本とは異なる点はあるが、地域資源を地域住民自ら使うという考え方とそのために協力し合う取組みは大いに見習う必要がある。

これらは、地域づくり計画を進めるなかで、地域資源の有効利用として再生可能エネルギーに注目して、事業として取り組んできた実践である。それは、特殊な管理・利用方法が求められる地域資源ゆえに多くの地域住民が参加・協力する必要があり、その仕組みをつくってきた組織づくりでもある。⑬そこでは、行政と協同組合の積極的な取組みが課題となり、地域住民の協力と参加にもとづいた地域づくり計画とそこにエネルギー政策を位置づける必要があり、地域資源の管理主体である地域住民と協同組合の役割発揮がとくに求められることになると考えられる。

注

（1）公益財団法人自然エネルギー財団「固定価格買取制度1年間の評価と制度設計に関する提案」2014年1月。

[海外からの視点] ドイツ農村の実践に学ぶ再生可能エネルギー

(2) 寺西俊一・石田信隆・山下英俊編著『ドイツに学ぶ地域からのエネルギー転換・再生可能エネルギーと地域の自立』家の光協会、2013年。
(3) 飯田哲也『エネルギー進化論』ちくま新書、2011年。
(4) 熊谷徹『脱原発を決めたドイツの挑戦』角川新書、2012年。
(5) 電力自由化の過程に関しては、熊谷徹『前掲書』、公益財団法人自然エネルギー財団「ドイツ視察報告書」2012年10月を参照のこと。また、自由化以前からの運動により市民が電力会社を設立した事例として、シェーナウの取組みが注目される。田口理恵『市民がつくった電力会社』大月書店、2012年、および今泉みね子『脱原発からその先へ』岩波書店、2013年を参照のこと。
(6) 「バイエルン州の農業経営とバイオガス発電」についての初出は、村田武・渡邉信夫編著『脱原発・再生可能エネルギーとふるさと再生』筑波書房、2012年であり、村田武・酒井富夫・板橋衛共同執筆である。
(7) こうした作付け体系の問題が表面化していることから、再生可能エネルギー法のバイオガス発電の買取方法が変更されている。詳しくは、梅津一孝・竹内良曜・岩波道生「先進国におけるバイオガスプラントの利用実態に学ぶ」『畜産の情報』2013年6月号を参照のこと。
(8) 「ライファイゼン・エネルギー協同組合─バイエルン州北部レーン・グラブフェルト郡の協同組合にみる─」は、すでに、村田武『ドイツ農業「エネルギー転換」』筑波書房ブックレット、2013年で詳細に紹介されていることであるが、共同研究として氏の許可を得て掲載している。
(9) マシーネンリンクに関しては、淡路和則「農業経営の組織化─ドイツマシーネンリンク─」中安定子・小倉尚子・酒井富夫・淡路和則著『先進国家族経営の発展戦略』農山漁村文化協会、1994年を

263

参照のこと。
(10) ドイツにおける再生可能エネルギー導入と協同組合の関係に関しては、石田信隆「再生可能エネルギー導入おける協同組合の役割」一橋経済学、第7巻第1号、2013年を参照のこと。
(11) さらに、村民太陽光発電事業への出資者としての参加もある。
(12) ドイツにおけるエネルギー協同組合の歴史は今に始まったことではなく、20世紀初頭にもみられた。詳しくは、寺西俊一・石田信隆・山下英俊編著『前掲書』、村田武『前掲書』を参照のこと。
(13) 再生可能エネルギー事業を進めるには人の協力関係構築が重要であるという指摘については、諸富徹「地域再生とエネルギー政策」室田武他7名『コミュニティー・エネルギー』農山漁村文化協会、2013年参照。

執筆：板橋衛（愛媛大学農学部）

第3章 産業遺産を生かした産炭地域の再生
——北海道空知地域

1 外発的発展——その残骸の現場

　札幌から石狩平野を東へ50kmも行くと平地は尽き、次第に山が深くなる。そこには、かつて多くの炭鉱が存在していた。南北約80kmの一帯は空知産炭地域と呼ばれ、最盛期の1960年代中頃には、13市町に百余の炭鉱が稼働し、年間2000万t近い出炭量があった。しかし、エネルギー革命を契機に状況は一変し、国の政策によって炭鉱のスクラップ＝ビルドが推進された。立坑掘削や大型採炭機械導入などで飛躍的な能率向上を達成しながらも、結局は石油や海外炭との競争に敗れ、1995（平成7）年を最後に坑内採掘の炭鉱は全て閉山した。

　空知産炭地域の各都市は、炭鉱開発によって開かれ発展してきたため、基幹産業である石炭産業の

崩壊は、同時に地域の崩壊をもたらした。全体の人口は、1960年には約50万人であったが、現在は約10万人にまで落ち込んだ。高齢化率（65歳以上の人口比率）は、45％に迫っている。1960年代に炭鉱が閉山した国内の他産炭地域とは異なり、空知では1990年代まで石炭生産が続いたため、炭鉱なき後の地域振興は過去のものではなく、いまだに現実的な問題である。

このような劇的な基幹産業の変転に直面した地域がとった政策は、歴史的文脈を無視した他力本願そのものであった。まさに、外発的発展の見本市のような様相は、今もその痕跡を残している。

地域の北部にある歌志内市。最盛期には4万人いた人口は、現在では1/10の4000人となり、日本一人口の少ない市となった。曲がりくねった細い谷間を進むと、雑然とした家並みのなかに、突然、欧風の形と色の建物が随所に出現する。まち全体をスイス風にしようという構想によるもので、市の博物館には次のような解説が掲示されている。「山々に四方を囲まれている歌志内。その景色や地形、気候はヨーロッパのアルプス地方にどこか似ています。そんな歌志内がすすめているのが、まちづくりプラン『スイスランドうたしない』です。美しい景観づくりのために、まちのあちこちにアルプス風の建築・デザインを取り入れています」。スイスとは何の関係もないのに、まち「どこか似ている」という理由だけで外国風味の建物を平然と建ててしまい、逆に回りの家並みから浮き上がった異様な景観が出現した。

歌志内市からそう遠くないところにある芦別市は、最盛期7万人いた人口が現在は1万2000人。あっちがスイスならば、こっちはカナダだ。1990（平成2）年に、約60億円を投じて赤毛

第3章　産業遺産を生かした産炭地域の再生

のアンをテーマにした「カナディアンワールド」を開設したが、入場者数は低迷し、わずか8年営業しただけで1997年に廃業し、市には借金だけが残された。現在は、テーマパーク時代の建物をそのままに、市の公園として無料公開されている。もちろん、芦別市とカナダとはまったく何も関係はない。

空知産炭地域の中央部に位置する三笠（みかさ）市。ここの人口も、最盛期の6万人から、現在は1万人を切るまで急落している。1879（明治12）年、この地域で最初に炭鉱が開かれた幌内（ほろない）地区は、筆者の故郷である。かつて1万人以上が生活していた炭住街は自然に飲み込まれ、羆（ひぐま）が闊歩（かっぽ）する山林に戻りつつある。そのなかに、ひときわ新しい橋が架けられている。鉄道の一大テーマパークのために先行的に建設されたアプローチ道路で、博物館の建設と付帯の道路工事だけ終わった時点で構想自体が頓挫した。自然に還りつつある環境のなかに浮き上がっている真新しい橋は、トラック運転手が昼寝をするのに最適な場所として利用されているだけだ。しかし、日本で三番目の鉄道が敷設されたという歴史的な事象をふまえていることや、構想の一部が具体化しただけでダメージが少なかったことは、ほかのまちに比べてましなのかもしれない。

地域の南端には、夕張（ゆうばり）市がある。最盛期12万人いた人口は、今や1万人を割り込んでいる。6期連続で夕張市長を務めた中田鉄治による「炭鉱から観光へ」という政策が財政破綻をもたらしたといわれているが、問題は観光への取組み自体ではなく、むしろ観光を仮装した箱モノ公共事業の乱発にあった。粗製濫造した箱モノを維持することはできず、市内の随所に閉鎖され放置された施設

を見ることができる。

この地域が一貫して追い求めたのは、「炭鉱の暗い過去を払拭する」ことであった。自らの歴史を否定して覆い隠し、国の石炭政策（閉山対策）に頼って、目先の苦境を乗り切るために短絡的に流行分野への投資へと走り、カネを費やして過去の遺産を壊し続けた。補助金支出を正当化する多くの構想・計画が策定され、計画ベースの事業費で約1500億円にのぼるプロジェクトに着手したが、そのほとんどが破綻や中止に追い込まれた。

基幹産業の壊滅という、大混乱の状況にあったことは理解できる。しかし、地域の歴史的文脈を詐称して、外に依存した地域振興がうまくいくわけはなく、財政破綻した夕張市に代表されるように、政策はことごとく失敗に終わった。いわば、ジリ貧を避けようとして、下手な投資でドカ貧に陥ってしまった。足もとに由緒と価値がある備前焼があるのに、単に古いものだからと何も考えずに壊し続け、補助金で百円ショップから安物のカップを買いまくってきたようなものだ。備前焼は、見せても茶をたてても価値があるが、安物のカップはいくら数があっても価値を生まない。夕張に突如出現したロボット館、芦別のカナダ、歌志内なのにスイス……などはその代表例といえる。

第3章　産業遺産を生かした産炭地域の再生

2　地域経営の論理

(1) 地域経営と企業経営の違い

　流行りのものを追求する地域経営の危険性は、今の空知産炭地域の姿が如実に物語っている。当時の意思決定にかかわった関係者で、誰一人として責任をとった者はいないが、原発事故と同様に空知の惨状は「人災」以外の何ものでもない。

　一方、民間企業では、経営戦略として、成長分野に着目し、不足する経営資源は外部から調達することが常識となっている。では、地域経営と企業経営との決定的な違いは、どういう点にあるのだろうか。

　成長性の高い分野は、当然、ほかの地域も同様に狙っているのであるから、競争が発生する。そのなかで一定以上の地歩を獲得するには、成長戦略を具体化するための経営資源の調達が不可欠となる。しかし、そもそも外発的発展を指向するような地域は、産業衰退や人口流出によりヒト・モノ・カネともに減衰している場合が多く、勢い資金は行政主導で国や都道府県から調達し、知識はコンサルタントなど地域外から充当しようということになる。とくに前者は、供給元の意向を反映した使途制限など制度上の制約や、議会などの機関決定や予算制度上のタイミングなど時間的な制

約が多々あり、市場とのミスマッチを起こす危険がある。後者は、一編の報告書によって容易に獲得できるほど世の中は甘くない。

さらに、タイミングよく参入できればまだしも、モタモタしているうちに時期を失してしまい、具体化したときにはすでに旨味はなくなっているという、最悪の結果が容易に出現してしまう。仮にうまくゆかなかった場合、企業経営ではダラダラと続けて出血を増やすよりは、損切りをしてでも撤退し、ほかの分野に資源を回すという判断が下される。一方、地域経営では、行政のかかわりが大きい場合にはなおさら、担当者が周期的に交替するため任期中の決断を先送りする、政治的責任を回避するため表面化させないなど、撤退のタイミングを失する危険性を多分にはらんでいる。

(2) 「マーケットイン」か「プロダクトアウト」か

将来が不確実な時代だからこそ、足もとにある資源に着目した地域経営を追求すべきであろう。工業社会から知識社会へ、いわば「モノ」から「コト」へ変化しようとしている今日こそ、内発的な発展が期待されている。「モノ」重視の時代は、経営資源の量そのものや集積度が重要であり、地方は圧倒的に不利であった。しかし、「コト」が主体となる時代では、経営資源の質や独自性・固有性が重視されることから、地方にもようやくチャンスが巡ってきたといえる。

「あるものを生かし、ないものをつくる」とは、福武總一郎氏（㈱ベネッセコーポレーション取締役会長）の言であり、この考えに従って瀬戸内海にある不便な離島で海外からも注目される独自の文

第3章　産業遺産を生かした産炭地域の再生

化拠点が具体化した。一方で空知産炭地域は、地域の文脈を無視して外から新たな事業を導入し、地域の固有性に関係ないことをやってしまった。いわば「ないものをねだって、ありきたりのものをつくった」ことの結末を鮮明に示している。

最近、世に出回る経営戦略の本では、これからは「マーケットイン」（＝市場や顧客の立場にたって経営資源を動員し必要とされるものを供給する）が重要で、従来型の「プロダクトアウト」（＝供給側の発想や現有資源をもとにして開発・生産・販売を展開する）は戒めるべきという論調が強い。内発的発展は、地域の資源に立脚することから、ともすれば「プロダクトアウト」に類する考え方と見なされ、批判され支持を得られない恐れがある。これに対して、一つは先に述べたように企業経営と地域経営とはまったく同一ではない（共通点もあるが差異もある）ということ、二つめは「マーケットイン」は現在の市場でシェアを獲得するには適しているが将来の新たな価値を創造するとは限らないことが、その反論となるだろう。

（３）「価値創造」の対話型マーケティングモデル

さらに、消費の成熟化と知識社会への突入に対応した、新たな状況も見逃せない。インターネットを通じて、公式情報から口コミ情報まで、全世界から簡単に入手可能になったことが、消費の現場を大きく変えようとしている。売手と買手との情報格差は急速に縮小し、店頭で商品情報を求めても、顧客である私のほうが詳しいという逆転現象すら、頻繁に見られるようになってきた。

271

慶応義塾大学の嶋口光輝名誉教授は、売手と買手、認識度の違い（何を売り買いしていいか知っている⇔知らない）という、二つの要素を組み合わせた四つのマーケティング類型を提示している。[1]

成熟した市場分野では、売手が召使いのように、必死で買手が何を求めているのかを探索しなければならない「召使い型」となる。これだと売手は、移ろいやすい買手の動向に翻弄され、新たな投資や販売戦略の構築すらままならない。とくに中小や地方の事業者は、決定的な経営資源のギャップがあって、ますます不利な状況に陥る。従来からの「価値交換」を前提とするマーケティングモデルでは、売手が買手に対して4P（価格・商品・販売チャネル・販促）で刺激を与え、消費反応を引き出すのだと考えられてきた。そして、顕在化した需要を取り逃がさないように、できるだけフルセットで供給体制を整えて待つ「行動解決型」の対応が理想とされた。飽和の時代には、買手自身がそんなに買いたい物がないのだから、このモデルは成立しない。それでなくても、限られた市場を奪い合うというモデルでは、動員できる経営資源が脆弱な地方の不利は免れない。

そこで、需給者双方の相互対話を通じて需要を創造するという、「価値創造」の対話型マーケティングモデルが注目される。売手は何を売ったらよいのか、買手は何を買ったらよいのか、双方ともに知らないという認識からスタートして、対話を通じて自らの経営資源や知識が発揮できるポジションを探し（ワークショップ型）、さらに売手から提案してゆく（提案型）。ここでは、自らの強みを発揮できる分野の発見と、対話の能力とが重要なポイントになる。これを具体化するためには、「価値発見」→「価値創造」→「価値表現」というステップを、主体的かつ戦略的に構想する必要がある。

第3章　産業遺産を生かした産炭地域の再生

「マーケットイン」か「プロダクトアウト」かという論争を超えた次元で、新たな価値を創造しようということである。

（4）地域内外の交流を生む「観光まちづくり」

その具体的な手立てとして、地域内外の交流（観光）が注目される。往々にして、地域に住む人は、日常的で当たり前すぎて、足下にある資源に気がつかないことが多い。そのため、来訪者の《観光の眼差し》が必要となる。これは、今日的には「観光まちづくり」というキーワードで語られるようになってきた。東京大学の西村幸夫教授は、「観光まちづくり」を「地域が主体となって、自然、文化、歴史、産業、人材など、地域のあらゆる資源を活かすことによって、交流を振興し、活力あるまちを実現する活動」と定義し、①観光者との交流・共感　②観光客来訪は地域住民のアイデンティティ強化に寄与する　③観光はまちづくりの結果の一つの現れであり最終的な目的は生活拠点をつくることであって、「観光はそのための重要な手段であるが目的ではない」としている。(2)

地域資源は、すでに存在しているため新たな投資がほとんど不要であり、地域固有のものであるため訴求力が強い。"ここにしかないもの"のためには"ここに来るしかない"。これは一種の売手市場であり、大量誘客型の観光のように買い叩かれる懸念はない。地域資源を手がかりにした観光を実現するためには、直接的に観光の恩恵を受けない一般市民の力を借りなければならない。まち並みや景観、祭りや食など伝統文化は、広く地域の生活のなかにあり、そこに住む市民によって支えられてい

るからである。また、仮に失敗したとしても、すでにある資源をもとにした展開は、外部から新たに調達することからみると、ダメージは少なくてすむ。

3 内発的発展の実践

(1) 炭鉱遺産にアートで光を

空知産炭地域では、長年にわたって「炭鉱は暗い」と唱え続けてきたため、新たな着想を得ることができないほど思考が固着していた。さらに、地域外とのつながりは国—北海道—市町という行政ルートだけで、それも補助金を目当にしたものでしかなかったことが、ますます視野を狭めていた。地域の自発力を生み出すためには、さまざまな階層・局面で外からの刺激を受け、自ら考えることが構造化されなければならない。

そのための最も効果的な手段として交流（観光）をとらえて、ここ15年間にわたって実践を行なってきた。従来のイメージで観光をとらえてしまうと、「たくさん人を呼んで」「たくさんカネを落とさせる」といった、固定的な発想に陥ってしまう。空知では、大量の来訪者を受け入れる能力はない。すでにさまざまなモノに観光を事業として展開し、対価に見合ったサービスを展開する能力も低い。すでにさまざまなモノに投資してしまったので、新規の投資余力はまったくない。このような制約条件を考えると、①地域に

第3章　産業遺産を生かした産炭地域の再生

残されたものを手がかりに、②外部の人とゲスト＝ホストの関係を超越した選択的な関係を構築し、③外の眼差しから得た刺激を内の誇りに変え地域力を高めるための仕組みを構想するしかない。これこそ、「観光まちづくり」にほかならない。すでに限界自治体のようになってしまった地域に、残された時間的な余裕はまったくない。空知産炭地域は、最も固有性があり蓄積が厚い炭鉱の記憶をもとに展開するしか道はないのだ。

このような考えにもとづいた活動を主体的に担ってきたのが、筆者が理事長を務めるNPO法人炭鉱（やま）の記憶推進事業団である。空知で15年ほど前から始まった炭鉱遺産の市民活動をベースに2007年に設立され、JR岩見沢駅前にある「そらち炭鉱（やま）の記憶マネジメントセンター」を拠点にして、地域内外の人を結ぶ活動を展開している。紙幅に限りがあるため、その全容は実際に空知に来て現場を見ていただくこととして、ここでは近年力を入れているアートという新たな要素を組み入れた例を実践の一断面として示してみよう。

そもそも、地域再生のトリガーとしてのアートという着想を最初に得たのは、2003年のことだった。ドイツ・ルール炭田地域デューイスブルグ市のレームブルック美術館館長であるブロックハウス博士を招いて、三笠市の炭鉱遺産でフィールドワークを、美唄（びばい）市のアルテピアッツァ美唄で講演会を開催したことによる。人口規模こそ違うが、石炭産業の崩壊により空知とまったく同じ状況にあったルールでは、地域再生の戦略の一つとして、「過去を見ずして、未来はない」という明確なポリシーのもと、産業遺産にアート要素を加味して新たな光をあてて、相当の成果をあげていた。

空知産炭地域では、補助金など外部から調達した資源を無為に使い果たし、ほとんど素寒貧(すかんぴん)の状況にあった。しかし、アートという観点から見ると、アーティストの創作意欲をかき立てる「場の力」をもった空間だけは多数存在していた。また、当時の空知では、炭鉱遺産はゴミ・廃墟であって、とっとと消し去りたい存在と見られていた。このような固定概念に対抗して新たな可能性を指し示すためには、従来の地域政策とはまったく土俵の異なるインパクトが必要であり、固定的な流れを変える力をアートに期待したのであった。

（2）炭鉱をアート表現の場にする試み

取組みの第一歩は、2004年夏、赤平市の旧住友赤平(あかびら)炭鉱だった。地下に降りるための立坑設備や、炭鉱機械、坑口浴場などが最も良い状態で残っており、まち自体にも活力が残っているという、地合いの良い場所からスタートしたが、まさに試行錯誤の連続だった。まず、アーティストと地域との間合いの取り方がまったくわからない。観覧者数は400人余り。地域社会への浸透ということを考える間もなく、アッという間に会期が終わってしまったような感じだった。

このあと、地域社会のなかで大きなウェイトを占める行政の考えを改めてもらうためには地域政策として位置づける必要性から産炭自治体の首長を結集した炭鉱遺産サミットを開催（2005年‥夕張市）、そうしているうちに夕張市の財政破綻が表面化し（2006年）、これらの動きを受けて北海道としての政策「産炭地域活性化戦略」を策定し地域活性化の一つとしてアートを位置づけたり（2

第3章 産業遺産を生かした産炭地域の再生

写真Ⅱ-3-1 アート展を機に始まったズリ山（ぼた山）の階段整備の市民事業（2012年・夕張市清水沢地区）

007〜2008年度）という、いわば下ごしらえの時期が続く。

そういった基盤を整えたうえで、2009年秋、三笠市にある旧北炭幌内炭鉱布引立坑で第2弾のアート展を開催した。ここは、アートという観点からは魅力的な空間ではあったが、市街地からは遠く、すでに無人になってから30年以上が経過し、社会とのかかわりを積極的にもちようがない場所だった。隔絶された場所にもかかわらず800人が来訪し、アートの光で空間がよみがえり、展示は短期間で終わるが、その後もいろいろな動きが出てくるものだという手応えをつかむことができた。

第3弾は、2011年秋、夕張市の

写真Ⅱ-3-2 アート展の会場となった旧住友奔別炭鉱ホッパー、壁面の「奔愛」はアート作品の一つ（2013年）

旧北炭清水沢（しみずさわ）火力発電所を会場に行なわれた。この場所を選定したのは、夕張市のなかで最大規模の炭鉱遺産である発電所が取り壊される寸前で、何らかのアクションの必要性があったからである。また、会場の周辺には炭鉱住宅が残り多くの元炭鉱マンたちが今も暮らしていることや、大正時代に完成した歌志内市まで約100kmに及ぶ送電線ネットワークの基点となる場所であることなども選定理由となった。いよいよ社会とのかかわりを主体的に意識する段階に入った。観覧者数は1000人を超え、ようやく広く認知されるようにもなった。また、地元にとっては、こんな廃墟に1000人も来る

第3章　産業遺産を生かした産炭地域の再生

というのは驚異的なできごととして受け止められた。アート展示の一環として行なったズリ山の階段整備は、その後もNPOのイニシアティブによって継続し、今は周辺住民の散歩コースとなりツアーバスも訪れるようになった。最も象徴的なのは、旧発電所の建物所有者が、アート展を契機に建物の物理的な限界が来るまで壊さないという決断をしてくれたことである。

社会とアートとの関係性の構築に自信を得て、第4弾として取り組んだのが、2012年秋、三笠市の旧住友奔別炭鉱であった。ここにある全長100mの巨大な石炭積出用のホッパー（貯槽）は、前年に解体される危機にあったがNPOが借り受けることにより存続が決まった。同じ敷地にある空知の炭鉱を象徴する高さ51mの立坑櫓は、ホッパーとは別な会社が保有しており、今にも解体しようという構えを見せていた。その局面を転回すべく開催したアート展は、地域の人たちにも積極的に関与していただいたこともあって、2000人の来訪者を得ることができた。

第5弾となる2013年は、開催費用調達の関係から札幌市立大の主催（NPOは共催）として、2年連続の奔別で行なわれ、前年を上回る2500人が来場した。

このように振り返ってみると、アート展はこの10年に5回開催しており、開催間隔はさまざまだが平均すると2年に一度で、一種の地域ビエンナーレともいえる。適当に場所を巡回しているわけではなく、道の「産炭地域活性化戦略」で規定された重要拠点のなかから、その時々の必要性と可能性から、場所とタイミングを勘案して開催している。とくにここ3回は、遺産の存続がむずかしくなった局面で開催することが定着している。

(3) 炭鉱遺産は未来へのメッセージ

アート展の意図するところは、単なる物珍しい場所でのアート展示ではない。「壊すの反対」ではなく「残すの賛成」という声をあげてくれる人をいかにつくるのか、そのためにはまず現場を見てさまざまなことを感じてもらう必要があるわけで、そこでアートが果たす役割は大きい。そのためにも、参加するアーティストの皆さんには、場の文脈をふまえた作品制作をお願いしている。

一方で、アーティストにとっての魅力は、炭鉱遺産の空間がもつ圧倒的な「場の力」であり、そこに挑み創作活動ができることにあるようだ。この空間は、炭鉱遺産と社会、過去と未来が凝縮された、いわばプリズムのようなポジションにある。実際には、空知は過去に無駄金を使ってしまったため素寒貧であり、魅力的な空間を提供する以外にないという苦肉の策でもある。地域の制約のなかで、いち早く2004（平成16）年にわれわれの呼びかけに応じてくれ、以来、活動を共にしていただいている札幌市立大学の上遠野敏教授と学生の皆さんという良きパートナーがいなければ、このような展開を継続することはできなかった。

全国各地で行なわれている芸術祭が、アートからの社会への問いかけであるとすれば、われわれの取組みは、過去に起因して存亡の淵にたっている地域社会から未来の日本社会への問いかけである。地域から日本へ、過去から未来へというメッセージを、明快な一つの形として表現し提示する役割を、私たちはアートに託した。アートは、場所の文脈や場の力を読み取り、未来に向けたメッセージを発

第3章　産業遺産を生かした産炭地域の再生

信してくれるに適していることを、これまで重ねてきた実践的な取組みを通じ感じ取ることができたからだ。

アート表現の場となる炭鉱遺産は、とくに自然の圧倒的な侵蝕によって、日々劣化が著しい。バックに強力なスポンサーがいるわけでもなく、自転車操業を重ねながらも、何とか一つの文脈のなかで継続している。これ以外にも課題は多く、地域再生への道のりも遠い。

しかし、アートの助力を得たことによって、確かな手応えを感じている。2014年は「札幌国際芸術祭2014」に呼応して、点から線へと広域をネットワークするような取組みを行ない、アートツーリズムも手がけたいと考えている。芸術祭では「近代を問い直す」というテーマがクローズアップされているが、北海道だけではなく日本の近代を考えたときに、炭鉱は絶対外せない要素である。炭鉱遺産は、外の人には知的好奇心の注目点であり、地域の人には人生の経験と思いの集約点でもある。そこにアートという要素を得ることによって、創発的な価値が発揮され、新たな知識の交流と、今まで想像できなかった選択肢が立ち現れてくる姿を思い描いている。将来的に、空知は「北海道の必修科目」としての場所となり、道民や道外からの来訪者が必ず訪れるような地域になることを、日々妄想しながら活動している。炭鉱遺産の場は、ただ単に炭鉱とその歴史を解説するだけではなく、未来への意味を考え指針を得るための触発の場となるだろう。

そうなると空知は、過去の炭鉱の歴史という「力点」をもとに、未来の日本の生き様を考えるという「作用点」としての役割を描くことができる。そのためにも、現在の「支点」づくりが不可欠であ

り、その任にふさわしいアートの助力を得て、社会への問いかけを深めたいと考えている。

4 空知産炭地域の価値

今日の暮らしの豊かさをもたらした経済拡大路線は、バブル期以降、明らかに行き詰まりを見せている。今後は、急激な人口減少と高齢化が、わが国を襲う。これからいったい、自分たちは何を頼りに生きればよいのか、誰もが暗中模索している。そのようななかで、空知の炭鉱地帯には、これからの日本の進路や各人の生き方を再考するヒントが内蔵されており、新たな役割を果たすべきときが巡ってきたように思える。

明治初期から約100年という短い時間のなかで、空知産炭地域は絶頂と没落を経験した。このことは、圧縮された時間で高密度に展開された地域の変容と課題を明確に見てとることができる明快さをもっともいえる。そこで暮らす人びとの逸話も生々しく、その痕跡を現地で確認することができ、ダイナミックで身近な記憶に価値がある。このようなことを北海道の利点として考え、ただ形としての残骸を残すのではなく、そこで生きてきた人たちの暮らしの場をどうやって未来につなげていくかが大切なのだと思う。

また空知産炭地域は、産業の衰退、人口の減少、超高齢社会といった、明日の日本が直面する課題を先駆的に体現しているともいえる。とくにその衰退局面では、自ら考えることを放棄し、観光とい

第3章　産業遺産を生かした産炭地域の再生

う名を冠した公共事業や、補助金をあてにしたその場限りの財政出動に終始し、多くの失敗を重ねてきた。これらの劇的な体験と、その名残である炭鉱遺産は、未来の進路を考えるための「場」になり得るだろう。

　誇り・経験・反省・歴史・技・生き様……といった見えない価値を、立坑・ズリ山・炭住など形のある炭鉱遺産といった見えるものに託して表現し、もう一度自分たちの地域を見つめて、これからどこに向かえばいいのかを実践的に考える活動を行なってきた。これは、日本の将来を考えるために必要なプロセスと、まったく同じことだろう。全国で最もシビアな地域での取組みであり、今後も多くの困難が待ち受けているのだろうが、地域再生に向けた構造を定着させようとするわれわれの取組みは、今日も続いている。

注

（1）嶋口光輝『顧客満足型マーケティングの構図』有斐閣、1994年。
（2）観光まちづくり研究会『新たな観光まちづくりの挑戦』ぎょうせい、2002年所収の西村幸夫「まちの個性を生かした観光まちづくり」。
（3）そらち炭鉱の記憶推進マネジメントセンター：岩見沢市1条西4丁目3、JR函館本線岩見沢駅から徒歩一分、電話0126（24）9901、http://www.soratan.com/。空知の歴史や活動経緯については、吉岡宏高『明るい炭鉱』創元社、2012年に詳しい。
（4）アートの取組みに関する記述は、北海道美術ペンクラブ「北海道美術ペン 141号」（2013年12

月15日)に掲載した筆者の報文をもとにした。
(5) ドイツのルール炭田地域での地域再生の取組みは、永松栄編著『IBAエムシャーパークの地域再生』水曜社、2006年に詳しい。
(6) 坑内から出た岩石を積み上げた標高100m程度の人工の山。西日本では「ぼた山」、東日本では「ズリ山」と言う。

執筆:吉岡宏高(札幌国際大学観光学部)

第4章　地域ブランドづくりとB級ご当地グルメ
——栃木県宇都宮市

1　B級ご当地グルメという問題意識

「B級ご当地グルメ」による地域おこしは、2000年代半ばから瞬く間に全国に広がった。今や日本有数のイベントに成長した「B-1グランプリ」の主催団体「愛Bリーグ」の顧問を務める野瀬泰申氏は、「ご当地グルメによるまちおこしが盛んになってきた背景」について、「地域の食べ物は誰にもわかる『共通言語』。箱物も不要。遊びの要素もあって楽しみながら続けられる。金をかけないので失敗を恐れなくてすむ」と述べている。そのうえ、成功すれば、地域の知名度の向上と入込客数の増加を期待することができる。人口減少や、産業構造の転換、公共事業の削減といった変化のなかで苦境に陥っていた多くの地域がいっせいに飛びついた。

しかしながら、今から十数年前までは、B級グルメによってまちを売り出すなどというのは、風変わりな取組みでしかなかった。1999年12月に『新潟日報』（新潟県の県紙）が「餃子の町・宇都宮」に関する記事を掲載している。この記事は、「町の主役が餃子（ギョーザ）というのが、なんといっても面白い」という書き出しで始まり、「地域おこしの顔 なんと餃子」という大きな見出しがつけられている。当時、宇都宮の取組みが驚きをもって受け止められていたことがよくわかる。

近年、「地域資源」や「地域資源の発掘」や「あるもの探し」の必要性が盛んに唱えられているが、独自性のある「地域資源」や「あるもの」を探し出すことは存外むずかしい。本来その過程は、発見や発掘というよりも、むしろ創造に近い性格をもつ。視点を変えていえば、先駆的な地域振興の事例は創造的な側面を備えているということである。本章では、そのような事例の一つとして宇都宮市における餃子によるまちおこしをとらえたい。まずは、そのきっかけから述べていこう。

2　宇都宮市における餃子のまちおこしの展開

（1）端緒としての市職員による提言

宇都宮市は、古くから門前町、城下町、宿場町として発展した栃木県の県庁所在都市である。2007年3月には隣接する町を編入し、北関東三県で初の50万都市となった。年間商品販売額（「商

第4章　地域ブランドづくりとB級ご当地グルメ

「業統計調査」2007年は北関東最大で、栃木県内の50％以上を占め、製造品出荷額等および粗付加価値額においても県内最大である（「工業統計調査」2007年）。その一方で、観光への取組みは遅れがちであった。「餃子のまち」として有名になる以前は、市内の観光スポットといえば、大谷石関連の施設などに限られていた。

宇都宮市が餃子によるまちおこしに取り組むことになった直接の契機は、1990年に行なわれた宇都宮市役所の中堅職員研修である。この研修において、「宇都宮の地域セールス」をテーマとした第2班が、それまではほとんど意識されていなかった餃子に目をつけた。提案の内容は、「餃子といえば宮餃子」（平成2年度中級職員第2次研修復命資料）にまとめられている。この資料は重要な意味をもつため、Ⅰ～Ⅴの五つの章の内容をみていくことにする。

「Ⅰ．はじめに」では、宇都宮の知名度がきわめて低い現状をふまえ、知名度向上の手段として餃子を活用することが明言されている。

「Ⅱ．宇都宮市の餃子について」では、「1．宇都宮における餃子の現状」として、(1)宇都宮における餃子の1世帯当たり年間購入金額（総理府統計局「家計調査年報」昭和62年～平成3年）が全国一であること、(2)餃子専門店の数が多いこと、②老舗専門店チェーン（みんみん、正嗣）の歴史、(3)餃子のメニュー（焼き餃子、水餃子……）、(4)宇都宮で餃子が好まれた理由について述べている。④

続いて「2．アンケート調査の結果」では、市内随一の繁華街であるオリオン通りで実施した「宇都宮を餃子で全国に売り出すためのアンケート」（回答者200名、うち市内在住者147名）

の結果を整理し、(1)「宇都宮」といわれても、「約7割の人が何も浮かばないと答えた」こと、(2)「93％の人が餃子が好きと答えた」一方で、(5)95％の人は宇都宮が餃子購入額日本一という事実を知らないこと、(6)7割以上の人が、「宇都宮の名を全国に売り出す一つの手段として『宇都宮の名物は餃子』とすること」に賛成していることなどを指摘している（(1)～(6)はアンケート調査の設問番号）。

「Ⅲ．喜多方市・佐野市のラーメンについて」では、ラーメンで有名な福島県喜多方市と栃木県佐野市において行なった聞取り調査の結果が整理されている。

「Ⅳ．宮餃子を全国に売り出すために……餃子会の結成が第一歩……」では、Ⅲ章の聞取り調査をふまえて、事業者組織としての「餃子会結成の手順」や販売促進のための「餃子会及び行政の活動」について述べている。

「Ⅴ．むすびに」では、「イメージのないところにイメージアップはない」として、「餃子のまち」宇都宮を売り出していく決意が表明されている。

1990年の時点で、特定の食によって地域全体を売り出すという問題意識は先駆的であった。この提言の内容を受けて、1991年には宇都宮観光協会が「餃子マップ」（23店掲載）を作成している。また、提言の内容に共感した観光課の職員が2年間かけて市内の餃子店を粘り強く回り、餃子会の結成を呼びかけた。

第4章　地域ブランドづくりとB級ご当地グルメ

(2)「餃子のまち」の確立と宇都宮餃子会の活動

宇都宮市における餃子によるまちおこしは、市職員の提言が契機となった。その後、1993年7月には、市観光課職員の努力の甲斐あって、餃子専門店と餃子を提供する飲食店、計38店が加盟して「宇都宮餃子会」が発足する。当初は任意団体として設立され、2001年2月に協同組合化して、協同組合宇都宮餃子会となっている。現在では、「宇都宮餃子」に関連する事業は宇都宮餃子会が主体となって運営している。2003年6月時点の宇都宮餃子会の会員数は80店である。

定款に記されている宇都宮餃子会の事業は、「(1)組合員の取り扱う餃子等の共同宣伝、共同販売、(2)組合員のためにする共同施設の設置及びその運営管理、(3)組合員のためにする経営及び技術の改善向上、(4)組合員の事業に関する知識の普及を図るための教育及び情報の提供、(5)組合員の福利厚生に関する事項、または、(6)前各号の事業に附帯する事業」((協)宇都宮餃子会定款、第7条)である。

(2)の「共同施設」とは、集合型店舗「来らっせ」をさす。この店舗では、複数の会員店の餃子を一か所で味わうことができる。もともと「来らっせ」は、国庫補助事業として1998年10月に宇都宮商工会議所によって開設され、2001年2月に宇都宮餃子会が協同組合化するのにともない、(協)宇都宮餃子会へ運営が移管された。2003年11月には、現在の場所へと移転し、さらに、2007年4月には、27店が日替わりで餃子を提供する従来の店舗の隣りに、独立した5店の常設型

店舗や「餃子作り体験コーナー」などが開設された。ほかに、JR宇都宮駅の駅ビル内に冷凍生餃子の物販専門店「来らっせパセオ店」（2005年8月開店）と東武宇都宮百貨店に「来らっせ」2号店（2013年4月開店）を開設している。

また、宇都宮餃子会が協同組合化された後、「宇都宮餃子」を商標出願し、2002年に登録が認められている。「宇都宮餃子」は地域団体商標制度の導入以前に登録された数少ない地域ブランドの一つである。集合型店舗「来らっせ」の運営と、「宇都宮餃子」および「宇都宮餃子会」の商標管理という確固たる収益事業をもつことで、宇都宮餃子会は自律的な組織運営が可能となっている。

また、宇都宮餃子の知名度を高めた大きなきっかけとして、あるテレビ番組をあげることができる。宇都宮餃子会が設立されて間もない1993年10月から、テレビ東京のバラエティ番組「おまかせ山田商会」において「宇都宮餃子大作戦」という企画が7回シリーズで放映された。この企画において、「餃子像」の設置、餃子キャラクターの作成、餃子弁当やPRソングの発表などが行なわれた。同年10月には、番組収録を兼ねた「宇都宮餃子フェスティバル」という大規模なイベントが宇都宮市内の公園で開催され、約8000人が参加している。インターネット経由での情報発信がほとんどなかった当時、テレビ番組とのタイアップは「宇都宮餃子」の知名度を高めるうえで非常に大きな役割を果たした。

「家計調査」における餃子購入金額のデータが端緒となったことや宇都宮餃子会発足時に38の加盟店があったことからもわかるように、宇都宮の場合、餃子のまちおこしに取り組み始めた時点で、地

第4章　地域ブランドづくりとB級ご当地グルメ

域に根づいた食文化としての餃子と、餃子店の集積がすでに存在していた。宇都宮餃子会は「餃子のまち」をゼロから創り出したのではなく、既存の餃子専門店を束ね、方向づける役割を果たした。

「平成24年　宇都宮市観光動態調査」によると、宇都宮市に「餃子のまち」のイメージがあるかという質問に対して、イメージがある（「イメージがある／そう思う」と「どちらかといえばイメージがある／どちらかといえばそう思う」の合計）とした回答者が95％を超えている。また、宇都宮市への来訪目的として最も多くあげられたのも餃子である。これらの数字を見る限り、地元住民でさえ、「宇都宮」といっても「何も浮かばない」という状態から出発した、「餃子のまち」へ向けた取組みは成功を収めたと評価することができる。

(3) 課題と新たな展開

「餃子のまち」として全国区の知名度を確立することに成功した宇都宮市であるが、その後の変化のなかで新たな展開をみせている。ここでは、後の考察につなげるために、地域ブランドにかかわる二つの点に触れる。

第一に、テーマが餃子以外へと広がっていることである。近年では、宇都宮を「ジャズのまち」や「カクテルのまち」として売り出す動きがあり、それぞれマップが作成され、イベントなどが行なわれている。テーマが広がること自体は良いことであるが、現在のところ、餃子、ジャズ、カクテルの相互に関連性がなく、また、餃子のイメージが突出していることから、統一的なイメージを形成する

291

までには至っていない。そのようななか、宇都宮市は、二〇〇九年四月に「都市ブランド戦略室」を総合政策部内に新設して、シティセールスに注力し始めており、今後の成果が期待される。

ちなみに、2011年から「うどん県。それだけじゃない香川県」というPRプロジェクトを展開する香川県でも、「うどん県」の反響が大きい反面、「『うどん県』だけが一人歩きすれば逆に『うどんしかない』という印象を与えかねない」ことが懸念されている。いずれの地域も餃子やうどんという突出した特産品をもつがゆえに、それ以外のイメージが希薄化するという新たな問題を抱えている。

第二に、総務省「家計調査」における餃子の1世帯当たりの年間支出金額において1位の座から陥落したことである。先述したように、1990年に市職員が餃子によるまちおこしを提言した際に大きな根拠となったのが、「家計調査」のデータであった。その後の同調査をみると、1987年から2010年までの間、静岡市を下回って2位となった1995年を除くすべての年次で1位となっている。ところが、2011年、2012年と2年連続して、宇都宮市は浜松市に首位を譲った。浜松市は、2007年に合併して政令指定都市となり、2008年から「家計調査」の集計対象となった。それ以前から「浜松餃子」のPRに力を入れており、2008年〜2010年は、いずれも宇都宮市に次ぐ2位であった。

外食分が含まれないことや、2011年3月に発生した東日本大震災の影響もあるとはいえ、「1位で当たり前」という感覚をもっていた関係者はこの結果に少なからぬ危機感を覚えた。宇都宮餃子

第4章　地域ブランドづくりとB級ご当地グルメ

会の現事務局長は、「家計調査」で2位になったことで、「自分たちのまちのキラーコンテンツである餃子の意味を改めて考えさせられた」という。2012年5月からは、「為すべきことは、ただひとつ。食って、食って、食いまくれ！」を合言葉に、宇都宮市や宇都宮餃子会、地元企業などがチームを組んで「宇都宮餃子日本一奪還計画」をスタートさせ、各種のイベントやPR活動を展開している。こうした動きのなかで、地元の高校生が自主的に「日本一奪還」のキャンペーンを行なうなど、これまでは事業者主導で、草の根的な動きが相対的に弱いといわれることもあった宇都宮に少しずつ変化が見え始めている。1位から陥落したこと自体は喜ばしいことではないが、それをきっかけに、80の加盟店と実行力を備えた事務局、そして、関係する組織や個人が新しい方向へ進もうとしている様子がうかがえる。

3　宇都宮のブランド力

ふり返って考えてみれば、宇都宮市職員の提言に始まる一連の取組みは、宇都宮の地域ブランドづくりにほかならない。そこで本節では、地域ブランドの概念を簡単に整理したうえで、宇都宮市ならびに宇都宮餃子のブランド力についていくつかのデータを示してみたい。「地域ブランド」という問題意識は、2000年代に入ってから政府の知的財産戦略のなかに位置づけられ、2005年の商標法改正にともなう地域団体商標制度の創設によって一気に注目された。この改正により、それ以前は

登録がむずかしかった「地域名＋商品名（役務名）」型の商標が登録されやすくなり、自律的な産業育成をめざす地域にとっての関心事となっている。

地域ブランドの概念については、経営学において体系化されてきたブランド論をふまえつつも、その特性に合わせた独自の概念が形成されている。地域ブランドの価値（源泉）をどこに求めるかという点に関して、博報堂地ブランドプロジェクトは、「行きたい価値＝観光地ブランド」「買いたい価値＝特産品ブランド」「住みたい価値＝暮らしブランド」の三つの領域としている。また、和田充夫らの研究グループは、地域ブランドには、「買いたい」→「訪れたい」→「交流したい」→「住みたい」の四つのマネジメント領域があり、「住みたい」に近づくほど、地域との関係の深さと、体験価値の程度が大きくなるとしている。

つまるところ、地域ブランドは、商品に源泉（「買いたい」）をもつブランド（地域特産品ブランド）と、場所のイメージに源泉をもつブランド（地域イメージ）とに大きく二分することができる。そして、後者については、観光で訪れる（「行きたい・訪れたい」）だけにとどまるか、定住（「住みたい」）に至るかといういくつかの段階に分けられる。

しかしながら、この「地域特産品」と「地域イメージ」という二つの地域ブランドはまったく別のものではなく、互いに影響を与え合う。たとえば、47都道府県のなかで、食品の産地として断トツに人気が高いのが北海道である。これには、気候や地勢、歴史、文化などの要素が影響を与えていると考えられる。つまり、「地域イメージ」→「地域特産品」の方向での影響である。

294

第4章 地域ブランドづくりとB級ご当地グルメ

一方、「地域特産品」→「地域イメージ」の代表例が、本稿で取り上げた宇都宮市の関係である。先述したとおり、宇都宮の場合は、都市としてのイメージの希薄さを払拭するために、餃子を売り出した。すなわち、地域特産品によって、地域イメージを創ることをめざしたのである。

ここでは、日経リサーチ「地域ブランド戦略サーベイ」とブランド総合研究所「地域ブランド調査」の結果からその点を確かめてみたい。『地域ブランド戦略サーベイ2013（名産品編）』において「宇都宮餃子」は総合スコアで名産品360ブランド中115位、「ご当地料理」部門に限れば91ブランド中22位であった。また、自治体の地域イメージを調査した『地域ブランド戦略サーベイ2013（地域編）』によると、全調査対象630市町村のなかで、宇都宮市は、地域の「魅力点」としての「ご当地料理」のスコアが最も高い都市である（表Ⅱ-4-1）。他方、ブランド総合研究所『第8回

表Ⅱ-4-1 地域ブランドの魅力点〈ご当地料理〉の上位都市

順位	市町村名（都道府県）	点
1 (28)	宇都宮市（栃木県）	49.7
2 (2)	名古屋市（愛知県）	44.7
3 (6)	福岡市（福岡県）	37.7
4 (5)	喜多方市（福島県）	36.8
5 (39)	大阪市（大阪府）	33.7
6 (13)	函館市（北海道）	32.0
6 (12)	札幌市（北海道）	31.9
8 (4)	京都市（京都府）	31.7
8 (11)	長崎市（長崎県）	31.7
10 (19)	仙台市（宮城県）	31.1

資料：日経リサーチ『地域ブランド戦略サーベイ2013 地域編』169ページより抜粋。
注：（ ）内は2008年調査の順位。

表Ⅱ-4-2 産品購入意欲度ランキング〈食品〉

順位	市町村名（都道府県）	点
1 (4)	函館市（北海道）	61.4
2 (1)	札幌市（北海道）	58.3
3 (2)	夕張市（北海道）	57.6
4 (3)	名古屋市（愛知県）	45.3
5 (6)	米沢市（山形県）	43.0
6 (10)	小樽市（北海道）	40.9
6 (20)	喜多方市（福島県）	40.9
8 (7)	宇都宮市（栃木県）	40.8
9 (5)	仙台市（宮城県）	40.4
10 (11)	松阪市（三重県）	37.9

資料：ブランド総合研究所『第8回 地域ブランド調査2013』87ページより抜粋。
注：（ ）内は前回（2012年）調査の順位。

地域ブランド調査2013 総合報告書』では、市町村別の産品購入意欲度を調査しており、「食品」において宇都宮市は調査対象1000市町村中8位となっている（表Ⅱ-4-2）。

宇都宮市の「魅力点」としてあげられる「ご当地料理」や購入意欲度の高い「食品」は餃子以外に考えにくく、これらの結果から、餃子が宇都宮の魅力を形成するうえできわめて大きな役割を果たしていることがわかる。繰り返すが、市職員が餃子によるまちの知名度アップを着想した際に根底にあったのは、宇都宮のイメージが希薄であることに対する危機感である。そこから、宇都宮餃子会が中心的な推進主体となり、宇都宮市役所、宇都宮商工会議所、宇都宮観光コンベンション協会（現在）などが側面から支援を行なうことで、餃子は、宇都宮の知名度を高めるための「キラーコンテンツ」となったのである。

4　戦略としての餃子による地域イメージづくり

以上をふまえて、宇都宮市職員が提言した餃子による宇都宮のイメージづくりという戦略をSWOT分析の枠組みを用いて考察してみる。SWOT分析とは、組織における内部資源の「強み（Strength）」と「弱み（Weakness）」、外部環境の「機会（Opportunity）」と「脅威（Threat）」を整理し、経営戦略立案につなげる手法である。ただし、ここでは、戦略立案のためではなく、当時の戦略立案者（宇都宮市職員）の思考を整理するために、このマトリクスを用いる。

第4章　地域ブランドづくりとB級ご当地グルメ

	有利	不利
内部資源	【強み：Strength】 餃子への支出金額日本一 餃子専門店の集積	【弱み：Weakness】 希薄な地域イメージ 観光行政の遅れ
外部環境	【機会：Opportunity】 グルメブームとバブル経済の崩壊 商業・行政機能の集積にともなう入込客	【脅威：Threat】 B級グルメに対する偏見

図Ⅱ-4-1　1990年当時の状況に関するSWOT分析

資料：筆者作成。

研修の成果である「餃子といえば宮餃子」にもとづいて、宇都宮市の職員が餃子による地域イメージづくりを提言した当時の状況を整理したものが図Ⅱ-4-1である。「『宇都宮』の餃子の1世帯当たりの支出金額が日本1」というデータから『宇都宮』という名前を全国に売り出す」（餃子といえば宮餃子）12ページ、以下ページのみ記す）ということを着想したわけであるから、支出金額の大きさは最大の「強み」だったといってよい。さらに、それまで地元では、とりたてて意識されていなかった「宇都宮は、餃子専門店の数が多い」（2ページ）という事実に目が向けられ、喜多方や佐野の取組みをヒントに、餃子専門店を組織化することが着想された。

一方、研修の課題が設定された背景には、「宇都宮の名前が全国にあまり知られていない」（1ページ）という危機感があった。この場合、「宇都宮」という地名の認知度というよりは、「宇都宮」のイメージの希薄さと考えるのが適当だと思われるが、この点は明らかな「弱み」である。

外部環境については、恣意的な結果論にならざるを得ないが、いくつかの「機会」に恵まれていたと考えられる。第一に、餃子によ

って都市のイメージづくりをはかるという試みに意外性があったことである。それゆえに、バラエティ番組でも取り上げられることになった。第二に、「昨今のグルメブームを見ても、現在は食べ物に国民の関心が高まっています」（1ページ）と述べていることから、「グルメブーム」が「機会」として認識されていたことがわかる。1990年といえば、バブル経済が崩壊したといわれる時期である。あえて餃子で集客をしなくとも、ほかの目的で来訪した入込客に対して「宇都宮名物」として餃子をアピールすることができた。この点は、人口減少や産業衰退などで活力を失った自治体が起死回生の策として新メニュー開発に取り組むのとは事情が異なる。

このような状況で行なわれた具体的な取組みが、餃子マップの作成と事業者組織（「餃子会」）結成の呼びかけであった。まず、餃子マップによって、餃子専門店の存在とそれを支える食文化、すなわち「強み」が地域内外に明示化された。そして、宇都宮餃子を全国に売り出すためには、「餃子会の結成が第一歩」（10ページ）と明確な行動方針が出され、それによって結成された事業者組織が、統一的なプロモーション活動や窓口機能を果たすことで、「機会」をとらえることに成功した。また、前例がほとんどなかったため、B級グルメによって地域のイメージアップをはかることに対して偏見が存在したとは思うが、そうした「脅威」も乗り越えることで、先駆的な事例となった。

結果的に、「強み（Strength）」と「機会（Opportunity）」を組み合わせた「SO戦略」によって

第4章 地域ブランドづくりとB級ご当地グルメ

「弱み(Weakness)」を克服するという、経営戦略論の教科書的には理想的な戦略展開となったといえるかもしれない。リチャード・P・ルメルトは、「良い戦略」の基本構造は、次の三つの要素から成り立つと述べている。⑰

1　診断―状況を診断し、取り組むべき課題をみきわめる。良い診断は死活的に重要な問題点を選り分け、複雑に絡み合った状況を明快に解きほぐす。

2　基本方針―診断で見つかった課題にどう取り組むか、大きな方向性と総合的な方針を示す。

3　行動―ここで行動と呼ぶのは、基本方針を実行するために設計された一連の行動のことである。すべての行動をコーディネートして方針を実行する。」

市職員がまとめた提言がこの基本構造にそのままあてはまっているとはいわない。しかし、かなりの程度「良い戦略」の性格を備えていることも確かである。まず、宇都宮の地域イメージが希薄であることを課題として認識し、その解決のための方針として餃子によるイメージづくりを提言した。そして、それを実現するための具体的な行動目標として餃子店の組織化を設定し、行動した。餃子という地域に根づいた食文化を掘り起こした点が当時は斬新であり、その提言が熱心な別の職員に引き継がれ、宇都宮餃子会の設立へとつながっていく。そこに、テレビ番組の取材やB級グルメ人気という追い風が吹くことで、成功につながった。あくまでも結果論ではあるが、総花的に、あれもこれもと並べ立てるのではなく、自分たちの強みだと信じたことをシンプルに打ち出し、具体的な行動を推し進めていったことが成功要因だったと筆者は考える。

5 問いを立てることの大切さ

三宅秀道は、洗浄機付きトイレ「ウォシュレット」や水泳キャップなどの例をあげながら、既存の問題の枠内で「答えを磨く」のではなく、「問いを立てる」ことの必要性について指摘している。ある技術や製品の価値はそれ自体で決まるのではなく、それを取り巻く価値や文化の体系に依存している。そのため、体系そのものを創り出さないことには、新しい価値も生まれない。「問いを立てる」とは、新たな「価値の体系」を考えることであり、先駆者とはその体系を構築する存在にほかならない。

昨今のB級ご当地グルメブームについていえば、多くの地域にとってそれは所与の問題の枠内で「答えを磨く」取組みである。一方、B級グルメを地域の魅力としてとらえる価値観を提案し、広めたのは、餃子の宇都宮であり、「B-1グランプリ」についていえば、焼きそばの富士宮であろう。

地域おこしというと、自地域にすでに存在する有名なものや評価の高いものに目が向きがちである。しかし、それは既存の価値観を天下り的に受け入れることにほかならない。もともと、宇都宮の餃子は、自然に根づいていたがゆえに、とくに意識されることもなかったメニューである。それを市職員があえて掘り起こし、宇都宮餃子会をはじめとする関係者が行動する過程で、地域資源としての位置づけを確かなものとした。つまり、宇都宮は、「餃子（B級グルメ）は地域の魅力足りうるか」という問いを自ら立て、それに対する答えを出したのである。仮に、一連の取組みが首尾よく進まなけれ

第4章　地域ブランドづくりとB級ご当地グルメ

ば、餃子はその可能性を発揮することができず、問いの答えは違ったものになっていたはずである。この点は、成功した後では、その可能性を指摘するにとどまる。

宇都宮の成功をきっかけに、「家計調査」で1位になった品目をテーマにまちおこしに取り組む都市が相次いだ。しかし、成功したケースはけっして多くはない。田村秀は、この点に関連して、「家計調査」の"瞬間風速"に目を奪われることなく、ある程度長期的なデータにもとづいて差を見きわめ、ほかの調査データとも組み合わせて判断する必要があると述べている。田村の見解に異論はないが、調査結果はあくまでも客観的なデータでしかなく、その数字の意味は受け手によって異なるということを付け加えたい。本章で紹介した宇都宮は、自分たちの努力によって「家計調査」の数字を意味あるものにしたのである。

また、もう一つ注目されるのは、宇都宮の「弱み」としての地域イメージの希薄さである。この点についての認識がなければ、餃子でまちを売り出そうという斬新な発想は出てこなかったかもしれない。抽象的にいえば、「弱み」や課題を創造的に乗り越えたということである。震災後、いわゆる「応援消費」の影響で売上げが増加した被災地産の商品は少なくない。仮にそれが一過性のものであるにせよ、地域ブランドの萌芽がみえたわけである。買い手が何を求めているのか改めて考えてみるのもよい。地域の強みを押し出すことのみにとらわれず、弱さゆえの柔軟性や創造性も意識しておきたいものである。

補記：2014年1月31日、総務省「家計調査」の2013年12月分速報値が発表され、宇都宮市は、2013年の1世帯当たり餃子購入金額において全国1位となった。

注

（1）「B-1グランプリ」を主催する「愛Bリーグ」（「一般社団法人B級ご当地グルメでまちおこし団体連絡協議会」）の事務局長・俵慎一氏は、「B級ご当地グルメ」という言葉をつくったきっかけについて、「もともとご当地グルメを通じてまちを売っていきたいと思っていたが、高級食材や郷土料理などが想起される『ご当地グルメ』のイメージに、富士宮やきそば等がカテゴリーに入るよう定義した」（俵慎一『B級ご当地グルメでまちおこし』学芸出版社、2011年、23ページ）と述べている。本稿においては、日常性と安さ、美味しさを兼ね備えたメニューについて「B級グルメ」と表記し、そこに、地域性が加わった場合には、「B級ご当地グルメ」という表現を用いる。

（2）野瀬泰申「B級グルメの祭典、静岡で開催」『日本経済新聞』2007年5月28日。

（3）「'99を歩く」『新潟日報』1999年12月11日。市内屈指の人気餃子店「みんみん」の経営者で、宇都宮餃子会前会長の伊藤信夫氏が新潟県出身だったこともが取材のきっかけとなっている。

（4）宇都宮で餃子が好まれるようになった理由については、①第14師団への開拓団の影響、②中国東北部への開拓団の影響、③内陸性気候ゆえにスタミナ食が好まれること、④原材料である小麦粉、豚肉、ニラなどの生産が盛んであることなどを指摘する資料が多い。宇都宮駐屯の第14師団は第2次大戦時に中国東北部へ派遣され、本場の餃子の味を覚えて帰ってきたとされる。ただ、第14師団の影響が小さくはないにしても、軍の関係者が中国の民間人と頻繁に交流をもつことができたとは考えがたく、開拓団をはじめとす

第4章　地域ブランドづくりとB級ご当地グルメ

（5）池袋のナムコナンジャタウン内の「来らっせ池袋餃子スタジアム店」（2002年7月出店）は、2011年8月に退店している。

（6）この企画は1994年2月まで放映された。番組制作スタッフとのやりとりなどは次の文献に詳しい。五十嵐幸子『秘訣は官民一体　ひと皿200円の町おこし　宇都宮餃子はなぜ日本一になったか』小学館101新書、2009年。

（7）宇都宮市経済部観光交流課『宇都宮市観光動態調査』2012年、19ページ。「イメージがある／そう思う」と「どちらかといえばイメージがある／どちらかといえばそう思う」の合計の割合が次に高いのは、「近隣に有名な観光地や温泉地があるまち」（49・3％）、「自然の豊かなまち」（40・9％）である。なお、この調査は、これらの数字からも、いかに餃子が地域のイメージとして定着しているかがわかる。なお、この調査は、宮城県、福島県、栃木県（宇都宮市を除く）、茨城県、群馬県、埼玉県、千葉県、東京都、神奈川県の9都県、各350名をサンプルとしたインターネット調査である。

（8）宇都宮市経済部観光交流課前掲書、15ページ。宇都宮市への来訪目的として多くあげられたのは、「餃子を食べた」56・7％、「ショッピングをした」46・8％、「飲食（餃子、カクテル以外）をした」26・1％、「まちなか散策をした」25・0％であった（複数回答）。

（9）「カクテルのまち」は、宇都宮には国内外のコンクールで入賞した優秀なバーテンダーが多いことに由来し、宇都宮カクテル倶楽部と宇都宮観光コンベンション協会が共同でマップを作成している。一方、「ジャズのまち」は、サックス奏者の渡辺貞夫氏をはじめ著名なジャズミュージシャンが宇都宮出身であ

る民間人の役割が大きかったはずだとする資料もある（上馬茂一『宇都宮餃子の夜明け前—シルクロードは餃子の路—」（協）宇都宮餃子会、2005年、36〜38ページ）。

(10) 宇都宮市経済部観光交流課前掲書によると、宇都宮市に「ジャズのまち」のイメージがあるかとの質問に、「イメージがある/そう思う」または「どちらかといえばイメージがある/どちらかといえばそう思う」と回答したのは合計で10.0%、「カクテルのまち」は合計で9.2%にとどまる。

(11) 「うどん県」太く長く」『日本経済新聞』2012年2月3日、四国経済面。

(12) 総務省「家計調査」では、都道府県庁所在都市と政令指定都市について、品目別の1世帯当たり年間支出金額、購入数量及び平均価格を集計している。

(13) 2013年9月に行なったインタビューによる。

(14) 博報堂地ブランドプロジェクト編著『地ブランド』弘文堂、2006年、15ページ。

(15) 電通 abic project 編『地域ブランドマネジメント』有斐閣、2009年、7〜8ページ。

(16) 北海道は、日経リサーチ「地域ブランド戦略サーベイ2013」の「魅力点」の「ご当地料理」と「農水畜産物」において、47都道府県中1位となっている。ブランド総合研究所「地域ブランド調査2013」の「産品購入意欲度〈食品〉」において、47都道府県中1位となっている。

(17) リチャード・P・ルメルト『良い戦略、悪い戦略』(村井章子訳) 日本経済新聞社、2012年、108〜109ページ。

(18) 三宅秀道『新しい市場のつくりかた』東洋経済新報社、2012年、125ページ。

(19) 富士宮やきそばの事例については次の文献などを参照。渡邉英彦『なぜ富士宮やきそばはB-1グランプリの覇者となりしか？ B級ご当地グルメで500億円の町おこし』朝日新聞出版、2011年。

(20) 田村秀『データの罠―世論はこうしてつくられる―』集英社新書、2006年、62～72ページ。

執筆：大谷尚之（愛媛大学法文学部）

第5章 高齢化日本一の村でのIターン促進活動と地域支援
――群馬県南牧村

1 本章の趣旨

高齢化が進む農村には、一般に高齢者を中心とした各種のしがらみが存在する。そんななかを相対的に自由に、かつ活発に動ける可能性があるのは若者たちである。本章で対象とするのは、過疎・高齢化が深刻な群馬県南牧村において、その数少ない若者たちの集まりである商工会青年部を母体として結成された「なんもく山村ぐらし支援協議会」による、Iターン者受入れ活動である。

彼らの活動が始まるさまざまなきっかけのなかの一つに、筆者が所属する中山間地域フォーラム（2006年7月発足、当初は任意団体、2012年12月よりNPO法人化）による南牧村支援活動がある。本章では必ずしも順調に展開されたとは言えないこの活動の反省をふまえながら、今日の

第5章　高齢化日本一の村でのIターン促進活動と地域支援

彼らの活動について紹介する。加えてその経験から、外部からの地域支援とはいかにあるべきかに関する一つの管見を述べさせていただきたい。

なお、支援といっても、本書で多くのページが割かれている被災地支援と、本章のそれとは異なる点が多い。たとえば瓦礫撤去など、東日本大震災が発災した直後の津波被災地は、ヨソモノに求める作業が明確で、しかも危急な事態を抱えていた。それに比べて南牧村は、当初は村が外部に求める目的が具体化されていたわけではなく、切迫度自体も地域全体で共有できているものではなかった。それでも、外部支援者が考えておくべき点については両者に共通項が多いと考え、本書の一翼を本章が担わせていただく次第である。

ここで、群馬県南牧村について紹介しておきたい。2010年国勢調査によれば、南牧村の人口は村が誕生した当時（1955年、1万573人）の1/4以下である2423人に減少し、65歳以上人口割合の高さ、15歳未満人口割合の低さがそれぞれ57・2％、4・3％（図Ⅱ-5-1、ともに市町村単位では全国一）である。背景には、林業・養蚕業の衰退に加えて、この村の重要な産業であったコンニャクの栽培が、山間地に限らず平場でも可能になってきたことがあげられる。

村内には鉄道や高速道路はもとより、国道さえも通っていない。だが、都心から2時間半程度に位置するこの地の豊かな自然などを求めたIターン者や二地域居住者が以前から存在していた。ただし、村内には小規模なスーパーマーケットさえもなく、医療も近年では週2回の午後に診療所が開くのみでしかない。また農業が衰退した今日では、村内で新たに職を得られるような産業に乏し

307

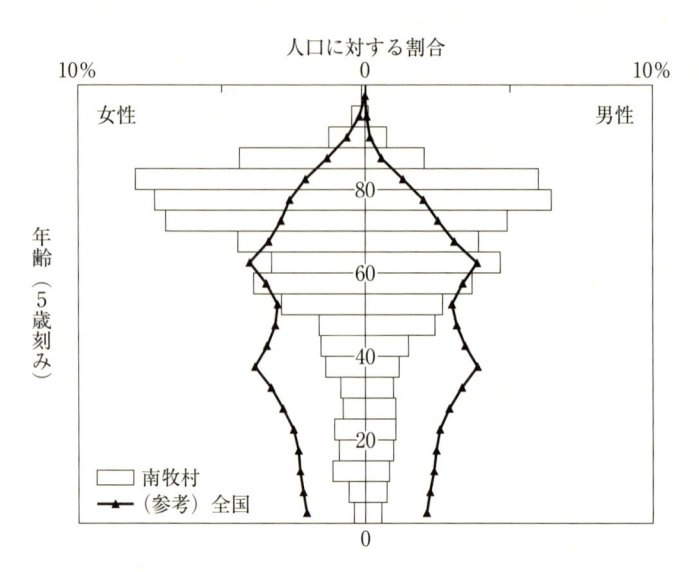

図Ⅱ-5-1　群馬県南牧村の人口ピラミッド

資料：2010年国勢調査より筆者作成。初出：文献①。

い（在村の就業者の主流は自営業と公務員などの公的サービスへの従事者）。あらゆる世代にとって、この村に移住することは容易ではない。そうしたなかを、協議会は後述するようにIターン者の受入れに向けて精力的に活動をしているわけである。

ところで、かつて林業が盛んだったこの村では、炭を活用した商品開発がこれまでにいくつか行なわれている。たとえば粉炭を練り込んだラーメンや和菓子、ピザなどがすでに名物になっている。また炭焼き小屋を活用して焼いたパンは、後述する「道の駅オアシスなんもく」の大人気商品である。

第5章　高齢化日本一の村でのIターン促進活動と地域支援

2　南牧村 "支援" 活動の展開

(1) 草創期の活動とその顛末②

中山間地域フォーラムは、その活動の柱のひとつに、モデル地区を選定しての地域支援を行なうことをうたっていた。発足早々の2006年7月、「実証的な検討と具体的な助言指導を行い、地域再生を支援する」との文言で、募集をかけた。応募された複数の地域から、フォーラムの運営委員会（当時の構成員は学識経験者が大半）は南牧村を支援モデル地区に選定した（同年10月）。選定の根拠は、①花卉栽培に活路を見いだしつつあり、（観光産業ではなく）農業による再生の兆しがみえること、②村や県の支援はあるが、地域がまだ立ち上がり始めているようにはみられず、われわれの活動が住民たちの主体性を干渉しないと考えられること、③前記したような南牧村の問題の大きさから、この地区の問題を解決できれば、その手法を他地区に応用することが可能だと考えられること、だった。

フォーラム会員への公募により、南牧村支援チームを結成することになった。筆者を含む運営委員の一部に加え、海外ボランティアの経験者、社会人大学院生などの数名がチームに加わった。また活動開始までの数か月の間に、村役場の職員らを対象に何度かの予備調査を行ない、その結果か

ら、支援テーマを以下の4点にしぼった。①花卉生産振興、②移住および新規就農、③石垣の段々畑の観光利用、④コミュニティ・ビジネス（順不同）。

チームとしての初の南牧村訪問は、2007年4月であった。チーム員たちが顔を合わせたのは、この日が最初で、そして最後だった。その理由として、当初に設定したテーマだけでは南牧村をみる業・解体状態に陥ったのであった。すなわちこのチームは、ほとんど機能しないうちに、同年6月頃には休見学し、また花卉栽培農家らとの懇談を行なった。チーム員たちが顔を合わせたのは、この日が最ことができないことに気づいたわれわれが、新たな情報の収集に向けて動き方を変化させざるを得なかったこと、平日に動けるわれわれ研究者と一般の方々とでは、共に活動する日程を設定しづらかったこと、そして詳細は伏せるが、ある方の言動が、一部の地元の方から非難されたことなどがあげられる。

ここで、活動開始当初のわれわれの考え方や行動について振り返りたい。まず「支援モデル地区」という取組みは、やや強引ではあったものの、われわれのような新たなヨソモノが役場の協力のもとに南牧村との関係を築くきっかけになったのは事実であり、全面的に否定するものではない。だが、当時の活動方針は、筆者も含めて実際に現地支援を行なった経験に乏しい研究者たちが、机上の議論のみで企画したものにすぎず、それゆえに大きく反省すべき点をいくつか抱えていた。

第一に、われわれは限られた時間のなかで調査した少人数の声をもとにテーマをしぼり、「この地域は、これらさえ解決されれば、少しは前に進む」という意図のもとに「具体的な助言指導」しよ

第5章 高齢化日本一の村でのIターン促進活動と地域支援

うという"上から目線"な態度で地域に臨んだ。これは支援ではなく、地域に対する勝手な干渉にすぎない。

第二に、南牧村は過疎地調査などの名のもと、過去から数多くの大学や研究機関を受け入れてきた。だがそれらの多くが成果を村に十分に還元しておらず、そのため住民たちの一部は外部からの立入りに対してすでに懐疑的に構えていた。すなわち、外部からの人の流入に対して敏感であるはずの現地に対し、フォーラム会員への公募により、希望者なら誰でも入っていける環境をつくってしまった。さらに応募者全員の力量や考え方が現地支援に適したものだと期待することにも無理があった。

これらのことをふまえると、そもそもの問題が、公募による支援チーム結成のタイミングが拙速だったことにあると考えるのが妥当であろう。まずは運営委員を中心とした少数の人員が現地に入り始め、現地の方々の信頼を得てから、訪問者を少しずつ増やしていくという過程をていねいにたどるべきであった（その過程をふむのであれば、事前に急いでテーマをしぼる必要もなかった）。そのうえで、中長期的に活動していくためには、当初から地域に入った者たちが統括的・指導的立場に立って、やる気があるものの経験が浅い人を徐々に育成していく仕組みを用意するべきだった。

(2) その後の活動

チームが機能を停止した2007年6月頃以降は、チームのメンバーだった工藤清光氏（当時・農村工学研究所）、神代英昭氏（宇都宮大学）、後に加わった遠藤和子氏（農村工学研究所）、そして筆

311

者らが、それぞれ個別に村内の情報収集や交流に努めた。筆者は研究室の学生たちとともに、フォーラムのカウンターパートを担った村役場のA氏（当時40代半ば）の助力により、さまざまな地元住民たちとの交流を広げ、深めることを、なかば楽しみつつ、地域とのかかわり方について徐々に学んでいった。なかでも、Iターン者で、当時は南牧村でのグリーン・ツーリズム活動の実現を描いていた（現在ではさまざまな活動を実現）B氏が企画し、商工会青年部が中心になって、廃校になった中学校にインディーズの歌手を招いて行なった「段々畑コンサート」（2007年8月）は重要な機会だった。共に参加した神代氏や筆者、またそれぞれの大学の学生たちは、このときに炎天下での舞台解体の手伝いをしたこと、何よりもわれわれが商工会青年部と近いワカモノ世代だったことから、一気に親しくなることができた。共に汗をかき、酒を飲んで盛り上がることの重要性を改めて痛感する。

その後、A氏の働きかけによる商工会青年部との懇談会（同年11月、後述）や、同じくB氏の協力により行なった、この時点で村内にIターンしていた方々への定住実態調査（同年11月〜翌年2月）、B氏の依頼で地元住民向けに行なった講演会（同年12月）などを通じて、少しずつ輪を広げていった。

2008年はじめ、それまでに地元住民の声を十分にくむ場が用意されなかった反省から、フォーラムは初めてのワークショップを企画した。まずは同年3月、商工会青年部やIターン者、農産物加工部会などを対象とした「活性化ワークショップ」を行なった。また翌年3月には、星尾地区（南牧村の最奥部の一つ、2010年現在、高齢化率81・6％）にて「点検ワークショップ」を行なった（共に農村工学研究所の主導）。遠藤らはこれらについていくつかの反省を述べているが、地域につい

第5章　高齢化日本一の村でのIターン促進活動と地域支援

て考えるための手法を、先述のA氏などの行政職員や、住民たちのなかでもとくに若い層に伝えられたという点では、これらのワークショップは絶大な効果をもたらしたと筆者はとらえている。

そうは言いつつも、2009年頃から、われわれが南牧村を訪問する頻度は激減した。筆者はそれまでは1～2か月に1回程度からそれ以上の頻度で足を運んでいたが、このころから年に1～3回程度の頻度に落ちた。遠藤らは「住民等の気づきや力づけを促す、見守りの姿勢に方針を転換することになった」と述べているが、筆者自身は意図的に訪問頻度を減らしたわけではなく、すでに大まかな情報を集め、また相互の関係性がある程度構築されたことから、互いに必要なときにかかわり合えばいいという、ひとつ上の段階へと自然に昇華したのだととらえるほうが妥当である。

南牧村とわれわれとの関係を表す典型的なエピソードが、星尾諏訪神社の御柱祭である。6年ごとに行なわれるこの祭、2010年4月は通算50回目とのこと。だが、肝心の地元住民は、今回はこぢんまりとやって、これで最後にしようと淡々としていた。高齢化が理由である。村役場が「そんなこと言わんで、ヨソモノの手も借りて盛大にやろう」と説得し、同時にすでに誘いやすいヨソモノへと化していたわれわれフォーラムに参加を呼びかけた。はたして当日、筆者らは学生ともども参加した。手を貸そうなどと意気込んではみたものの、われわれはへっぴり腰。「見ちゃいられねえ、ちょっと貸せ」と、作業をずいずいと進めたのは地元の方々であった。はたして祭は大成功、立派な御柱が建てられた。すっかり自信を高めた星尾地区住民たちは、今では次回（2016年）が楽しみで仕方がないとのことである。

そして村はその間、精力的に動いた。村内の滝を紹介する観光マップづくりに商工会青年部を参画させたり（二〇〇八年秋）、各種の案内看板を設置したり。なかでも村営の、けっして大きくない直売所「オアシスなんもく」が、国土交通省の道の駅に登録された（二〇一一年三月）効果は大きい。道の駅は強い集客力をもつ。これ以降、観光客の激増が明らかである。さらに道の駅に農産加工施設などを増設し（二〇一二年五月）、以前からそこで活躍していた女性たちによる農産加工部の活動の場が広がった。

そうしたなか、際だった活動を見せているのが、なんもく山村ぐらし支援協議会である。

3　なんもく山村ぐらし支援協議会[4]

（1）協議会の発足まで (表Ⅱ-5-1)

村役場のA氏は早期より、村内最大の盆祭りを主催するなど、精力的な活動を続けている商工会青年部が、むらおこしの主軸として次代を担う存在になることを期待していた。われわれが南牧村への訪問を開始した当初から、彼らと、ほぼ同世代である筆者らとの対話の機会をつくろうとしていた。二〇〇七年十一月、彼らとわれわれとの懇談会が設先述の段々畑コンサートがそのきっかけになった。定された。残念ながらこのときは、村長が同席したこともあってか、彼らからはあれが足りないから

第5章　高齢化日本一の村でのIターン促進活動と地域支援

表Ⅱ-5-1　なんもく山村ぐらし支援協議会の発足と主な活動

2007.11	南牧村商工会青年部と筆者らフォーラム運営委員の一部との懇談会。
2008.03	商工会青年部の一部が活性化ワークショップに参加。地域について自ら考えるのは楽しいとの声も。
2008秋	役場主導で、商工会青年部を中心とした観光マップづくりのワークショップを実施。
2009秋	直売所に関する議論をきっかけに、勉強会の開催が発想され、そのための会を作ることに。
2009.12	商工会青年部の一部メンバーを中心に、「明日の南牧を創る会」発足。 駐在所の巡査の任期延長を要望する署名や、観光の専門家との勉強会、農業祭への出店などの活動。
2010.10	村の働きかけにより、「創る会」を母体に、「なんもく山村ぐらし支援協議会」が新たに発足。
2011.02	村内の空き家のデータベース化を目指し、「空き家調査」を開始（～8月まで）。
2011.07	村のホームページに「空き家バンク」として公開。9月半ばまでに電話問い合わせが100件以上。
2012.03	協議会会長が、シンポジウム「中山間地域フォーラムinなんもく」にて活動報告。
2012.09	「体験民家」の整備完了。10月末から活用開始。 移住を考えている団体に限り、1ヶ月3万円で賃貸（上限2ヶ月）。
2013.04	役員改選。各人が協議会の他にもさまざまな地域の役割を抱えている都合上、任期は守らざるを得ない。

資料：文献①の初出の表に一部加筆。

ダメなんだ、これをつくってほしいなどという、ないものねだりの、いわゆる陳情型の意見しか見られなかった。

ところが、2008年の活性化ワークショップ、さらに滝マップづくりが刺激になり、彼らは自ら地域について主体的に考えるようになっていった。実際に彼らの多くは最近になって、フォーラムから刺激を受けたことや、具体的にワークショップという手法を学び、自らの村について考えるためのやり方を覚えたことが活動の発端だったと述べている。

彼らにとって決定的な機会と

なったのは、前出の直売所、オアシスなんもくの拡張計画である。村内ほぼ唯一の居酒屋で偶然行き会った青年部の主要メンバーたちとA氏とでその話になり、せっかくだから自分たちでの直売所の活用策を考えようという話になった（二〇〇九年秋）。そのためにはまず観光などについての勉強会を立ち上げようということになり、商工会青年部を中心に、青年部OBや女性部からも有志を募って任意団体「明日の南牧を創る会」（以下、創る会）を自発的に結成した〔同年12月。当初は15名（含・事務局兼任のA氏）、2014年1月現在32名〕。

それに対し村は、住民の活動を支援できる県単の事業費を得たことから、県職員や役場職員（事務局）が支える形で創る会を拡充し、この事業費を明確な目的に充てられるような組織へと発展させることを提案した。議論の末、活性化ワークショップの頃から話題に上っていた、空き家を利用したIターン者獲得を目的として、「なんもく山村ぐらし支援協議会」が結成された〔二〇一〇年10月。当初は25名、2014年1月現在33名（除・事務局）〕。商工会青年部が母体であるため、中心メンバーはおおむね30代後半から40代前半である。初代の会長は37歳（当時）のC氏が務めることになった。

（2）協議会の活動

協議会のこれまでの主な活動は、①村内の空き家全戸の調査、②空き家バンクの公開とIターン希望者への対応、③村内・村外への宣伝、④「体験民家」の整備、の四つである。

空き家調査は2011年2月から8月まで、月1回ずつ行なわれた。住宅地図を参考にすべての空

第5章　高齢化日本一の村でのIターン促進活動と地域支援

写真Ⅱ-5-1　雑草が生い茂り、朽ちかけた空き家を住民たちが休日返上の手弁当で調査。中央の後ろ姿が協議会の初代会長、通称ハチマキ王子。

き家に赴き、その外観(所有者の許可を得た空き家は屋内の視察も)から、空き家になってからの推定年数や、建物の状態の善し悪し、浄化槽の有無、風呂が薪かガスか、駐車場の面積などなど、多岐にわたって調査した(写真Ⅱ-5-1)。つまり、それぞれの空き家がすぐにIターン希望者を迎え入れられる状態か否か、また実際に移り住むとしたらどの程度の改修費がかかるかに関するデータベースを作成した。ここで、協議会のメンバーの多くは、木工や電気、ガスを対象とする自営業、その道の専門家たちである。たとえば初代会長のC氏はLPガス販売業である。彼らの技術や経験が活かされ、手際

よく調査が進められた。調査の結果、村内に368軒の空き家（全住宅の21％）があり、そのうち即入居可能な物件、多少の補修で入居可なものがいずれも100軒程度ずつだった。所有者が貸借や売却に承諾した空き家は、事務局である村役場企画情報課により南牧村ホームページ上に「空き家バンク」として公開された（同年7月〜）。問合わせは役場が受けるが、実際の現地への案内は協議会メンバーが務めることもある。ホームページの公開前から問い合わせていた人も含めて、2014年1月現在で14世帯26名（子ども3名を含む）のIターン者を得ている（ただしこのうち1世帯2名は事情により転居）。

問い合わせてくる人の希望にある程度対応するためには、少しでも多くの所有者から賃貸・売却の承諾を得て、なるべく多彩な空き家をそろえておきたい。またIターン者の受入れには周辺の住民の理解も必要である。これらのために、協議会は自らの活動をまずは村内に理解してもらうべく、「山村ぐらし通信」という宣伝用の会報（季刊）を独自に作成し、村内全戸に配布している。合わせて、村外への宣伝のために、協議会のホームページも独自に用意し、都市住民向けの田舎暮らし相談会にも参加している。

そして、Iターンを考えている人を対象に、まずは南牧村での生活を試してみて、そのうえで移住の是非を決めてもらえるように、空き家を1軒リフォームして「なんもく暮らし体験民家」を用意した。料金は1か月3万円で、上限は2か月である。

第5章　高齢化日本一の村でのIターン促進活動と地域支援

(3) 中山間地域フォーラムinなんもく

こうした協議会の活動、とくに空き家調査の結果を広く紹介するための現地セミナーを開けないか？　というフォーラム側の発案（2011年秋）がきっかけだった。役場との調整を行なううちに、そのアイディアが「高齢化日本一・南牧村の明日を考える〜つないで育む　活動の輪〜」というシンポジウムとして結実した（主催は地元の実行委員会と中山間地域フォーラム、村と商工会が共催、県などが後援、2012年3月）。もちろん主役は地元の方々である。協議会会長のC氏による活動報告に加えて、農産加工の婦人グループを立ち上げる際に貢献した女性、20年以上前にIターンし、農業委員も務めた方などを登壇者とした。

地元の保育園児たちによる太鼓に始まったこの日のシンポジウムは、各報告、パネルディスカッションに加え、南牧村の新マスコット「なんしぃちゃん」（募集と選考は創る会が担当）の発表や、懇親会では婦人部お手製の郷土料理、お切り込みとコンニャク料理が振る舞われるなど、南牧らしさが随所に見られた。なお、当日の参加者数は、村内93名、村外55名（含・報道関係者）であった。

この会に事務局としてかかわった筆者は、企画に参画するにあたって、村内のさまざまな活動を紹介するのはもちろんだが、それに加え、農村のしがらみのなかではどうしても色眼鏡で見られてしまいがちな若者たちによる協議会の活動を多くの住民に認知してもらう、いわば元服式として位置づけられればと願っていた。図らずもパネルディスカッションの最後に、農産加工部の女性から「老いて

319

は子に従えと言うように、これからは若い人たちに任せたい」と発言したのに対し、会場から万雷の拍手が起こった。この日の彼らの献身的な活動が、少なくともシンポジウムへの参加者たちにはすでに評価されていたのだと信じたい。

（4）協議会の今後に向けて

空き家によるIターン受入事業については、先述の所有者や周辺住民の理解を求める必要性に加えて、現状にはいくつかの課題がある。

第一に、空き家という言葉から、農村へのIターン希望者が何を連想するかを気にしておく必要がある。南牧村には養蚕業のなごりを残す3階建ての、なかには築年数が100年以上にもなる家が多い。ここで、同じように空き家バンクを設けており、その他の移住促進策も充実している兵庫県神河町に注目すると、そのホームページに掲載されているのは、空き家といいつつもせいぜい築30～40年程度のものが主である。事実、神河町役場によれば、町内の若者が結婚を機に実家を出る際に空き家を借りるというような、町内から町内への移住が少なくないとのことである。すなわち地区外からのIターン受入れに加えて、若者の地区外転出を抑止するためにも機能している。南牧村がこうした取組みとの差別化をはかるためには、単に空き家といわず、「蚕室付き」とか「古民家」などという言葉で家の特徴、さらには地域の独自性を明確化するほうが適切であろう。

第5章　高齢化日本一の村でのIターン促進活動と地域支援

次に、体験民家から移住の是非を判断してもらおうという流れは合理的だが、その手前の、とにかく南牧村の知名度を上げたり、数日の宿泊の経験ができるような仕組みが、現状では不足している。先述の神河町には、空き家の修繕を体験する講習会や、平日のキャンプ場を利用した短期滞在体験、Iターン者による講演会、空き家の修繕を交流・宿泊事業に使おうとする人への改修費の補助など、各種の取組みを用意している。一方で南牧村も、フォーラムが本格的にかかわる直前の2006年11月に、「段々畑体験ツアー」と銘打って、急傾斜の段々畑でのコンニャク掘り取り体験や郷土料理試食のイベントを、参加費1000円で催している。このような南牧村ならではの、しかも一見さんをも幅広く集められる企画の再開に期待したい。

そしてもう一点、Iターン者と地元住民や既存のコミュニティとの関係構築は絶対に必要なことである。周辺住民の理解も必要だと前述したが、移住者に不慣れな地元住民のなかには、ともすれば排他的、閉鎖的な意識が残っている。それを払拭するための重要な方法が、その地域の慣習に慣れ、地域に溶け込もうというIターン者の意欲や行動に実際に接する経験を積み重ねることである。ところが筆者の知見によれば、農村移住を希望する人びとのうち少なくない割合で、地域に溶け込む気がない人たちが存在する。曰く、都会の喧噪に嫌気がさして田舎で静かに暮らすことを選んだのだから、今さら人づき合いなどしたくはない、などと。本来ならば地元側は、そうした人には移住を遠慮してもらうくらいの態度でいていい。だが市町村主導でIターン受入れ施策を行なっている場合には、行政という立場上、その峻別を行なうことは事実上不可能である。そこが、住民主導である南牧村の協

議会の特徴でもあり、責任でもある。たとえば今後、体験民家の利用を義務化すれば、その利用期間中の態度、それこそ挨拶の仕方を見るだけでも、その人の地域に対する気持ちが見えてくるはずである。つまり体験民家は、巧く活用すればふるい分けの役割を果たすのではないかと期待される。

ところで、最近の協議会は、一つの壁にぶつかっている。Iターン希望者からの問合わせに対し、今すぐ紹介できる空き家のストックが、そろそろ尽きつつあるのである。村内で空き家をもつ方々のなかで、空き家の貸与や売却を承諾する人が枯渇しかけているということである。引き続き村内への協力依頼を続けなければならないが、何らかの追加の起爆剤がほしいタイミングでもある。そうしたなか、協議会は空き家活用について、移住者受入れだけでなく、別の用途への新たな展開を模索している。たとえば大学の研究施設にするとか、耕作放棄された段々畑と絡めて滞在型市民農園にするとか。今後も新たな展開に注目したい。

課題のもう一点。こうした住民主導の活動は、NPO化が期待される場合が往々にしてある。たとえば千葉県館山市のNPO法人おせっ会は、市と連携しながら、移住促進のための取組みを幅広く行なうことを目的として設立されたものである。南牧村の協議会と同様に商工会議所青年部の活動が母体になっている点も興味深い。だが、おせっ会には理事長のD氏が事実上専従しており、地域外への宣伝活動や、移住希望者に対する移住後の生活計画の相談、移住後の声かけなど、彼の昼夜を問わぬ獅子奮迅の活躍によって会の活動がようやく支えられている。そのことをふまえれば、南牧村の協議

第5章　高齢化日本一の村でのIターン促進活動と地域支援

会が事業計画や会計処理などを要するNPOになることは、現実的には容易なことではない。

4 南牧村への〝支援〟の経験から学んだこと

(1) 南牧村の変化の〝きっかけ〟

われわれが南牧村を訪問し始めた当初には、とくに若者たちからよく「こんなとこに、何しに来たん？」と、怪訝な目で見られていたことを思い出す。ヨソモノに対する警戒心と、自らの村に対する自信のなさとが入り混じっての発言だったのだろう。

ところが、自らの村を「こんなとこ」呼ばわりしつつも、彼らが村の未来を諦めていたわけではなかった。ただ具体的に何をどうすればいいか、どう動き出せばいいかを知らなかっただけであった。彼らの思いは、地表面下でふつふつと温められていた。まるでマグマのように。この状態にきっかけさえ与えれば、沸騰し、地面から吹き出し、またほかの思いへと連鎖していって……。こんな内発的発展の一つの形を実現しつつあるのが、今の南牧村である。

さて、ここまでの描文から容易にわかるとおり、われわれが南牧村を〝支援〟できたとすれば、現地にさまざまに設定していただいた懇談や交流の場、そして活性化ワークショップなどを通じて、きっかけづくりに寄与したことにほかならない。彼らは自ら考え、話し合い、行動することの楽しさを

323

知り、そしてついには自立的に動き始めた。一方のわれわれは、ワークショップの後は、現在に至るまで、「ヨソモノの眼」（筆者の研究室の学生などはワカモノの眼も）という道具と、後述するようなネットワークを提供し続けていること、加えて、南牧がんばれ！という声援を送り続けている程度でしかない。活動開始当初の上から目線を反省しつつ、このことを改めて見つめ直しておきたい。

（2）"支援"とは如何にあるべきか

南牧村を支援モデル地区に選定した理由の一つが、「問題が大きな地区を再生できれば、他地区にその手法を応用することが可能だと考えられるから」というものだったことを前述した。だが、これまでの経験のなかでわれわれが学んだのは、
① すべての大前提として、現地の方々とわれわれとの相互の信頼関係を構築すること
② 現地を何度も訪れ、現地の方々と対話・交流することを通じて、その村について学び、深く理解すること、またその村の将来に向けて真に重要なことが何であるのかを、現地の方々とともに考えること
③ 住民たちが自ら主体的に考え、行動し、またさらなるネットワークを構築・拡大することの意義（楽しさ、嬉しさ、達成感などを含む）を理解できるように、きっかけを与えること、そして住民たちの主体的な活動に向けて、お手伝いをすること

の再認識にほかならない。この抽象的な事柄たちを手法であるととらえるならば、確かにこれらは他

第5章　高齢化日本一の村でのIターン促進活動と地域支援

地域を支援するにあたっても応用が可能だろう。

②にあたって、確かにわれわれには、他地域に対する知見や人的ネットワークなど、現地の方々にない独自の引き出しをもっているという強みはある。ただし、それをそのまま現地に押しつけるのではなく、前述のように、その村の特性を学び、それを鑑みながら適切なものを適切な形で提供しなければならない。こう書けば当たり前のことのようにみえるが、ここまででみてきたように、南牧村にかかわる前のフォーラム側の姿勢には、この感覚が希薄であった。南牧村にかかわらせていただいたおかげで遅ればせながら学べたことである。

また、③に関して、南牧村にとってはワークショップが大きなきっかけになったことを記した。しかし、筆者はワークショップ万能論を唱えるつもりはない。商工会青年部とわれわれとの関係構築は、少なくともフォーラム側の当初計画にはなかったものだった。ことほど左様に、人間相互のかかわりである以上、シナリオを書くようには動かないものである。南牧村の若者たちには、たまたまワークショップ型の考え方が受け入れられ、またそれをきっかけに何らかの化学反応が生じただけである。ほかの地区にはその地区なりのきっかけがあるはずである。もしも地域の支援を考えるならば、他事例の安易な適用ではなく、その地区なりの何かを模索するところから始めなければならない。

そして、①の信頼関係の構築に向けては、一般的にはある程度の時間を要するものだろう。われわれの場合、運良く数か月で関係を築くことができたが、それには役場のA氏の存在が大きい。われわれが南牧村に初めて訪れて以降、今日まで足かけ8年にもわたってかわらず連絡・調整役を担ってく

れている。彼がいてくれたからこそ、地元の方々とわれわれとの交流が深まり、また関係性が継続したのだということを強調しておきたい。加えてB氏は、行政職員として農業関係全般から観光関係などをも担当しつつ、創る会や協議会の活動にも私人として、業務後や休日なんかお構いなしに献身的にかかわり続けている。もはや南牧村が誇るべきバカモノである。(5)

(3) そして新たなネットワークの拡大へ

ところで最近、南牧村の方々と筆者自身やその周辺との関係性が、新たなステージへと展開しつつあることを感じている。

たとえば２０１３年５月には、A氏から農村工学研究所の遠藤氏のところに、「河川を活用した小水力発電について検討したい、専門家を紹介してくれ」という依頼が届いた。前出のB氏から筆者らに「村内に多く残る石垣について調査したい。ついては石垣の専門家を探してくれないか」という依頼が届いたのは同年秋のことであった。反対に、筆者の研究室の卒業生が、卒業後何年たっても、かつて仲良しになった南牧の方々とメールのやりとりをしていたり、家族や会社の同僚をも連れて南牧村を訪れたりといった例も、複数行なわれているらしい。これらに見られるように、南牧村と外部支援者との関係のみにとどまらず、そのネットワークがさらに外側へと拡大しようとしている。

ここで、「拡大コミュニティ」という概念を紹介しておきたい。(6) 筆者らの報告によれば、「今回の震災の被災地の多くにおいて（略）大幅な人口流出が生じている（略）。こうした状況は中山間地域

第5章 高齢化日本一の村でのIターン促進活動と地域支援

の過疎地が抱える問題と類似している。拡大コミュニティとは、こうした定住人口の減少をやむを得ないものと考えた上で、その地域を支え続けられるようなコミュニティを地域外に拡大できないかという考え方」と定義されている。たとえば若年層など、他出を余儀なくされた人が、ふるさとに思いを伝え続けられる仕組みを用意することは、他出者側、ふるさと側の双方に意義がある。中山間地域フォーラムは過去、ふるさと納税に類似した効果を期待したい旨を提言している(7)。

加えて、他出者以外の地域とかかわり続ける人びとにも、拡大コミュニティとしての期待が寄せられる。まさにわれわれ南牧村にかかわり続けている者たちからフォーラムの会員たちへ、そこからフォーラム外の専門家へ、また筆者から筆者の研究室の卒業生たち、そしてその家族や同僚らへと、ネットワークが自然発生的に広がりをみせている。いわば南牧村ファンクラブが目に見えない形で拡大しつつある。これをもう少し計画的に拡大できないか、と筆者は夢想している。前掲の報告には、東日本大震災の被災地である大槌町に対して地元ファンたちのコミュニティが早期にかつ自然発生的に成立したことの背景に、ソーシャル・ネットワーキング・サービス（SNS）という広域性・迅速性を有するツールが使用されたことに加えて、被災地支援という共感されやすい目的があったことがあげられている。南牧村の場合、その唯一無二のキャッチフレーズの「高齢化日本一」は、必ずしも広く共感されやすいものではないが、逆に一過性や興味本位ではなく、本心から南牧村を応援できるファンの獲得につなげていけるのではないかと考えている。

327

5 支援とは何かを改めて考える

　筆者は大学で、教育に携わっている。だが、この教育という言葉がむずかしい。教えるのはともかく、育てるというのはどうあるべきだろうか。思うに、学生に教育するためには、こちらも語句を調べ直したり、説明するための文言により適切なものを選び直したり、話す順番を再構成したりなど、相当量の勉強を要する。そう考えると教育とは、教わる側だけでなく、教える側にとっても貴重な学びの場だということになる。われわれ教員が学ぶ機会、育つ機会を学生からもらえているのだとしたら、今さらながら学生たちに感謝しなければならない。

　支援という言葉も、おそらく同様のものである。支えて援けると書くが、これもどうやら一方通行のものではない。現地の方々と互いに考え、互いに学び合うことにより、結果的には、現地の方々はもちろん、支援する側にとっても成長できる場だととらえると、だいぶ理解しやすくなってくる。そして互いにかかわり合うためには、上からではなく、対等な目線、地元を尊重し、地元の方々に敬意を払うことが必要なのは言うまでもない。

　ということで、まだ考察途上にすぎないが、これからは支援という言葉を「互いに支え合い、学び合いながら、地域を応援する形」と読み替えてみてはいかがだろうか。……うーむ、今ひとつしっくりこない。まだまだもっと南牧村に教えてもらわねば。

第5章　高齢化日本一の村でのIターン促進活動と地域支援

最後に、筆者はこれまで、南牧村に多くの友人を得た。互いにファーストネームないしはあだ名で呼び合う関係であることが心底ありがたい。なかでもとくになんもく山村ぐらし支援協議会のメンバーの多くとは、幸運にして同世代である。今後、ともに歳を重ねていけることを楽しみに思っている。20年後、50年後の南牧村も、変わらず"支援"し続けていきたい。

本章の執筆にあたり、まずはA氏をはじめとする南牧村の皆さまに、心から感謝の意を表します。また、移住促進施策の事例として紹介した兵庫県神河町および千葉県館山市NPO法人おせっ会の関係各位、そしてこれまで南牧村への"支援"に助言、また協働くださった各位に謝意を表します。

注

（1）牧山正男（2012）「空き家へのIターン者受け入れを目指す若者たちの活動—群馬県南牧村・『南牧山村ぐらし支援協議会』への期待と課題—」『農村計画学会誌』31巻3号、463～466ページ。

（2）南牧村支援活動の、とくに草創期については、遠藤和子・唐崎卓也・安中誠司・石田憲治（2010）「限界集落化が危惧される地域の振興支援方策—群馬県南牧村における振興支援型研究—」『農村工学研究所技報』210、37～48ページ（http://www.naro.affrc.go.jp/publicity_report/publication/files/210-3.pdf）を合わせて参照願いたい。

（3）このときの成果は、牧山正男（2011）「空き家利用の農村移住は過疎地活性化策になり得るのか？」『農業農村工学会誌』79巻7号、13～16ページにまとめた。

（4）本章の3節は、前掲（1）の文献が初出。今回、大幅に加筆した。

（5）並河信乃（2010）「編集主幹並河信乃の地回り経済対談（ゲスト/佐藤洋平）」『コロンブス』No. 106、18ページには、佐藤（中山間地域フォーラム会長）の発言として、「幸いなことに南牧村には、役場のなかに寝食を忘れて取り組む人、いわゆる"バカモノ"がいました。ヨソ者であるわれわれと彼との連携で、ワークショップなどを展開することができたわけです」と記述されているが、これはA氏のことである。

（6）牧山正男・渡辺真季・山下良平・服部俊宏・鈴木翔（2013）「被災地の復興に向けた拡大コミュニティの可能性―シンポジウム『中山間地域フォーラムinもりおか』の記録―」『農村計画学会誌』31巻4号、602～605ページ。

（7）中山間地域フォーラムは2007年時点でふるさと納税に対し、「ふるさと再生の『思い』をこめた資金が提供され、中山間地域・各自治体の『思い』をこめた再生ビジョンが発信される」ようなシステムづくりをめざすべきだと提言している。

執筆：牧山正男（茨城大学農学部）

[海外からの視点]

Local Economic Developmentの視点から見た地域支援のあり方

1 地域づくりと外部の力

昨今、英国ニューカッスル大学の農村経済センターを中心に、内発的な力と外発的な力の相互作用を求めるNeo-Endogenous Development（ネオ内発的発展論）の理論構築が進められている。Christopher Rayは、Neo-Endogenous Developmentを「地域外の要素を認識し、それらを不可欠なものであると考えるが、地域の将来を形成するのは地域の潜在性であるという信念も保持した、内発性を基礎とする発展」と定義している。日本国内では後藤春彦が、Exogenousの訳とされる「外発」が「外側より計画／組織化されたできごと」、Endogenousの訳とされる「内発」が「内側より計画／

組織化されたできごと」と定義されることと並べて、Spontaneous の訳である「自発」を「計画/組織化されないできごと」と定義したうえで、新たに Neo-Endogenous の訳語に「共発」をあて、「内外の両側面より計画/組織化されたできごと」と定義している。そして、どのような地域にも外発的な力と内発的な力が存在するため、両者の相互作用を前提とすることが重要であり、①地域資源を有効に使い価値づけを行なう、②地域に利益を還元する（成果を景観として表現する）、③地域のニーズや能力に依拠した活動を行なう、④地域外からの介入を分散化しながらも、戦略的に地域外との連携体制を構築することが必要である、と論じている。(2)

一方で、日本国内で展開されてきた内発的発展論は、当初より、外部の力を否定するものではなかった。鶴見和子は、内発的発展の運動の主体は、地域の定住者および一時漂流者であるが、外来の漂泊者との交流と協働なしには、伝統の再創造または創造は触発されないとし、内発的発展の必須条件として地域の開放性を指摘している。(3) 宮本憲一は、中央政府や県の補助金に依存することは否定しているものの、地元の経済がある程度発展して、それと必然的な関係を否定したときには外来の資本や補助金の導入を認めている。(4) 保母武彦は、自前の努力を基礎に、都市との連携に発展する必然性や地域の自立的意思による国家支援の必要性を論じている。(5) こうした背景をふまえたうえで、小田切徳美は、それでもなお、現代日本においては、外部の力をさらに強調しなければならない段階にあり、従来以上に外部支援の必要性とその内部化が求められる、と言及している。(6)

332

[海外からの視点] Local Economic Development の視点から見た地域支援のあり方

地域づくりのための支援策の構築は、国レベル・地方自治体レベルの双方で進んでいる。しかしながら、支援策を活用して実践された取組みのなかには、成果を十分に発揮していないとされる事例も少なくない。その要因の一つとして、地域全体の状況を十分に把握・分析し、地域全体として共有するビジョンのもとで、個々の支援策の投入が決定されていないことが指摘できる。そこで本稿では、地域の状況の把握・分析や地域全体としての計画策定プロセスを重視するLED（Local Economic Development）アプローチにもとづく地域開発支援モジュールを紹介し、日本国内での地域づくりのための支援策のあり方を検討することを目的とする。

2　Local Economic Developmentアプローチ

(1) Local Economic Development（地域経済開発、以下LED）とは

LEDの実践は、1960年代後半から1970年代初頭にかけて、世界的な経済再編と分権化が進むなか先進諸国で始まった。[7] トップダウン型の経済開発の結果として生じた地域間格差や失業問題に対抗するためのオルタナティブな戦略としての経済開発アプローチであり、すべての「地域」に成長の機会を提供する。[8] LEDの実践のアプローチは、1960年代から1980年代前半にかけては、税制措置や補助金などのインセンティブによる地域内への投資の誘引やハードインフラの

333

整備に焦点があてられていたが、1990年代以降は地域全体としてのより包括的なアプローチとして、人材育成などソフトインフラへの投資や、官民の連携、人びとの生活の質の向上にも焦点があてられるようになるなど、時代の流れとともに変化をともなうものであるが、グローバル化・分権化が進む今日、「地域」を軸とした開発政策であるLEDが果たす役割は、ますます大きくなってきている。

Rodriguez-Poseは、従来型の開発政策とLEDアプローチの違いを次のように整理している。

第一に、従来型の開発政策は、地元の主体を取り込むことなく、中央政府の立案者によって開発戦略を実施するトップダウン型のアプローチであったのに対し、LEDでは、それぞれの地域での経済的潜在性や比較優位を活かして、すべての場所で、地元のイニシアティブによって開発が実践される。

第二に、従来型の政策が、中央政府で策定・管理・実施されてきたのに対し、地元の主体が関与するLEDでは、関連するすべてのアクターの縦方向と水平方向の連携が必要とされる。縦方向の連携では、地方機関・中央機関・地域機関などの連携を、また水平方向の連携では関連する地域の公共および民間主体の連携を必要とする。

第三に、経済的活力の創出を主要な目的の一つとして、特定の産業分野を推進してきた従来型の分野別アプローチに対し、LEDは地域別アプローチであり、それぞれの地域の経済的、社会的、組織・制度的条件の診断と地域の経済的潜在性の特定が開発戦略の基礎となる。

334

［海外からの視点］Local Economic Development の視点から見た地域支援のあり方

第四に、従来型の開発政策が、追加的な経済活動の促進とネットワークやバリューチェーン構築を目指す大型産業プロジェクトの開発であったのに対し、LEDでは、それぞれの地域の経済的潜在性を特定し、活用することで、変化する経済環境に対する地域の経済システムの漸進的適応を促す。

第五に、従来型のアプローチが経済活動を魅了し、維持するための、財政支援やインセンティブ、補助金に頼っているのに対し、LEDでは、さらなる経済活動を発展・魅了するための基礎的な条件の改善に焦点を合わせている。

その他、LEDが有する特徴としてILOは、①参加と社会的対話の必要性、②地域［圏域（territory）］を基礎とすること、③地域資源の活用と比較優位の形成、④地域のオーナーシップの4点を指摘し、LED戦略は「hardware（ハード面）」「software（ソフト面）」「orgware（組織面）」の三つの側面から構築される必要がある、としている。[12]また、Cunninghamらは、LEDプロセスを単により良い商品の開発や生産性の向上をめざすのではなく、関係者がそれぞれの存在を知り、それぞれの目的を共有し、地域経済の発展を考える「学びのプロセス」として評価している。[13]

（2）地域開発支援の手法としてのLEDアプローチ

先進国でのLEDの経験をベースに、1990年代以降、世界銀行（以下、WB）や国際労働機関（以下、ILO）、国連人間居住計画（以下、UN-HABITAT）などの国際機関が、途上国

表Ⅱ-5-2　各機関によるLEDの定義

機関名	定義
WB	LEDの目的は、ある地域の経済見通しとすべての人びとの生活の質を改善するために、ある地域の経済的能力を構築することである。それは、民間セクター、ビジネスセクターならびに非政府セクターが協力して、経済成長と雇用創出のためのより良い条件を構築するプロセスである[14]。
ILO	LEDは、地域の主体が地域の将来を形成し、共有していくプロセスである。地域内の関係者間のパートナーシップを奨励し、促進していく参加型のプロセスであり、主に地域内の資源の競争的活用をもとにした戦略を協働によって策定・実施することを可能にする。最終目的は、雇用の創出と持続的な経済活動の構築である[15]。
UN-HABITAT	LEDは、すべてのセクターに属する地元の人びとが、地域の商業活動を活性化するために協働する参加型のプロセスであり、結果的に、弾力性が高く、持続的な経済につながる。雇用の創出とすべての人にとっての生活の質の改善に有用な方法である。LEDは、公共・民間・市民社会がパートナーシップを構築し、共通の経済的課題に対する地域の解決法を協働して見いだすことを奨励する。LEDプロセスでは、地域の優先事項を達成するために、企業、労働力、資本、その他の地域資源を効果的に活用できるよう、地元の参加者の能力を高めることをめざす[16]。

資料：各機関の関連資料・Webサイトをもとに筆者作成。

における地域開発支援の手法の一つとして、LEDアプローチを積極的に導入してきた。LEDの定義は、表Ⅱ-5-2で示すとおり、機関ごとに異なるものの、「多様な主体（官・民・市民社会）の連携による参加型のプロセスであり、地域内の資源の活用をベースとした地域経済の活性化・雇用の創出、ひいては地域住民の生活の質の改善をめざす地域開発のアプローチである」とまとめることができよう。

こうした定義のもと、各機関は、LEDプロセスをモジュール化し、途上国での地域開発支援を実践している。以下では、WB、ILO、UN-HABITATのモジュールを

［海外からの視点］Local Economic Development の視点から見た地域支援のあり方

整理する。

① WB

WBは、LEDを戦略的計画策定プロセスであるとし、そのプロセスを五つのステージに区分している。ステージ1は、「合意形成・実施体制の組織化」である。地域経済開発戦略を成功裏に計画・実施するために不可欠となる体制の構築と関係者（官、民、非政府組織）の関与をはかる。ステージ2は、「地域経済アセスメントの実施」である。地域経済に関するデータ収集とSWOT分析などを用いた地域経済の分析を行なう。ここでの「地域」は、行政区にとらわれるのではなく、経済活動が及ぶ範囲で分析を行なう。ステージ3は、「LED戦略の策定」である。LED戦略は、次の項目からなる：ビジョン（Vision）、目的（Goal）、目標（Objective）、プログラム（Program）、プロジェクトとアクションプラン（Project and Action Plan）。関係者間で合意したビジョンのもと、複数のプロジェクトが計画され、それらの優先順位が決められる。ステージ4は、「LED戦略の実施」である。LED戦略（5〜10年のタイムフレーム）、実施計画（1年あるいはそれ以上）、および個々のプロジェクトのアクションプランにもとづいて、実施される。実施計画のうえに、個々の計画を位置づけることで、プロジェクト間での調整をはかることができる。個々のプロジェクトには成果がすぐに見えるものと、時間を要するものがあるが、成果が見えやすいものを早い時期に実施することで、関係者を勢いづけ、信頼を築くことができる。LED戦略は、通常5〜10年を目途に策定するが、地域の状況は変化するゆえ、ステージ5は、「LED戦略の見直し」である。

ものである。設定したモニタリング・評価指標にもとづき、評価を実施し、毎年見直す必要がある。

② ILO

ILOは、LEDプロセスを六つのステージに区分している。ステージ1では、地域内の各関係者の目的や活動と関係者間の力関係のマッピングと、LED戦略の策定に必要とされる地域内の社会経済・政治状況に関する情報収集を行なう（「地域の診断」）。ステージ2では、地域内の関係者を啓蒙し、対話を促す（「関係者の啓蒙」）。ステージ3では、地域内の主要な関係者の代表からなる地域フォーラムを設置し、関係者間で認識を共有し、意見交換を行なう場とする（「地域フォーラムの推進」）。ステージ4では、ステージ1で収集した情報をもとに、SWOT分析などを行ないLED戦略を策定する（「LED戦略の策定」）。LED戦略には、ビジョン、具体的目標、個別の方策が含まれる。ステージ5は、戦略の実施である（「LED戦略の実施」）。既存の組織が実施機関となることが望ましいが、適切な組織が存在しない場合は、戦略実施のための新たな実施機関を設立する。ステージ6では、目標の達成度を評価・モニタリングする（「評価・モニタリング」）。これらのステージは明確に区分できるものでもなく、また必ずしも、この順序で実施されるものでもないが、これらすべてのステージをふんでいないLEDプロジェクトは失敗に陥りやすい。[18]

③ UN-HABITAT

UN-HABITATによるモジュールでは、戦略的計画策定を通じたLEDの促進がめざされており、戦略的計画策定のプロセスを、四つの質問〔①われわれは今どこにいるか?（Where are we

[海外からの視点] Local Economic Development の視点から見た地域支援のあり方

図Ⅱ-5-2 UN-HABITATによる計画策定の10のステップ

資料：UN-HABITAT ⑳より、筆者和訳。

now ?)、②どこに向かいたいか？ (Where do we want to go ?)、③どのようにしてそこに到達するか？ (How do we get there ?)、④そこに到達したか？ (Have we arrived ?)) を軸とした10のステップに区分している。ステップ1では、主要な関係者の関与と信頼構築をは

表Ⅱ-5-3 各機関によるLEDモジュールに共通する特徴

【LED戦略策定前の段階において】
①地域内の情報（社会経済、政治状況、関係者）の把握・分析を行なう。地域の範囲についても議論する。
②多様な主体（関係者）の関与を促す。
③多様な主体が参加し、合意形成をはかるための、体制・組織を構築する。
【LED戦略策定段階において】
④ビジョンを設定し、共有する。
⑤具体的目標・指標を設定する。
⑥個々のプロジェクトの活動計画を策定する。
【LED戦略の実施において】
⑦実施責任機関を明確にする（制度化）。
⑧個々のプロジェクトを実施する。
⑨評価・モニタリングを実施し、計画の見直しを行なう。

資料：筆者作成。

かる。「地域」の範囲についても議論し、決定する。ステップ2では、計画策定に参加すべき関係者を特定し、関係者間パートナーシップグループを設置する。ステップ3では、地域経済に関連する情報を収集し、SWOT分析などを用いて、評価・分析を行なう。ステップ4では、ワークショップなどを実施し、地域が将来どのようになってほしいかについての意見を共有し、同意をはかる。ステップ5では、具体的な目標値を設定する。ステップ6では、目標に到達するための戦略を決定する。ステップ7では、具体的な活動計画を策定する。ステップ8は、活動の実施である。活動の実施を持続させるためにLEDの制度化にも努める必要がある。ステップ9では、評価・モニタリング結果に応じて計画の到達度の評価・モニタリングを実施する。ステップ10では、ステップ5で設定した指標の修正を加える。これらのステップは、図Ⅱ-5-2の円で示されているとおり、継続的なプロセスである⑲。

　以上のように、各々の機関が、それぞれモジュールを開発しており、統一したモジュールが確立しているわけではないが、表Ⅱ-5-3に示す共通点を見いだすことができる。これらは、LEDを成功に導くための重要な要素であり、LEDにもとづく地域開発支援を検討する際に不可欠な視点である。

[海外からの視点] Local Economic Developmentの視点から見た地域支援のあり方

3　日本の地域づくりと支援策――LEDの視点からの考察

（1）LEDの視点から見た日本の地域づくり

日本の地域づくりに関する議論のなかでは、これまでLEDという用語は用いられてこなかったが、日本の地域づくりとLEDはともに、トップダウン型の地域開発政策に対するオルタナティブなアプローチとして実践されており、ボトムアップ型であること、地域資源の活用を基礎とすること、多様な主体の参加を前提とすることなど、多くの共通点が確認される。しかしながら、LEDアプローチでは、地域開発のステップ（段階性）が提示されてきたのに対し、日本の地域づくりに関する議論のなかでは、段階性については多く論じられていない。そこで、表Ⅱ-5-3で抽出したLEDアプローチの特徴をふまえ、日本の地域づくりを再検討し、その段階性を明らかにすることを試みた。その結果を、図Ⅱ-5-3に整理する。

日本国内の各地域では、すでに官民問わず、さまざまな主体が地域づくりに取り組んでいるのが現状である。よって、まず、それらの主体を把握し、各主体の目的や活動状況の把握・分析を行なう①における「関係者分析」が重要なスターティングポイントとなる。LEDアプローチでは、表Ⅱ-5-3で整理した①から⑨までのステップを段階的にふんでいくことになるが、関係者分析の結果、地域

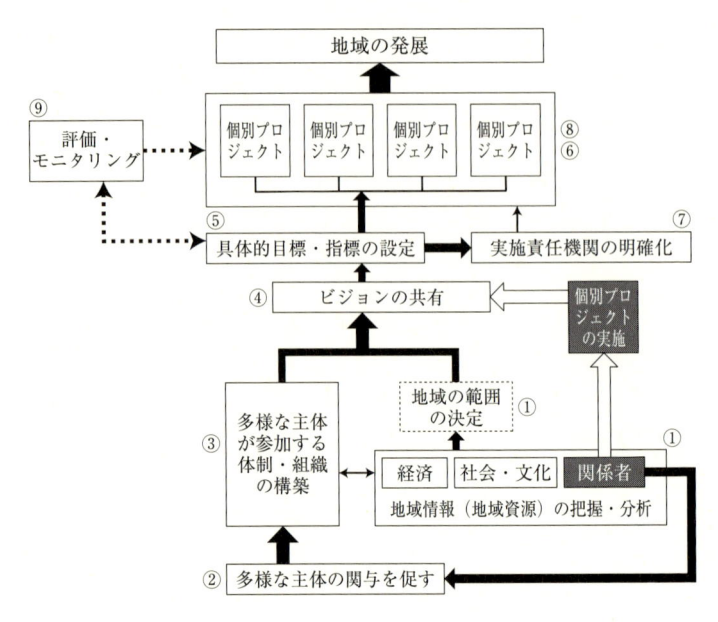

図Ⅱ-5-3 LEDの視点から整理した日本の地域づくりのプロセス

資料：筆者作成。
注：図中の丸付数字は、表Ⅱ-5-3の①〜⑨の各項目に対応する。

全体に波及効果をもたらし得ると判断される主体(21)が地域内に現存する場合には、当該地域に属する多様な主体の関与を促し（②）、多様な主体が参加する体制・組織の構築（③）や地域全体としてのビジョンの共有（④）を待たずして、特定した主体を軸とした個別プロジェクトの実施も可能である（図Ⅱ-5-3の白抜き部分）。とはいえ、地域全体としての持続的な発展につなげるためには、先行させるプロジェクトも中長期的には地域で共有するビジョンに統合していく必要がある。

(2) 地域づくりのための支援策が抱える課題

地域づくりのための支援策は、地域づくりのプロセスに応じて適切に活用されることで効果を発揮するであろう。そのためには、まず地域の発展の段階に応じて活用可能な支援策が準備されている必要がある。長谷川らは茨城県常陸太田市里美地区での地域づくりの事例を分析し、地域づくりのための支援策を、地域づくりを促す地域内の条件を整えるための「土台形成支援」と、具体的な活動実施のための「活動実施支援」の2段階に区分している。[22] 図Ⅱ-5-3で示した地域づくりのプロセスにあてはめると、①から⑤までのステップに対する支援が「土台形成支援」にあたり、個別プロジェクトの実施（⑧および図Ⅱ-5-3の白抜きの個別プロジェクト）に対する支援が「活動実施支援」にあたる。さらに、[23]昨今の地域づくりでは、持続性を構築するための仕組みづくりも重視されるようになってきており、図Ⅱ-5-3の⑦および⑨は持続性に寄与する要素である。これらに対する支援を、本稿では「持続性構築支援」と区分する。[24] これら三つの類型から、昨今の地域づくりのための支援策の傾向を整理・分析した結果、次のような課題が確認された。

① 土台形成のための支援策は限られており、ましてや土台形成における複数のプロセスのそれぞれに対応する支援策は準備されていない。

② これまでに構築されてきた支援策の多くが、個別プロジェクトを対象とする活動実施支援である。申請には、実施計画の策定や活用する地域資源の特定を前提としているが、そうした計画段階に

寄与する支援策は準備されておらず、またふむべきステップについても、明示されていない。

③ 総務省による人的支援策を、持続性構築に寄与する評価・モニタリング体制の構築・実施のために活用することも可能であるが、そうした活用事例は少なく、持続性構築に特化した支援策は、現時点では、準備されていない。

こうした課題から、地域づくりのための支援策が、これまでのところ、図II-5-3で示したような地域づくりの段階性が考慮されることなく構築されてきていることがわかる。

4 地域づくりのための支援策のあり方

地域づくりのプロセスを考慮した支援策の構築を進めていく必要があることは言うまでもないが、プロセスに応じた支援策のあり方として、以下では、支援策の類型ごとに今後の可能性を検討する。

(1) 土台形成支援

日本国内の各地域では、すでに官・民間わず、さまざまな主体が地域づくりにかかる取組みを実践している。それゆえ、まず地域内に、どのような主体が存在し、それぞれの主体がどのような活動をしているかを把握することが最優先されるべきステップである。その際には、地域づくりを直接的な目的とする市民セクターや公的セクターに加え、民間セクターに属する主体も分析対象に含めること

[海外からの視点] Local Economic Development の視点から見た地域支援のあり方

が重要である。そのうえで、それらの主体の参加を促し、共通のテーブルにつく機会を設ける必要がある。地域内の関係者の把握には、地域住民とのしがらみがなく、客観的な視点から、地域内の主体間の力関係を把握できるコンサルタント等の外部主体を活用することが有効であろう。こうした役割を果たす外部主体を独自の予算ですでに導入している自治体もあり、成果を発揮していることからも、国レベルの支援策でも、まずはこうした基礎情報の収集、多様な主体が参加する体制・組織の構築を目的とする新たな土台形成支援策の構築を検討することを提案する。

地域情報（地域資源）の把握・分析（地域づくりのプロセス①）については、地域資源発掘のための参加型ワークショップなどが、昨今、各地で実践されていることは評価できるが、SWOT分析などの手法を用いて、より総合的な視点から、かつ多様な主体を巻き込みながら、地域が比較優位を有する資源（産品に限らず、文化・歴史も含む）を特定していく必要があろう。地域情報の把握・分析①に続いて、多様な主体の関与を促し②、多様な主体が参加する体制・組織を構築し③、さらに具体的目標・指標を設定していく⑤必要があるが、これらのプロセスの遂行を担うファシリテーターの役割を果たせる人材が地域内に存在しない場合には、これらのプロセスに対する支援を目的とした外部人材の派遣などが有用であろう。そのほか、国レベルにおいて、地域情報（地域資源）の把握・分析の手法、ビジョンの共有、具体的目標・指標の設定手法など、LEDにもとづく地域開発のステップをマニュアル化することも検討できよう。

また、これら①から⑤の各プロセスは、地域内の土台形成の到達段階を判断するためのチェックポ

イントでもある。これらを外部支援の審査基準に取り込むことで、それぞれの地域の発展の段階に応じた適切な土台形成支援策とのマッチングが可能となろう。

（2）活動実施支援

国レベルでも地方自治体レベルでも、すでに多くの活動実施支援策が構築されており、類似した支援策も少なくない。今後は省庁横断的に、より総合的な視点から支援策を見直し、精査していく必要があろう。その際、支援対象者に民間企業も含む制度構築が求められる。[25]

支援策を活用して実施したものの取組みの成果が十分に発揮されていない事例や、地域全体としての取組みにつながっていない事例も確認されるが、こうした状況は、各支援策の審査基準をより明確に示し、厳密に審査することで改善され得る。LEDの視点からは、個々の主体による個別プロジェクトは、地域全体としてのビジョン・具体的目標・指標が設定されたうえで、計画・策定・実施されることが望ましい。よって今後の活動実施支援においては、申請事業を地域全体としてのビジョンの下に位置づけ、LED戦略の具体的目標・指標の達成に対して、当該プロジェクトがどのような貢献をするのかを、審査基準に含める必要があろう。

土台形成が未完と判断される地域で活動実施支援を行なう際には、審査において、地域内のさまざまな主体の関係者分析（地域づくりのプロセス①）を実施したうえで、適切な実施主体が支援策の受け皿として選定されているかの確認が重要である。さらに、こうした地域では、土台形成も同時に進

[海外からの視点］Local Economic Development の視点から見た地域支援のあり方

めていく必要があることから、土台形成のための支援策とのパッケージ化の可能性も検討できよう。

（3） 持続性構築支援

　国レベルの支援策は地方公共団体経由で申請するものが多く、実施される事業すべてについて、おおむね把握可能である。よって現時点では、LED戦略の実施責任（地域づくりのプロセス⑦）を担う部署を地方自治体内に設けることが適切であろう。その際、当該部署の役割・責任を明確化することが重要である。

　平成の大合併以前の旧町村単位がLED戦略実施に適した地域の規模である場合、広島県安芸高田市の「連合会」や新潟県上越市の「地域協議会」のような組織が、すでに制度化されている地域においては、こうした組織が、LED戦略の実施責任機関の役割を担うことになろう。こうした組織を有しない地域では、地域内の既存の組織から適切な機関を選定し、実施責任機能を担わせる、あるいは、地域づくりのプロセス③で構築する多様な主体が参加する組織を制度化する必要がある。実施責任機関を明確にしていくプロセスにおいて、政策アドバイザーのような外部人材の活用も検討できよう。

　評価・モニタリング機能（地域づくりのプロセス⑨）は、先に述べた地方自治体の担当部署や「連合会」のような組織が担うことも可能である。その場合は、モニタリングツールの開発や評価手法の習得を促す支援策が準備されることが望まれる。また、評価・モニタリングを第三者機関や外部専門家に依頼することを可能にする新たな支援策の導入も検討できよう。第三者機関や外部専門家の役割

は、定期的な評価・モニタリングを実施し、LED戦略を軌道修正することに加え、LED戦略のなかで実施される個別プロジェクトの計画・策定において、適切なアドバイスを提供することである。

5 新たな支援策の構築に向けて

本稿では、途上国における地域開発支援の手法の一つとして導入されているLEDアプローチにもとづくモジュールを整理し、LEDの視点から、地域づくりのための支援策のあり方を検討した。保母武彦は、「地域開発事業が成果をあげるためには、単品としての事業ではなく、しっかりしたグランドデザインがあり、明確な地域発展の総合戦略の中に位置付けられていることが大切である。」と言及している。[26] しかしながら、「単品としての事業」を総合戦略のなかに位置づけるための具体的方策は示されておらず、これまでに構築されてきた地域づくりのための支援策の多くが、「単品としての事業」を支援する活動実施支援であった。本章で提示したLEDアプローチに沿った地域づくりのプロセスを経ると、「単品としての事業」(=個別プロジェクト)は、明確な地域発展の総合戦略のなかに位置づけられることになる。そのためには、まずは、図Ⅱ-5-3で示した地域づくりのプロセスの①～⑤の実施を促進する「土台形成支援」の構築が急務であろう。

注

(1) Ray, C. *Culture Economies: a Perspective on Local Rural Development in Europe*, Centre for Rural Economy, 2001年、4ページ。
(2) 後藤春彦『景観まちづくり論』学芸出版社、2007年、109～112ページ。
(3) 鶴見和子「アジアにおける内発的発展の多様な発現形態―タイ・日本・中国の事例―」鶴見和子・川田侃編『内発的発展論』東京大学出版会、1989年、256ページ。
(4) 宮本憲一『現代の都市と農村』日本放送出版協会、1982年、243～244ページ。
(5) 保母武彦『内発的発展論と日本の農山村』岩波書店、1996年、144～147ページ。
(6) 小田切徳美「イギリス農村研究のわが国農村への示唆」安藤光義、フィリップ・ロウ編『英国農村における新たな知の地平』農林統計出版、2012年、330ページ。
(7) Rogerson, C.M. and Rogerson, J.M. "Local Economic Development in Africa: Global Context and Research Directions" *Development Southern Africa*, 27(4), 2010年、465～480ページ。
(8) Rodriguez-Pose, A. and Tijmstra, S. *Sensitizing Package on Local Economic Development: Module II What is LED?*, ILO, 2005年、3ページ。
(9) Swinburn, G. *LED: Quick Reference*, World Bank, 2006年、6ページ。Rogerson ら前掲書（7）。UN-HABITAT *Promoting Local Economic Development through Strategic Planning: Volume 2 Manual*, UN-HABITAT, 2005年、10ページ。
(10) OECD *Best Practices in Local Development*, OECD Publishing, 2001年、8ページ。Rodriguez-Pose, A. and Tijmstra, S. *Sensitizing Package on Local Economic Development: Module*

(11) Rodriguez-Pose, A. *The relevance of LED today*, ILO, 2005年、4ページ。Canzanelli, G. *Overview and Learned Lessons on Local Economic Development, Human Development, and Decent Work*, ILO, 2001年、20〜22ページ。
(12) Rodriguez-Pose, A. *The Role of the ILO in Implementing Local Economic Development Strategies in Globalized World*, London School of Economics, 2001年、9〜10ページ。
(13) ILO. *A Local Economic Developmanmual for China*, ILO, 2006年、2〜3ページ。
(14) Cunningham, S.and Meyer-Stamer, J. "Planning or doing Local Economic Development? Problems with the Orthodox Approach to LED" *Africa Insight*, 354, 2005年、4〜14ページ。
(15) WB Local Economic Development http://go.worldbank.org/EA784ZB3F0（最終閲覧日：2014年1月13日）
(16) Rodriguez-Poseら前掲書（8）、4〜5ページ。
(17) UN-HABITAT *Promoting Local Economic Development through Strategic Planning: Volume 1 Quick Guide*, UN-HABITAT, 2005年、2ページ。
(18) Swinburn, G. *LED: Quick Reference*, World Bank, 2006年、7〜13ページ。
(19) Rodriguez-Pose, A. and Tijmstra, S. *Sensitizing Package on Local Economic Development : Module III How to plan and implement a LED strategy*, ILO, 2005年、3〜13ページ。
(20) UN-HABITAT 前掲書（16）、7〜23ページ。
(21) UN-HABITAT *Promoting Local Economic Development through Strategic Planning: Volume 2 Manual*, UN-HABITAT, 2005年、12ページ。

(21) 長谷川らは、地域内に波及効果をもたらし得る主体の条件として、①コミュニティ・ビジネスとしての特質を有すること、ならびに②主要なステークホルダーの大部分が地域内に位置していることにより、地域内のほかの主体と「影響を与え、かつ影響を受ける」関係にあること、の2点を指摘している（長谷川安代・神代英昭・守友裕一「地元型民間企業による地域づくりと外部支援投入の可能性―長崎県大村市福重地区の事例より―」『開発学研究』第24巻第2号、2013年、32～41ページ）。

(22) 長谷川安代・上江洲佐代子・守友裕一「地域づくりを促す地域内の条件と外部支援の効果的活用のあり方―茨城県常陸太田市里美地区の事例より―」『農村計画学会誌』第31巻論文特集号、2012年、279～284ページ。

(23) 竹島祐幸・北野収「内発的循環型社会形成の学習プロセス―山形県長井市レインボープランを事例として―」北野収編『共生時代の地域づくり論』農林統計出版、2008年、40ページ。宮本茂「中山間地域における地域づくり事例分析からみた、地域づくり手法に関する考察」『松山大学論集』第21巻第5号、2010年、97～136ページ。小田切徳美「農山村再生の戦略と政策：総括と展望」小田切徳美編『農山村再生に挑む―理論から実践まで』岩波書店、2013年、246ページ。

(24) 内閣府・地域活性化総合情報サイトの施策情報検索を活用し、事業の目的に、「地域の活性化」「集落の維持・再生」「地域資源の活用」などの表現を含む、21事業を抽出し、分析対象とした。

(25) 民間主体が支援策の受け皿となることの有効性については、長谷川ら前掲書(21)を参照のこと。

(26) 保母武彦前掲書、155ページ。

執筆：長谷川安代（国際開発コンサルタント）

あとがき

祖父が鮫川村出身で、飯舘村の「までいな復興計画推進委員会」委員長である赤坂憲雄氏は『世界』2013年1月号で次のように述べている。「依然として、福島では厳しい分断と対立がつづいている。……福島から避難するのも福島に留まるのも……それぞれに厳しい選択であることに変わりはない。去るも地獄、行くも地獄。小さな正義に閉じこもって、自分とは違うもうひとつの正義に想像力が及ばない人たちが、分断と対立を煽りつづけている。……避難するにせよ留まるにせよ、福島の人々のそれぞれに厳しい選択に敬意を表し、ひたすら寄り添いつづけること……いま切実に求められているのは、和解への途である。見えない対立と分断を越えて、和解のためのプロジェクトを足元から始めなければいけない」。私たちはこうした現実を出発点として本書の執筆に取り組んだ。

第Ⅰ部では福島の動きを紹介した。執筆者は震災以前から、また震災後はひたすら住民に寄り添いながら一体となって地域の再生に取り組んできた。鮫川村では「まめで達者なむらづくり」を進めてきた。伊達市霊山町小国地区は都市の「対極の美」といわれる美しい農村であり、日本の協同組合発祥の地でもある。二本松市東和地区は有機農業による地域づくりを進め、震災後も「希望の種」を播き続けてきた。飯舘村は「までい」なむらづくりを進めてきた。福島盆地は果実の一大産地であり、農協、生協はその生産、流通を支える中核であった。原発災害は想像を絶する厳しさでこれらの地域の人びとを襲った。しかし困難ななかから立ち上がる動きが起きている。そしてそのなかで培われた

再生への思考、実践は福島の再生だけではなく、これからの地域の再生、日本の再生にも不可欠なものである。ただこうした動きをさらに進めていくには、福島の経験だけでは不十分である。

そこで第Ⅱ部では地域の再生という視点から各地の実践を取り上げ、それらの実践を福島の再生へどう生かしていくのか、そして逆にまた福島から各地へ反射させていくという視点で検討を行なった。

放射能同様「見えない」ウイルスと闘い、地域の循環のなかから再生の芽をさぐる宮崎の事例、今後のエネルギー利用へ示唆を与える日本各地の地エネルギーとドイツの再生エネルギーの活用の事例、開発の終焉により閉山となった産炭地をアートにより希望の芽を育て、ポスト原発下の地域の進路を示唆する北海道の事例、地域ブランドの形成で発信力を高めている栃木の事例を紹介した。また地域再生における地域の内と外とこれらは福島の再生への新しい視角からの希望の光の照射である。

の信頼・協力関係を、地域の若手、中堅世代との交流を通じて形成してきた群馬の実践、そして国際的な視野も取り入れ、内部の力と外部の支援の関係について類型と段階を整理して紹介した。福島と日本をつなぎ、その実践の経験を、相互に学び、支えあって再生を進めていくという構図を描き出すことが本書の目的であった。執筆者一同、「福島に陽はまた昇る」ことを心から願っている。

本書の編集にあたって農文協の阿部道彦氏に大変お世話になった。記して謝意を表したい。

2014年1月

守友裕一

執筆者と執筆分担 （編者以外、執筆順）

鈴木治男（すずき・はるお）執筆：第Ⅰ部第1章
前鮫川村総務課長。1951年、福島県生まれ。宇都宮大学大学院農学研究科修士課程在学中。著書『里山の自然とくらし―福島県鮫川村』東京農業大学出版会、2012年

小松知未（こまつ・ともみ）執筆：第Ⅰ部第2章
福島大学うつくしまふくしま未来支援センター准教授。1983年、岩手県生まれ。北海道大学大学院農学研究科博士課程修了。博士（農学）。著書『組織法人の経営展開』農林統計出版、2012年

飯塚里恵子（いいづか・りえこ）執筆：第Ⅰ部第3章
千葉農村地域文化研究所。1980年、千葉県生まれ。東京農工大学大学院連合農学研究科博士課程修了。博士（農学）。著書『放射能に克つ農の営み』コモンズ、2012年

菅野典雄（かんの・のりお）執筆：第Ⅰ部第4章「『おカネの世界』から『いのちの世界』へ」
飯舘村村長。1946年、福島県生まれ。帯広畜産大学卒業。著書『美しい村に放射能が降った』ワニ・プラス、2011年

小山良太（こやま・りょうた）執筆：第Ⅰ部第5章
福島大学経済経営学類准教授。1974年、東京都生まれ。北海道大学大学院農学研究科博士課程修了。博士（農学）。著書『復興の息吹き』農文協、2012年

棚橋知春（たなはし・ともはる）執筆：第Ⅰ部第5章
福島大学経済経営学類特任研究員。1986年、群馬県生まれ。北海道大学大学院農学院修士課程修了。論文「水田地帯における農業複合化政策に関する一考察」『農経論叢』第67集、2012年

根岸裕孝（ねぎし・ひろたか）執筆：第Ⅱ部第1章
宮崎大学教育文化学部准教授。1966年、栃木県生まれ。福島大学経済学部卒業、九州大学大学院経済学研究科修士課程修了。著書『中小企業と地域づくり』鉱脈社、2014年

蜂屋基樹（はちや・もとき）執筆：第Ⅱ部第2章
農山漁村文化協会編集局「季刊地域」・全集グループ。1976年、宮城県生まれ。福島大学大学院経済学研究科修士課程修了。著書『地域産業の挑戦』八朔社、2002年

板橋衛（いたばし・まもる）執筆：第Ⅱ部第2章「海外からの視点」
愛媛大学農学部准教授。1966年、栃木県生まれ。北海道大学大学院農学研究博士課程修了。博士（農学）。著書『地域づくりと農協改革』農文協、2000年

吉岡宏高（よしおか・ひろたか）執筆：第Ⅱ部第3章
札幌国際大学観光学部教授。1963年、北海道生まれ。福島大学経済学部卒業、札幌学院大学大学院地域社会マネジメント研究科修士課程修了。著書『明るい炭鉱』創元社、2012年

牧山正男（まきやま・まさお）第Ⅱ部第5章
茨城大学農学部准教授。1970年、東京都生まれ。東京大学大学院農学系研究科修士課程修了。博士（農学）。論文「滞在型市民農園利用者への支援を目的とした地元住民組織の実態および計画上の注意点」『農村計画学会誌』28巻、2010年

長谷川安代（はせがわ・やすよ）第Ⅱ部第5章「海外からの視点」
国際開発コンサルタント。1975年、大阪府生まれ。東京農工大学大学院連合農学研究科博士課程修了。博士（農学）。著書『貧困者の市場への参加とドナー支援のあり方』（独）国際協力機構、2008年

編著者紹介

守友裕一（もりとも・ゆういち）執筆：第Ⅰ部序章、第4章、第Ⅱ部序章、あとがき

宇都宮大学農学部教授。1948年、富山県生まれ。北海道大学大学院農学研究科博士課程修了。農学博士。著書『内発的発展の道』農文協、1991年

大谷尚之（おおたに・なおゆき）執筆：まえがき、第Ⅱ部第4章

愛媛大学法文学部准教授。1973年、宮城県生まれ。東北大学大学院農学研究科博士前期課程修了。博士（経営学）。著書『産地組織のマネジメント』東北大学出版会、2009年

神代英昭（じんだい・ひであき）執筆：まえがき、第Ⅰ部第1章

宇都宮大学農学部准教授。1977年、富山県生まれ。東京大学大学院農学生命科学研究科博士課程修了。博士（農学）。著書『こんにゃくのフードシステム』農林統計協会、2006年

シリーズ　地域の再生6

福島 農からの日本再生
内発的地域づくりの展開

2014年3月25日　第1刷発行

編著者　守友裕一
　　　　大谷尚之
　　　　神代英昭

発行所　一般社団法人　農山漁村文化協会
〒107-8668　東京都港区赤坂7丁目6-1
電話 03 (3585) 1141 (営業)　03 (3585) 1145 (編集)
FAX 03 (3585) 3668　　振替 00120-3-144478
URL http://www.ruralnet.or.jp/

ISBN978-4-540-13207-0　　DTP制作／池田編集事務所
〈検印廃止〉　　　　　　　印刷・製本／凸版印刷（株）
©守友裕一・大谷尚之・神代英昭 ほか 2014
Printed in Japan　　　　　定価はカバーに表示
乱丁・落丁本はお取り替えいたします。

地域に生き地域に実践する人びとから
新しい視点と論理を組み立てる

いずれも、2,600円+税

シリーズ 地域の再生（全21巻）

1 地元学からの出発
結城登美雄 著
「ないものねだり」ではなく「あるもの探し」の地域づくり実践。

2 共同体の基礎理論
内山 節 著
むら社会の古層から共同体をとらえ直し、新しい未来社会を展望。

3 グローバリズムの終焉
関 曠野・藤澤雄一郎 著
移動の文明から居住の文明、成長経済からメンテナンス経済へ。

4 食料主権のグランドデザイン
村田 武 編著
忍び寄る世界食料危機と食料安保問題を解決する多角的処方箋。

5 地域農業の担い手群像
田代洋一 著
農家的共同としての集落営農と個別規模拡大経営両者の連携。

6 福島 農からの日本再生
守友裕一・大谷尚之・神代英昭 編著
食、エネルギー、健康の自給からの内発的復興と地域づくり。

7 進化する集落営農
楠本雅弘 著
農業と暮らしを支え地域を再生する社会的協同経営体策の多様な展開。

8 復興の息吹
田代洋一・岡田知弘 編著
3・11を人類史的な転換点ととらえ、農漁業復興の息吹を描く。

9 地域農業の再生と農地制度
原田純孝 編著
農地制度、利用の変遷と現状から地域農業再生の多様な取組みまで。

10 農協は地域に何ができるか
石田正昭 著
属地性と総合性を生かした、地域を創る農協づくりを提言する。

11 家族・集落・女性の力
徳野貞雄・柏尾珠紀 著
他出家族、マチとムラの関係からみた新しい集落維持・再生論。

12 場の教育
岩崎正弥・高野孝子 著
明治以降の「土地に根ざす学び」の水脈が現代の学びとして甦る。

13 コミュニティ・エネルギー
室田 武・倉阪秀史・小林 久・島谷幸宏・三浦秀一・諸富 徹ほか 著
小水力と森林バイオマスを中心に分散型エネルギー社会を提言。

14 農の福祉力
池上甲一 著
農村資源と医療・福祉・介護・保健が融合するまちづくりを提起。

15 地域再生のフロンティア
小田切徳美・藤山 浩 編著
過疎の「先進地」中国山地が、日本社会転換の針路を指し示す。

16 水田活用新時代
谷口信和・梅本 雅・千田雅之・李 侖美 著
飼料米、飼料用米、水田放牧からコミュニティ・ビジネスまで。

17 里山・遊休農地を生かす
野田公夫・守山 弘・高橋佳孝・九鬼康彰 著
里山、草原と人間の歴史的関わりから新たな再生を提案。

18 林業革命
佐藤宣子・興梠克久・家中 茂 著
集約的政策を超え小規模・低投資・小型機械で地域から仕事を興す。

19 海業の時代
婁 小波 著
水産業を超え、海洋資源や漁村の文化から新たな生業を創造する。

20 有機農業の技術とは何か
中島紀一 著
「低投入・内部循環・自然共生」から新しい地域農法論を展望。

21 百姓学宣言
宇根 豊 著
農業「技術」にはない百姓「仕事」のもつ意味を明らかにする。